Paul Bruce
DIE NEMESIS-AKTE

PAUL BRUCE

DIE NEMESIS-AKTE

Ein Insider enthüllt die Praktiken der britischen Todesschwadron

Aus dem Englischen übertragen von
Jutta Hein

S&L MedienContor
Hamburg

Deutsche Erstausgabe
© der deutschen Ausgabe 1996 by S&L MedienContor GmbH, Hamburg
© der Originalausgabe 1995 by Bruce/Davies, published by
Blake Publishing Ltd., London
© der Karten by Crown

Umschlaggestaltung: Susanne Tietgens
Herstellung: Ebner Ulm
Printed in Germany

ISBN 3-931962-13-X

Die Folie des Schutzumschlags sowie die Einschweißfolie sind PE-Folien
und biologisch abbaubar. Dieses Buch wurde auf chlor- und säurefreiem
Papier gedruckt.

Wir schicken Ihnen gern unser Verlagsprogramm:
S&L MedienContor
Willhoop 7
22453 Hamburg

Dieses Buch ist einem dauerhaften Frieden
in Irland gewidmet

INHALT

Kapitel 1

Die Neigung zum Soldatentum muß unserer Familie eigen sein. Nach dem Zweiten Weltkrieg erzählte mein Vater mir ständig von seinen Großtaten als Mitglied der berühmten Long Range Desert Group. Das waren die legendären Helden, die als Stoßtrupps in Nordafrika in die deutschen Nachschublinien einbrachen. Ich fand seine Geschichten immer aufregend, und ich sehnte mich nach jenem Tag, an dem ich alt genug für die Armee sein würde.

In meinen frühsten Erinnerungen ist mein Vater ein korpulenter, kraftvoller Mann, ein Fremder in Uniform, der in unser Haus kam, den Oberbefehl übernahm und meine Mutter, meine Schwester und mich herumkommandierte. Seit jeher hatte ich Angst vor ihm – nicht ohne Grund, wie sich bald zeigen würde.

Mein Vater konnte mich wohl nie leiden, und er verprügelte mich oft grundlos und heftig. Selbst heute, gut 40 Jahre später, erinnere ich mich, wie ich mich vor seiner Heimkehr fürchtete. Ich wußte, daß er mich schlagen und vom Stuhl in eine Ecke stoßen würde. Er wollte mich nie in seiner Nähe haben, und wenn er zu Hause war, verbrachte ich die meiste Zeit allein in meinem Zimmer.

Auch meine Mutter schien nie Zeit für mich zu haben. Sie hatte immer etwas zu tun, war ständig in Eile. Sie lachte mit meiner älteren Schwester, aber ich war außen vor. Sie mißhandelte mich nicht, aber auch sie wollte mich nicht haben, irgendwie war ich überflüssig. Doch die Zeiten waren hart, und das Leben war nie leicht für meine Mutter, weil sie sich um alles kümmern mußte, während mein Vater in den Anfangsjahren meistens bei der Armee war.

Als die Long Range Desert Group nach dem Krieg aufgelöst wurde, blieb mein Vater bei der Armee und diente in Fernost, auf Borneo und in Malaysia. Ich war schon fünf Jahre alt, als er entlassen wurde, nach Hause zurückkehrte und wieder in seinem alten Job als Lkw-Fahrer arbeitete.

Nach der Rückkehr meines Vaters vergrößerte sich die Familie, denn meine Mutter bekam noch zwei Töchter und zwei Söhne. Kein Wunder, daß sie vom Kinderkriegen genug hatte – ihr erstes hatte sie schon mit 16 bekommen, das letzte mit 36! Dabei wollte sie immer nur zwei!

Mit Begeisterung hörte ich den Armeegeschichten meines Vaters zu. Am liebsten denen aus der Zeit bei der Long Range Desert Group. Da fuhren sie Hunderte von Meilen, spähten deutsche Positionen aus, um dann zu versuchen, die feindlichen Öl- und Waffenlager und die Versorgungswege in die Luft zu jagen. Sie konnten sich nicht um Gefangene kümmern, erklärte er mir, und sie bemühten sich nach Kräften, nicht in eine Situation zu kommen, in der sie Kriegsgefangene hätten machen müssen.

Einmal allerdings fuhren sie mit ihren Jeeps im Konvoi, kamen über den Kamm eines Hügels und landeten in einem trockenen Flußbett. Genau vor ihnen stand der Feind – etwa 40 Infanteriesoldaten, die die Nacht in diesem Flußbett verbracht hatten. Einen Fluchtweg gab es nicht, und mein Vater dachte, das sei das Ende, man würde ihn und seine Leute gefangennehmen und wahrscheinlich erschießen. Sie waren nur 12 in ihrer Einheit. Es schien aussichtslos.

Doch zum Erstaunen meines Vater hoben die deutschen Soldaten sofort die Hände und wollten sich ergeben. Sie riefen »Tommy, Tommy, Kamerad!«, bis die britischen Jeeps in ihrer Mitte hielten.

Die Deutschen wollten sich offensichtlich kampflos ergeben, aber die Gruppe meines Vaters durfte keine Gefangenen machen. Sie hatten nicht genug Verpflegung und nur wenig Wasser. Und der Gedanke, mit 40 feindlichen Soldaten vielleicht Hunderte von Meilen durch die Wüste zu marschieren, war unvorstellbar. Außerdem hatten sie den Befehl, niemanden gefangenzunehmen, das war nicht ihre Aufgabe.

Mein Vater und die anderen wußten nicht, was sie tun sollten. Wenn sie die Deutschen im Flußbett zurückließen und davonfuhren, wären ihre Position und Richtung bekannt gewesen, und damit wäre ihr Auftrag geplatzt. Es gab nur eine Antwort. Sie befahlen den Deutschen, die Waffen abzugeben, Gewehre und Revolver abzulegen und dann mit auf dem Kopf gefalteten Händen an das andere Ufer des Wadis zu gehen. Sie befahlen ihnen, in die aufgehende Sonne zu schauen. Vier aus der Gruppe meines Vaters griffen zu Maschinengewehren, schoben die Magazine hinein und erschossen einen nach dem anderen. Dad erzählte mir, daß er das nie habe vergessen können, daß er es nur mit Widerwillen getan habe, aber man mitten im Krieg gewesen sei und keine andere Wahl gehabt hätte. Ich glaubte diese Geschichte, und sie flößte mir einen tiefen, dauerhaften Respekt vor meinem Vater ein. Angst hatte ich überhaupt nicht.

Da war noch eine Geschichte von einem weiteren Kriegsereignis, bei dem mein Vater überzeugt war, sterben zu müssen. Seine Gruppe wollte ein großes deutsches Treibstofflager in die Luft jagen. Sie hatten den Sprengstoff gelegt und wollten gerade das mit Stacheldraht gesicherte Gelände verlassen, als ein deutscher Wachposten auf seinem Rundgang direkt vor meinem Vater und zwei seiner Kameraden stehenblieb, um eine Zigarette zu rauchen. Er war nur ein paar Schritte von ihnen entfernt, und in der Stille der Wüstennacht hörten sie ihn sogar atmen. Drei Minuten stand er rauchend da, während sie, aus Angst, ihre Position zu verraten, verzweifelt versuchten die Luft anzuhalten. Wenn dieser Wachposten sich zu ihnen umdrehte, konnte er sie gar nicht übersehen. Notfalls waren sie bereit zu schießen, aber das wollten sie am allerwenigsten, denn sie wußten, daß noch mindestens zwanzig deutsche Soldaten auf dem Gelände waren. Aber sie konnten sich ihm auch nicht unerkannt nähern, um ihn geräuschlos zu beseitigen. Nach einer Weile, die meinem Vater wie eine Ewigkeit erschien, warf der Wachposten seine Kippe weg und ging weiter.

Trotz der schwierigen Zeiten fehlte ihm offensichtlich das abenteuerliche Leben der Desert Group. Stolz erzählte er immer wieder von ihren Heldentaten, wie sie Depots und Munitionslager sprengten, wie sie sich bei der Verfolgung von deutschen Soldaten Feuergefechte mit ihnen lieferten, wie sie manchmal nur knapp entkamen, und wie sie in der Wüste lebten. Immer wieder bat ich ihn, diese Geschichten zu wiederholen. Und dabei sehnte ich mich danach, erwachsen zu werden und zur Armee zu gehen. Ich konnte es kaum erwarten, alt genug zu sein, um mich zu verpflichten und wie er Aufregung und Abenteuer zu erleben. Für mich würde es ganz anders kommen, aber das wußte ich noch nicht.

Nach Kriegsende merkte mein Vater, daß er dieses lodernde Pflichtgefühl, verbunden mit der Überzeugung, auf seine bescheidene Weise zum Sieg beizutragen, nicht mehr entzünden konnte. Er liebte die Dschungel in Fernost nie so wie die weite Wüste, für die er trotz sengender Sonne und schrecklicher Sandstürme, vor denen es keinen Schutz gab, eine tiefe Zuneigung entwickelt hatte. Er sprach kaum von seinem Dienst in Malaysia – als wollte er diesen Teil seines Lebens vergessen. Da war nichts von diesem Stolz, den er immer dann zeigte, wenn er von den Männern redete, mit denen er in der Wüste gedient hatte. Das war sein Krieg, sein Mannsein, sein Leben gewesen. Das war unvergleichlich und würde es auch immer bleiben.

Folglich fiel ihm das Zivilleben sehr schwer, und er schaffte es einfach nicht, längere Zeit an einem Arbeitsplatz zu bleiben. Jeden Job fand er langweilig und ermüdend – was bedeutete es schon, einen überladenen Lkw über die verstopfte nördliche Ringstraße zu lenken, verglichen mit der Freiheit jener Kriegsjahre, in denen er Hunderte von Meilen durch die einsame Wüste gefahren war! Alle paar Monate schmiß er völlig frustriert seinen Job hin. Dann begann er zu trinken und wurde ein anderer Mensch. Zu diesen Zeiten hatte ich fürchterliche Angst vor ihm, denn er hatte sich nicht mehr unter Kontrolle und ließ es an mir, seinem ältesten Sohn, aus. Heute, nach meinen eigenen Erfahrungen in der Armee, verstehe ich, gegen welchen Druck er sich wehrte, warum er trank und mich am Ende unweigerlich schlug. Aber damals verstand ich es nicht, und ich erinnere mich nur an die Angst.

Eines Tages, ich war etwa neun Jahre alt, lernte ich die andere Seite des Kriegs kennen – den Tod.

Ich weiß noch, wie ich eines Morgens zum Frühstück herunterkam und mein Vater auf einem Stuhl saß, den Kopf in die Hände gestützt. Er stöhnte, seine Schultern vibrierten. Ich hatte keine Ahnung, was vorging. Er sah mich nicht an und sprach nicht. Ich starrte ihn eine Weile an, dann merkte ich, daß er weinte und Emotionen seinen Körper erschütterten. Doch die Tränen und das Schluchzen meines Vaters wirkten auf mich ganz anders als die Tränen, die meine Mutter vergossen hatte. Bei ihm war Wut dabei, eine Art Frustration, die er nicht in den Griff bekam und die ich damals nicht verstand.

Langsam kam heraus, daß sein jüngerer Bruder, mein Onkel Stanley, in Nordkorea gefallen war, vom Himmel geschossen, als er mit dem Fallschirm hinter den feindlichen Linien herunterkam. Das Haus war still, niemand gab einen Laut von sich; wir beobachteten nur, wie Dad zornig weinte, in seinen Augen stand Gewalt, und immer wieder kamen nur dieselben Worte über seine Lippen: »Warum, warum, warum?«

Mittags verließ er das Haus, und anderthalb Tage sah ich

ihn nicht mehr. Ich glaube, er ging auf Sauftour, doch ich weiß noch, daß meine Mutter sagte, es wäre am besten für ihn, wenn er es herausließe. Sie wußte, daß es für ihn besser war, seine Wut und Gewalttätigkeit im Alkohol zu ertränken, statt die Gefühle aufzustauen und sie dann an uns auszulassen.

Nach dieser Geschichte hatte ich keine Zweifel mehr, wie mein Leben verlaufen würde. Von dem Augenblick an wollte ich nur noch erwachsen werden, zur Armee gehen, Fallschirmjäger werden und möglichst viele Koreaner töten.

Ich kann mich eigentlich nicht erinnern, eine enge Beziehung zu meiner Mutter gehabt zu haben. Sie gab mir zu essen, sagte mir, was ich anziehen und was ich tun sollte, und ermahnte mich zu anständigem Benehmen. Ich erinnere mich jedoch sehr gut daran, daß sie mindestens fünf- oder sechsmal am Tag sagte: »Warte, bis dein Vater nach Hause kommt. Der verpaßt dir eine ordentliche Tracht Prügel.« Aber merkwürdig, ich glaube nicht, mich oft danebenbenommen zu haben. Denn die meiste Zeit blieb ich allein und hielt mich von meiner Mutter und meinen Geschwistern fern. Ich wurde somit zum Einzelgänger.

Einige Ereignisse in meiner Kindheit habe ich nie vergessen. Heute kann ich darüber lächeln, aber damals war mir nicht danach zumute.

Meine erste lebhafte Erinnerung an eine Mischung aus Aufregung und Angst stammt aus der Zeit, als ich ungefähr zwei Jahre alt war. Meine sieben Jahre ältere Schwester Jan mußte mich immer mitnehmen, wenn meine Mutter sie zum Einkaufen schickte. Ich wurde in die Karre gesetzt, und meine Schwester machte sich mit mir auf den Weg.

Aus Spaß ließ sie die Karre immer los, wenn wir oben auf dem Hügel, etwa 50 Meter von den Geschäften entfernt waren. Dann lief sie nebenher, und ich schrie, weil ich nicht wußte, was passieren würde. Wenn die Karre schneller wurde, hielt Jan sie natürlich wieder fest. Beim Anblick meines entsetzten Gesichts wollte sie sich ausschütten vor Lachen.

Eines Tages bekam sie die Karre jedoch nicht mehr zu fassen, und sie rollte immer schneller den Hügel hinunter. Ich weiß noch, daß ich am Fuß des Hügels die Straße mit den Fahrzeugen sah. Ich war überzeugt, unter einem der Autos oder Lkws zu landen. Ich weiß noch, daß ich schrie und mich nach meiner Schwester umdrehte, die den Hügel hinunterlief und verzweifelt versuchte, mich einzuholen. Die Karre sprang über den Kantstein, aber zum Glück kam kein Auto. Ich hielt mich krampfhaft fest, als die Karre über die Fahrbahn sauste, an den gegenüberliegenden Kantstein knallte und ich schließlich auf den Bürgersteig geschleudert wurde. Ich war völlig fertig, schrie und weinte, und Jan versuchte mich zu trösten und zu beruhigen. Sie wußte, daß es Schläge von meiner Mutter setzen würde, wenn die erfuhr, wie die Wunden und Beulen in meinem blutigen Gesicht zustande gekommen waren.

Meine Schwester versuchte immer, sich möglichst auf meine Kosten zu amüsieren. Ein weiterer Lieblingstrick von ihr war es, mich auf dem Weg in die Geschäfte zu ermuntern, unter ihrem weiten Mantel versteckt zu laufen. Natürlich sah ich nichts, und sie ging so schnell, daß ich kaum Schritt halten konnte. Dann knallte es plötzlich, weil ich gegen einen Laternenpfahl oder einen Briefkasten gerannt war. Während ich vor Schmerzen weinte, hörte ich Jans brüllendes Gelächter. Es dauerte Monate, bis ich merkte, daß sie mich absichtlich gegen die Hindernisse laufen ließ. Bis dahin glaubte ich immer, es seien unglückliche Zufälle gewesen.

Meine erste Erinnerung an richtigen Schmerz hat jedoch nichts mit von meinem Vater verabreichten Prügeln zu tun, sondern mit einer Kollision zwischen einer altmodischen Wäschemangel und mir. Sie stand in der Küche, die zur Diele führte. Mit Vergnügen benutzte ich den Linoleumboden der Halle als Rutschbahn, vor allem dann, wenn meine Mutter ihn auf Hochglanz gewienert hatte. Eines Tages lief ich durch die Diele, landete auf dem Hinterteil, rutschte in die Küche, knallte mit dem Kopf gegen die Mangel und schlug mit dem Gesicht auf das Eisengestell.

Ich schrie vor Schmerzen und heulte noch lauter, als ich merkte, daß Blut aus meinem Mund floß und ich mir drei Zähne ausgeschlagen hatte. Meine Mutter ließ jedoch keinen Zweifel daran, wer an dem Unfall schuld war. Sie zerrte mich die Straße entlang zum Arzt, damit der genau untersuchte, welchen Schaden ich mir da selbst zugefügt hatte. Noch heute erinnere ich mich an die Schmerzen.

Zu meiner älteren Schwester hatte ich ein eher zwiespältiges Verhältnis, denn, durchtrieben wie sie war, gab sie immer mir die Schuld, wenn etwas schief ging; vor allem, wenn sie selbst etwas Unerlaubtes getan hatte und nicht zur Verantwortung gezogen werden wollte. Logisch, daß ich ihr und ihren Motiven später immer mißtrauischer begegnete, aber in jenen frühen Kindheitstagen begriff ich nicht, warum ausgerechnet ich immer Ärger bekam, obwohl ich nichts Schlimmes getan hatte.

Einmal wurden wir losgeschickt, um fürs Abendessen einzukaufen. Ich war ungefähr sechs, meine Schwester dreizehn. Dummerweise waren die Dinge, die wir besorgen sollten, ausverkauft, also gab meine Schwester das Geld für Süßigkeiten aus. Zu Hause sah meine Mutter sofort, daß wir Schokolade gegessen hatten, und ihr war schnell klar, daß wir mit dem Geld Bonbons gekauft und keine Besorgungen gemacht hatten. Meine Schwester redete auf sie ein, daß es allein meine Schuld sei und ich sie gezwungen hätte, Süßigkeiten zu kaufen. Daraufhin bekam ich Schläge, und meine Schwester wurde ermahnt, besser auf mich aufzupassen. Rückblickend war das natürlich ein wunderbares Training für das Soldatenleben, aber das wußte ich damals noch nicht zu würdigen.

Ein anderes Mal, als ich ungefähr sieben war, hatte mein Vater den Kamin im Wohnzimmer gekachelt. Nach getaner Arbeit ging er einkaufen. Unterdessen befand meine Schwester, daß die obere Reihe der Kacheln nicht sauber paßte, und nahm sie alle ab. Als mein Vater eine Stunde später nach Hause kam, lagen die Kacheln auf dem Boden, und der Kamin sah chaotisch aus. Wütend fragte er, was zum Teufel passiert sei, und meine liebe Schwester erzählte ihm, daß ich sie abgenommen hätte, als sie nicht im Zimmer war. Ich beteuerte meine Unschuld und versicherte wahrheitsgemäß, sie nicht angerührt zu haben. Diesmal bekam ich nicht nur eine Tracht Prügel für das vermeintliche Entfernen der Kacheln, sondern auch fürs Lügen.

Nach diesem Vorfall haßte ich meine Schwester aus tiefstem Herzen. Doch Rache ist süß. Zwei Jahre lang traf sie sich regelmäßig mit einem Jungen, den meine Mutter überhaupt nicht leiden konnte. Sie verbot meiner Schwester diese Verabredungen. Natürlich hielt Jan sich nicht daran, brauchte dafür aber meine Hilfe. Ich nutzte meine Chance. Damals hatte ich eine Vorliebe für Modellflugzeuge, und drei Monate lang mußte sie sich jeden Samstag mein Schweigen mit einem Exemplar erkaufen. Sie haßte das, mußte sich aber fügen.

In vieler Hinsicht, denke ich, war meine Mutter in der Kindererziehung sehr viktorianisch geprägt. Zweifellos setzte sie hohe Maßstäbe an. Sie gab uns kein Taschengeld, ließ uns im Haushalt helfen und Besorgungen erledigen. Ohne ihre ausdrückliche Erlaubnis durften wir nicht nach draußen gehen und mit anderen Kindern spielen, und sie erlaubte es selten. Sie wünschte für uns Kontakt zu den Kindern, deren Eltern sie respektierte, aber das waren nun mal nicht die Kinder, mit denen wir gern spielen wollten. Besonders streng war sie zu meinen Schwestern. Sie wäre im Traum nicht darauf gekommen, daß eine ihrer Töchter eines Tages schwanger nach Hause kommen würde.

Doch wie die Mutter so die Tochter. Ein Jahr, nachdem sie meiner Schwester den Umgang mit ihrem Freund verboten hatte, kam Jan tatsächlich nach Hause und verkündete, daß sie ein Kind erwartete. Auch Jan war erst sechzehn. Es gab einen Riesenkrach, und ihre Stimmen schwollen zum Geschrei an. Ich verzog mich auf mein Zimmer, um dem Ärger aus dem Weg zu gehen. Sie beruhigten sich jedoch, als Jan erklärte, daß der Junge sie heiraten wollte, und hielten zu ihr. Doch meine Mutter hat meiner Schwester niemals wirklich verziehen und diese Schande nie vergessen.

Als ich neun war, kam es zu einem weiteren traumatischen Erlebnis. Meine Schulfreunde und ich spielten auf den Schienen, die wir jeden Tag auf dem Weg zur Schule überquerten, das dumme Spiel »Angsthase«. Es begann als Mutprobe, und eigentlich war es auch nur ein bißchen Angeberei, aber es endete mit einer Tragödie.

Vier oder fünf von uns standen auf den Schienen der Dampfloks, denn wir wußten genau, daß wir einen Schritt auf die elektrischen Geleise nicht überleben würden. Wenn ein Zug nahte, sprangen wir zur Seite und landeten auf der Grasböschung. Wer als erster sprang, war der Angsthase, der letzte der Sieger.

Als eines Abends eine Dampflok auf uns zukam, sprangen wir wie sonst auch. Nur zwei sprangen aus irgendwelchen Gründen nicht auf die Böschung, sondern auf die elektrischen Schienen. Ich werde nie begreifen, warum. Als der Zug vorbeigefahren war, suchten wir die beiden. Ein Junge, Roy, lag auf den Stromschienen. Rauch stieg auf. Roy bewegte sich nicht. Ich wußte sofort, daß er tot war, und verfiel in Panik. Wir waren restlos durcheinander, aber es sollte alles noch schlimmer kommen.

Plötzlich erblickten wir eine elektrische U-Bahn auf den Schienen, auf denen Roy noch lag. Wir winkten dem Fahrer mit den Armen zu, versuchten, seine Aufmerksamkeit zu erregen, damit er anhielt. Ich sah sein Gesicht, als er erst auf uns und dann auf die Schienen schaute und plötzlich erkannte, daß nur ein paar Meter entfernt ein Mensch lag. Wir hörten das Kreischen der Bremsen und sahen, wie der Zug kräftig ins Ruckeln geriet. Der Fahrer versuchte, den Jungen nicht zu überfahren, aber er schaffte es nicht, den Zug zum Stehen zu bringen. Hilflos sahen wir zu, wie Roy überrollt wurde. Es war entsetzlich. Ich weiß nicht, ob ich in Panik verfiel oder ohnmächtig wurde. Plötzlich waren überall Polizisten und Sanitäter, und offensichtlich unter Schock fing ich an herumzurennen. Ein Polizist hielt mich fest und schlug mir ins Gesicht, um mich zu beruhigen und wieder zu Verstand zu bringen. Ich zitterte und zitterte, hatte keine Kontrolle über meinen Körper. Dann sah ich Roys zerfetzten Körper, das Blut, das Chaos. Es war grauenvoll.

Man brachte uns ins Krankenhaus, um sicherzugehen, daß wir physisch unversehrt waren und nach Hause konnten. Wir standen alle unter Schock. Dad holte mich ab. Auch er war erschüttert. Zu Hause hielt er mir eine Strafpredigt. Er redete ohne Ende von den Gefahren, sagte, wie dumm es sei, auf den Schienen zu spielen. Ich konnte nur an den armen Roy denken, an das Chaos und an die Polizei, wie sie Teile seines blutigen Körpers einsammelte und in Plastiksäcke steckte. Zwei Tage aß ich nichts.

Ich bin nie wieder in die Nähe der Schienen gegangen und habe nie wieder »Angsthase« gespielt. Nach Roys Tod hatte ich Schuldgefühle, als hätte ich ihn selbst umgebracht. Wochenlang hatte ich Alpträume, nicht nur, weil Roy tot war, sondern auch weil mir bewußt war, daß ich ebenso hätte tot sein können. Dann wachte ich schreiend auf und fürchtete, gleich unter einem Zug zu sterben. Bis heute gehe ich nicht an eine Bahnsteigkante heran, ich sehe immer noch die Leichenteile des armen Roy.

Dennoch gab es auch glückliche Kindheitserinnerungen. Ich freute mich immer auf den Besuch meiner Tante Marje. Als ich sieben und acht Jahre alt war, kam sie regelmäßig und brachte Süßigkeiten und eine Tüte Bruchkekse mit. Sie war eine gutaussehende Frau mit dunkelbraunem Haar und dunkelbraunen Augen, und sie strahlte Wärme aus. Sie war einfach der Inbegriff der idealen Mutter. Ich liebte sie. Sie nahm mich immer auf den Schoß, meine eigene Mutter tat das nie, jedenfalls kann ich mich nicht daran erinnern. Mir gefiel natürlich der ganze Wirbel, den sie um mich machte. Ich genoß ihre Zuneigung und Wärme.

Auch die Besuche bei meinem Opa, dem Vater meiner Mutter, gehören zu den glücklichen Kindheitserinnerungen. Er stammte aus Yorkshire, war Bergmann gewesen und jetzt ein begeisterter Taubenzüchter. Er nahm mich immer mit in den Schuppen im Garten hinter dem Haus, damit ich seine preisgekrönten Tauben bewunderte. Auch er war warmherzig und brachte mir viel Zuneigung entgegen. Von ihm lernte ich Dinge, die viel interessanter waren als das, was man uns in der Schule gewöhnlich beibrachte. Er redete viel mit mir und erklärte mir Zusammenhänge. Ich entdeckte, daß ich ihm Fragen stellen konnte, ohne eine Ohrfeige zu riskieren. Doch mehr als alles andere faszinierten mich die Tauben.

Manchmal durfte ich in den Taubenschlag gehen, in dem er etwa 20 bis 25 Vögel hielt. Sie schienen ständig zu brüten, und er war sehr stolz darauf, daß Tiere aus seiner Zucht Wettbewerbe gewannen. Er beobachtete den Weg seiner erfolgreicheren Tauben und erzählte mir immer, wie sie sich machten. Ich durfte sie streicheln und füttern, und er erklärte mir die Besonderheiten jedes einzelnen Vogels. Er hatte seine Lieblinge, ich meine.

Ich besuchte ihn ungefähr einmal in der Woche, obwohl es eine lange Busfahrt von rund 20 Minuten war. Als ich noch sehr klein war, kam es mir vor, als wohnte er wirklich ganz weit weg. Als ich zehn wurde, schenkte Opa mir zum Geburtstag drei Bücher über Vögel. Geschrieben hatte sie T. H. Coward, der, wie ich später erfuhr, ein bekannter Ornithologe war. Dieses Geschenk schien zu signalisieren, daß ich langsam erwachsen wurde. Die Bücher waren ein Schatz für mich, ich las tagelang in ihnen, prägte mir den Inhalt ein, versuchte, möglichst viel zu lernen, damit ich eines Tages ein Taubenzüchter wie mein Opa werden konnte. Ich besitze sie immer noch, halte sie in Ehren und lese darin.

Diese Einführung in das Leben der Tiere weckte bei mir ein Interesse an Vögeln, das mir ein Leben lang geblieben ist. Als ich ungefähr elf war, ging ich in die nahegelegenen Wälder und suchte nach Nestern. Es war egal, um welche Vögel es sich dabei handelte. Wenn ich ein Nest entdeckt hatte, beobachtete ich es stundenlang. Meistens versteckte ich mich hinter einem Busch, von dem aus ich das Treiben während der Aufzucht der Jungen beobachten konnte. Bis zum heutigen Tag schaue ich den Vögeln beim Füttern der Jungen mit einem Gefühl von innerer Wärme zu.

Mein Interesse an der Natur kollidierte nicht selten mit den schulischen Verpflichtungen. In der Grundschule war es den Lehrern gelungen, bei mir die Lust am Lernen zu wecken. Als ich jedoch mein Hobby gefunden hatte, schien mir die Arbeit in der Schule nicht mehr so wichtig wie das Beobachten von Vögeln, und als ich elf war, beschloß ich, mein Zuhause zu verlassen und in einer Höhle in den Themse-Marschen zwei Meilen entfernt zu leben.

Ich büxte aus der Schule aus und ging in die Marsch, in ein Gebiet, in dem Bauarbeiter ihren Müll abgeladen hatten. Aus alten Brettern, Steinen und Mauerteilen baute ich mir eine Höhle, in der ich zu leben gedachte. Über das Essen, Waschen oder saubere Kleidung hatte ich mir keine Gedanken gemacht. Ich war glücklich, die Vögel über dem Marschland beobachten zu können.

Später an diesem Tag traf ich einen Jungen in meinem Alter. Ich weiß seinen Namen nicht mehr, denn wir sind einander nie wieder begegnet. Er wollte sich mir anschließen. Gegen Abend bekamen wir natürlich Hunger und gingen auf Nahrungssuche. Wir entdeckten einige große Gläser mit Süßigkeiten hinter dem Haus eines Ladenbesitzers und nahmen jeder eins. Wir kehrten zu unserem Versteck zurück und machten uns über das ekelhafte Zeug her. Ich hatte schnell genug davon und wollte etwas Richtiges zu essen. Es wurde kalt, und ich war ratlos. Nach Hause wollte ich nicht, denn mir war klar, daß mein Ausflug mir eine Tracht Prügel von meinem Vater einbringen würde.

Bei Einbruch der Nacht sahen wir die Lichtkegel von Taschenlampen, die in einem großen Bogen über die Marsch auf uns zukamen. Dann entdeckten wir Polizeiautos, die langsam über die Straßen in der Umgebung fuhren. Uns wurde klar, daß man uns suchte, deshalb verließen wir unsere Höhle und gingen auf die Lichter zu. Jemand rief: »Da sind sie!« Polizeibeamte kamen uns entgegengelaufen. Es war schon nach eins, als die Polizei uns nach Hause brachte, und – man glaubt es kaum – ich bekam keine

Schläge. Ich denke, meine Eltern waren so überwältigt vor Erleichterung, daß sie mich nicht schlugen. Mir war es eine Lehre. Ich würde nie wieder von zu Hause ausreißen.

Als ich in die höhere Schule kam, verflogen alle meine guten Absichten, fleißig zu arbeiten. Vogelbeobachtung und Fußballspielen interessierten mich weit mehr. Ich kümmerte mich einfach nicht um Schularbeiten. Ich schlich mich aus der Schule fort, ging ins Marschland in der Nähe der Southend Road und beobachtete dort den ganzen Tag die Vögel. Natürlich war ich immer rechtzeitig zum Fußballtraining wieder in der Schule. Ich liebte Fußball. Ich spielte innen rechts, war ab dreizehn in der Schulmannschaft und blieb, bis ich mit fünfzehn die Schule verließ. Die Lehrer sagten, daß ich echte Angriffslust zeigte.

Um mein Fußballspiel zu verbessern, entschloß ich mich zum Training mit Gewichten. Da war ich gerade dreizehn! Meine Eltern verspotteten mich und nahmen die Sache nicht ernst, aber ich betrieb das Gewichtstraining mit Nachdruck: Ich war überzeugt, meine Beine und mein Oberkörper würden dadurch kräftiger, und dann könnte ich noch besser Fußball spielen. Dreimal in der Woche strengte ich mich im Jugendclub der Schule richtig an. Ich bezweifle zwar, daß mir das irgendwie half, aber ich machte wenigstens keine Dummheiten – jedenfalls seltener.

Auch mein zweites Scharmützel mit der Polizei hatte ich mit dreizehn, und auch diesmal war ich unschuldig. Gemeinsam mit meinem besten Kumpel Phil fuhr ich an einem Novemberabend mit dem Zug zu einem Spiel von Tottenham Hotspur. Wir hatten ein paar Feuerwerkskörper gekauft – Kracher natürlich – und warfen sie in aller Arglosigkeit aus dem Fenster. Plötzlich tauchte der Zugbegleiter auf und wollte wissen, wer geschossen hatte. Am nächsten Bahnhof hielt der Zug, die Polizei wurde gerufen. Sie nahm uns unsere Geschichte von den Krachern nicht ab, sondern zog es vor, dem Zugbegleiter Glauben zu schenken. So wurden wir von der Polizei nach Hause gebracht und verpaßten das Fußballspiel.

Nach diesem Zwischenfall dachte ich intensiv über die Wahrheit nach. Meine Mutter hatte mir gesagt, ich müsse immer bei der Wahrheit bleiben, dürfe niemals lügen, dann wäre alles gut. Doch mir schien, daß man mir nie glaubte, wenn ich die Wahrheit sagte, während einer anderen Person, von der ich doch wußte, daß sie log, Glauben geschenkt wurde. Und ich stand dann als Lügner da. Ich fand das damals schrecklich ungerecht, und ich hatte während meiner gesamten Teenagerzeit daran zu knabbern.

Die Probleme mit meinem Vater mehrten sich. Dauernd sagte er mir, was ich zu tun hatte, er kritisierte mich, kommandierte mich herum, und wann immer er sich dazu berechtigt fühlte, teilte er Hiebe aus, haute mir an den Kopf, verpaßte mir Boxschläge auf Arm und Brust und warf mich auf den Boden. Ich fühlte mich gedemütigt und wurde wütend, aber das Krafttraining im Jugendclub hatte mir Vertrauen in die eigene Kraft gegeben.

Eines Abends kam er von der Arbeit nach Hause, und meine Mutter erzählte ihm, daß ich mal wieder die Schule geschwänzt hatte. Er drehte sich zu mir um, schlug mich links und rechts ins Gesicht, so daß ich fast durchs Zimmer flog. Jetzt riß mir endgültig der Geduldsfaden. Es reichte! Ich ging auf ihn los und verpaßte ihm einen ordentlichen Faustschlag mitten ins Gesicht, so wie ich es am Punchingball gelernt hatte. Ich hatte noch nie versucht, meinen Vater zu schlagen. Die Heftigkeit meines Angriffs überraschte ihn.

»Du kleiner Mistkerl«, sagte er grimmig, »ich werd' dir zeigen, was es heißt, den eigenen Vater zu schlagen. Komm her!« Er schlug hart zurück, es kam zu einem heftigen Schlagabtausch. Er traf mich vermutlich öfter als ich ihn, aber in meiner Wut spürte ich nichts. Immer, wenn ich eine ungedeckte Stelle sah, schlug ich so kräftig wie ich konnte zu – ins Gesicht, auf die Brust, in den Magen, auf die Arme, überall hin. Meine Mutter stürzte ins Zimmer und schrie, daß wir aufhören sollten. Wir ließen beide die Fäuste sinken und sahen einander an. Dann verließ ich das Haus. Mein Einsatz hatte Folgen: Mein Vater hat nie wieder versucht, mich zu schlagen. Ich war vierzehn.

Im Jahr darauf wurde mein Vertrauen in die Erwachsenen erneut erschüttert. Mein Freund Phil und ich hingen immer vor der Kneipe »Thatched House« in Dagenham herum und lauschten der Musik. Wir hatten kein Geld, um hineinzugehen, aber wenn wir am Fenster standen, hörten wir die Musik. Es machte uns Spaß, und wir tranken Limonade und aßen Chips.

Eines Abends kam ein Mann mit einem hell- und dunkelbraun lackierten Humber-Superschlitten vorgefahren. Wir bewunderten das Auto, und er fragte Phil und mich, ob wir uns ein paar Pfund Taschengeld verdienen wollten. In dem Alter sind ein paar Pfund ein kleines Vermögen, wir waren sofort einverstanden. Wir sollten zu der nahegelegenen Fabrik, die Autobatterien herstellte, gehen und ein paar Bleibarren ins Auto laden. Wir kletterten über den Zaun, der Mann öffnete das Tor mit einer Brechstange. Wir hatten ungefähr vierzig oder mehr Barren ins Auto geladen, einige hinten, andere vorn, um das Gewicht auszugleichen. »Ich bin bald zurück«, sagte er, »dann bekommt ihr das Geld.« Wir warteten eine Ewigkeit, aber er kam nicht zurück. Wir hielten die Augen offen, denn das Auto war ziemlich auffällig – vergeblich! Nach diesem Abenteuer wußten wir, daß es nicht leicht war, viel Geld zu verdienen. Außerdem lernte ich daraus, daß ich den Menschen nicht trauen konnte.

Trotz unserer Bitten bekamen wir von den Eltern kein Taschengeld. Alle meine Schulkameraden erhielten jede Woche Taschengeld, ich schämte mich, daß ich nie etwas hatte. Kein Geld für Süßigkeiten oder Comics zu haben, gab mir ein Gefühl der Unterlegenheit. Ich wußte, ich mußte etwas tun, um diese Lage zu ändern, aber die Möglichkeiten waren begrenzt.

Auch Phil stammte aus einer großen Familie. Er bekam zwar etwas Taschengeld, aber es reichte nie. Wir dachten daran, Zeitungen auszutragen, aber das bedeutete, um sechs Uhr morgens aufzustehen. Die Arbeit war uns zu mühsam, vor allem in den kalten Wintermonaten. Phil und ich sprachen viel über Möglichkeiten zum Geldverdienen. Und dann kamen wir auf die Idee, Dinge zu stehlen, die andere Leute gern haben wollten. Dann konnten wir sie gut verkaufen. Wir wußten, daß alle unsere Schulfreunde gern neue Füller gehabt hätten, die ließen sich also am besten verkaufen. Da sie klein waren, konnte man sie auch leicht mitgehen lassen und verstecken. Wir entschieden uns für Woolworth, weil dort das Stehlen von den Tischen am einfachsten war.

Mein kriminelles Leben begann an einem Samstagvormittag, als viel Betrieb im Warenhaus herrschte. Ich war etwa dreizehn Jahre alt. Wir beschlossen, jeder zwei Füller zu stehlen. Wir gingen zum Ladentisch und taten so, als gefiele uns einer besonders gut. Als die Verkäuferin uns den Rücken zuwandte, steckten wir zwei in die Hosentaschen und schlenderten möglichst unauffällig davon. Ich glaube, wir haben sie für einen Shilling pro Stück verkauft.

Unsere Karriere als Ladendiebe dauerte einige Monate. Sie brachte uns einen so guten Ruf in unserer Schule in Dagenham, Essex, ein, daß die Jungen und Mädchen uns bereits Aufträge erteilten. Die Jungen bestellten hauptsächlich Füller, Spielsachen, Modellschiffe und -flugzeuge, die Mädchen Kämme, Make-up, Puder und Lippenstifte. Meistens waren wir samstagvormittags in einem Woolworth-Laden, vor allem in den Filialen in Dagenham und Barking, und beschafften uns, was wir brauchten. Manchmal verdienten wir bis zu fünf Pfund die Woche – ein kleines Vermögen!

Ich wußte, daß wir unrecht taten, daß es Diebstahl war. Ich wußte auch, daß wir riesigen Ärger bekommen würden, wenn man uns erwischte. Und doch wurden diese Eskapaden am Samstag für mich zur Droge, zum Nervenkitzel, zu einem Prüfstein, ob ich die Woolworth-Verkäufer und irgendwelche Kaufhausdetektive, die da möglicherweise herumliefen, austricksen konnte. Ich freute mich geradezu auf die Samstage. Zum Glück wurden wir nie gefaßt.

Nur einmal hätte es uns beinahe erwischt. Am einem Samstag standen Phil und ich vor dem Ladentisch mit den Füllern, und plötzlich spürte ich eine Hand nach meiner Schulter greifen. Ich sah mich um und rief Phil zu, daß er weglaufen solle. Ich befreite mich von dem Mann und schoß aus dem Laden. Wir sahen uns beide nicht um und rannten wie von Furien gejagt, bis wir eine halbe Meile entfernt waren. Uns war eine Heidenangst in die Knochen gefahren, und wir waren vom Ladendiebstahl geheilt.

Diese Zeit brachte aber auch glückliche Tage mit sich. Mein Onkel, Obst- und Gemüsehändler in Manor Park, bot mir einen Samstagsjob an. Ich sollte im hinteren Teil seines Ladens arbeiten, und für die gesamte Schicht bekam ich die königliche Summe von zwei Pfund und zehn Shillingen. Das Geld mußte ich mir aber auch hart verdienen. Ich fing morgens um acht Uhr an und war am Abend um sechs Uhr fertig. Allerdings bekam ich morgens zwei Käsebrötchen, mittags Fisch und Chips und soviel Obst, wie ich wollte. Es war eine harte Schufterei, aber es machte mir Spaß. Ich fühlte mich langsam als Mann, obwohl ich gerade erst vierzehn war.

In der Schule gab ich mir immer noch nicht gerade viel Mühe mit dem Lernen. Mit elf war ich kläglich durch die zu dem Zeitpunkt anstehende Prüfung gefallen, aber ich durfte die Schule weiterhin besuchen. Im Unterricht paßte ich dennoch kaum auf, konzentrierte mich nur aufs Fußballspielen und träumte von der Vogelbeobachtung. Als ich vierzehn war, forderte mich mein Klassenlehrer eines Tages auf, nach dem Unterricht noch zu bleiben. Wir setzten uns und redeten miteinander. In aller Ruhe und mit viel Geduld erklärte er mir, daß ich meine Möglichkeiten einfach nicht nutzte. Er wußte, wieviel der Sport mir bedeutete, vertrat aber die Ansicht, daß ich vermutlich kaum Chancen haben würde, als Fußballer oder in einer anderen Sportart je Profi zu werden.

Er fragte mich, warum ich meine Zeit verschwendete und nicht lernte, schließlich hinge meine Zukunft von guten Prüfungsergebnissen ab, denn nur damit bekäme ich einen guten Job mit vernünftiger Bezahlung. Er machte mir klar, wie dumm es von mir gewesen war, das Lernen zu vernachlässigen. Er verhalf mir auch zu dem Entschluß, in den letzten drei Monaten meiner Schulzeit die Situation zu verbessern. Ich hatte keine der albernen Prüfungen bestanden, deswegen konnte ich auch nicht bis zum allgemeinen Abschlußexamen bleiben. Ich mußte die Schule demnächst verlassen.

Für alle, die nicht bis zum Ende blieben, gab es eine Abschlußprüfung. Sie sollte potentiellen Arbeitgebern zeigen, ob ein Bewerber über ausreichende Intelligenz verfügte. In diesen letzten drei Monaten strengte ich mich wirklich an, lernte zu Hause und paßte im Unterricht höllisch auf, was ich noch nie zuvor getan hatte. Ich war entschlossen, dem Lehrer und mir zu beweisen, daß ich es schaffen konnte, daß ich wirklich intelligent war. Der Einsatz zahlte sich aus, denn unter neunzig Abgängern nahm ich den zehnten Platz ein. Zum erstenmal hatte ich das Gefühl, Leistung erbracht zu haben. Ich hatte es mir selbst bewiesen.

Mit meinem Abgangszeugnis bewaffnet, wußte ich, daß ich einen Job finden würde. Zu Hause in Dagenham lag um die Ecke eine Pelzfabrik, in der Felle vor der Auslieferung an die Kürschner konserviert, bearbeitet und sortiert wurden. Zwei Tage nach Schulschluß ging ich in die Fabrik und wollte mit dem Meister sprechen.

»Haben Sie Arbeit für mich?« fragte ich selbstbewußt.

»Ist es dein erster Job?« wollte er wissen.

»Naja, ich hab' bei meinem Onkel im Geschäft gearbeitet«, erklärte ich, »aber das hier wäre meine erste Stelle.«

»Kann sein, daß wir was haben«, antwortete er. »Komm rein.«

Ich setzte mich hin und wartete, während er fortging, um mit jemandem zu reden. Als er zurückkam, bot er mir einen Job als Mechanikerlehrling an. »Du bekommst sieben Pfund und zehn Shilling die Woche und kannst morgen anfangen.«

Ich verließ die Fabrik und war glücklich und zufrieden

mit der Welt. Ich war gerade fünfzehn, hatte Arbeit und würde meinen Weg ins Leben schon machen. Und ich war jetzt unabhängig.

Trotz der Tatsache, daß ich Arbeit hatte, fühlte ich tief im Herzen, daß dies nur eine Übergangslösung sein würde, bis ich das Alter für die Armee hatte. Ich wollte unbedingt Fallschirmjäger wie mein Onkel werden. Das war mein richtiges Berufsziel. Es war auch gar keine Frage, daß man mich nehmen würde, daß ich den Fitneßtest bestand und bei medizinischen Untersuchungen und irgendwelchen anderen Prüfungen durchkam. Ich wußte, daß ich eines Tages Fallschirmjäger wie mein Onkel Stan sein würde.

Doch einen Monat später war der Junge, dessen Job ich bekommen hatte, plötzlich wieder da und kehrte an seinen alten Arbeitsplatz zurück. Mir bot man eine Alternative an: Ich sollte die Felle in den Trockenräumen aufhängen. Schon wenige Stunden nach Arbeitsbeginn langweilte ich mich. Tag für Tag sah ich von morgens bis abends auf die große Uhr in der Fabrik und konnte es kaum erwarten, daß es fünf wurde und die Freiheit winkte. Die Arbeit war langweilig und eintönig, und ich hatte das Gefühl, nicht mehr warten zu können, bis ich alt genug für die Armee war.

Mühsam hielt ich einige Monate durch, aber schließlich wußte ich, daß ich gehen mußte, sonst würde ich verrückt werden. Immer mal wieder sah ich mich auf dem Arbeitsamt um. Eines Tages las ich eine Anzeige, in der ein Laufbursche auf einer Baustelle gesucht wurde. Ich beschloß, mich zu bewerben, denn das würde bestimmt nicht so eintönig sein wie die Arbeit in der Pelzfabrik.

Diesesmal arbeitete ich im Freien und half beim Bau einer Fabrik auf dem Land in Essex, etwa zwölf Meilen von zu Hause entfernt. Es bedeutete ein Stück Freiheit, draußen zu arbeiten. In den Mittagspausen hatte ich sogar Zeit, Vögel zu beobachten. Jeden Tag kletterte ich mit den Bauarbeitern hinten auf einen Lieferwagen, mit dem wir zur Baustelle gefahren wurden. Aber meine Arbeit gefiel mir nicht. Ich wollte einen anderen Job und freute mich, als nach ein paar Monaten ein anderer Junge in die Firma kam und meinen Platz übernahm. Jetzt wurde ich ein ordentlicher Bauarbeiter und mit 35 Pfund die Woche gut bezahlt. Das war in meinen Augen ein kleines Vermögen.

Ungefähr zu dieser Zeit lernte ich Ann kennen, die große Liebe meines jungen Lebens. Sie war ein hübsches, dunkelhaariges Mädchen mit dunklen Augen und nicht allzu groß. Sie hatte eine tolle Figur und sah aus wie achtzehn, drei Jahre älter, als sie tatsächlich war. Ich war gerade sechzehn und hingerissen. Wir lernten uns in dem Café kennen, in dem meine Freunde und ich nach dem Gewichtstraining im Jugendclub einen Kaffee tranken.

Jeden Abend verbrachte ich dort zwei oder drei Stunden und sah sie nur an. Ich war zu schüchtern, um sie anzusprechen, und hoffte, sie würde die Initiative ergreifen. Eines Abends passierte es, mein Herz machte einen Freudensprung.

Nach einem Monat trafen wir uns jeden Abend. Das war jetzt das wahre Leben. Abends um sechs kam ich, völlig verschmutzt nach dem Tag auf der Baustelle, nach Hause. Nach einem schnellen Abendessen, einem Bad, dem Umziehen und fünf Minuten Haarpflege traf ich sie gegen Viertel nach sieben im Café. Bei gutem Wetter gingen wir in den Mayes Brook Park und suchten uns am Rand ein ruhiges Fleckchen im Gebüsch. Wir bekamen nie genug voneinander. Wir liebten uns oft bis zum Einbruch der Dunkelheit. Ich war total verknallt.

Sechs Monate später wurde Ann schwanger. Wir hatten verhütet, aber nicht immer. Meine Eltern waren fuchsteufelswild, von Anns Eltern ganz zu schweigen. Zuerst verlangten sie eine Abtreibung, aber Ann weigerte sich. Ich durfte mich bei ihr zu Hause nicht mehr blicken lassen, und ihre Eltern ließen sie nach sechs Uhr abends, wenn ich von der Arbeit kam, nicht mehr ausgehen. Wir konnten nicht telefonieren und sahen einander überhaupt nicht mehr. Ihre Eltern müssen gewußt haben, daß sie mit ihrer Strenge unsere Liebe zueinander töten würden. Und genauso kam es am Ende.

Zehn Monate nach unserem letzten Zusammensein trafen wir einander zufällig auf der Straße. Sie hatte das Baby bekommen, einen Jungen, aber ihre Eltern hatten sie überredet – »ihr befohlen« wäre wohl richtiger –, es zur Adoption freizugeben. Sie wollte es behalten, aber ihre Eltern hatten sie dermaßen in die Enge getrieben, daß sie schließlich widerstrebend zugestimmt hatte, das Baby herzugeben. Als wir uns begegneten, sahen wir einander an, aber die alte Leidenschaft war verflogen. Wir sahen einander nie wieder, und das war wohl auch am besten so. Ich war sehr traurig und hatte ein schrecklich schlechtes Gewissen.

Ich brauchte Abwechslung. Ich war immer noch sechzehn und der Meinung, ich sei lange genug auf der Baustelle gewesen. Also bewarb ich mich bei der Gemeinde Redbridge und landete in einer Wartungsabteilung, half bei der Verlegung neuer Abwasserrohre und der Reparatur von Gemeindeeigentum. Ich weiß noch, wie ich mein erstes wöchentliches Arbeitszeitblatt ausfüllen mußte. Genau hatte ich berechnet, wie viele Stunden ich gearbeitet hatte, und schrieb sie korrekt auf. Der Vorarbeiter kam vorbei und verlangte nach meinem Zeitblatt.

Er guckte entsetzt, als er sah, was ich da aufgeschrieben hatte. »Willst du uns alle an den Galgen bringen?« protestierte er. »Verdammt, das ist so nicht gut, Freundchen. Gib mir ein neues Blatt.« Ich sah zu, wie er es mit meinem Namen ausfüllte. »Das ist besser«, meinte er und gab es mir.

Erstaunt sah ich, was er aufgeschrieben hatte. Nach seiner Rechnung hatte ich zwanzig Überstunden gemacht! In Wahrheit waren es nur vier gewesen. Ich war verblüfft. Dann sagte er: »Und gib nie ein Arbeitszeitblatt ab, wenn ich es nicht gesehen habe. Verstanden?« Ich guckte ihn an und schwieg.

Die ganze Woche machte ich mir wegen seiner Änderung Sorgen; ich hatte auch Angst, daß es herauskommen und ich vor Gericht gestellt würde. Als ich dann aber meine Lohntüte bekam und merkte, wieviel mehr darin war, beschloß ich, nichts zu sagen und das Geld zu behalten. Der Vorarbeiter glaubte nicht, daß ich mich an die Anweisung halten würde, und überprüfte jedes meiner Arbeitszeitblätter.

Mit reichlich Geld in der Tasche, einem guten Job und dem Gedanken, daß nur noch ein Jahr bis zum Armee-Eintritt vergehen würde, entschloß ich mich, mein Leben zu genießen. Jeden Samstagabend fand irgendwo eine Party statt. Nach ein paar Gläsern in der Kneipe fielen wir bei irgendeinem bedauernswerten Menschen zu Hause ein und tanzten Rock 'n' Roll bis in die Morgenstunden.

Auf einer dieser Partys lernte ich Jennifer kennen, eine gutgebaute, gutaussehende Blondine – eine echte! – mit wunderschönem Haar und strahlend blauen Augen. Sie war erst sechzehn, aber ich fand sie toll und sehr sexy.

Es war wirklich Liebe auf den ersten Blick. Unsere Blicke trafen sich, als alle anderen tanzten, und ich ging zu ihr. Wir redeten sofort miteinander und merkten, daß wir einander sehr sympathisch fanden. Wir tanzten und knutschten, tanzten und knutschten. Innerhalb einer Stunde waren wir auf dem Weg nach oben in eins der Schlafzimmer. Unter Küssen zogen wir uns gegenseitig aus. Zehn Minuten später lagen wir im Bett und liebten uns. In dieser Nacht gingen wir noch dreimal nach oben ins Schlafzimmer. Um drei Uhr morgens brachte ich sie nach Hause. Als wir uns vor der Haustür verabschiedeten und ich gerade gehen wollte, merkte ich, daß ich nicht einmal ihren Namen wußte.

Wir waren ein Jahr zusammen, auch noch, als ich schon in der Armee war. Die Zeit war wunderbar, wir tanzten, gingen in die Kneipe oder auf Partys. Wann immer es möglich war, buchstäblich bei jedem Treffen, fanden wir eine Gelegenheit, uns zu lieben. Doch ich hatte meine Lektion gelernt. Ich ging nie ohne ein Dreierpack Kondome aus dem Haus. Noch ein Mädchen zu schwängern, das war wirklich nicht das, was ich wollte.

Anfang der sechziger Jahre erreichte die Auseinandersetzung zwischen verschiedenen Jugendgruppen ihren Höhepunkt: auf der einen Seite die Mods mit ihrem dandyhaften Aussehen, auf der anderen die Rocker. Southend war eines ihrer Hauptschlachtfelder. Jennifer und ich fuhren oft mit unseren Freunden, von denen die meisten Motorräder hatten, nach Southend. Manchmal fand ich mich mitten in der übelsten Schlägerei wieder. In erster Linie wollte ich Jennifer und mich schützen, aber wenn meine Freunde angegriffen wurden, mischte ich mit und ließ die Fäuste sprechen. Das Ergebnis waren blaue Augen und Rippenprellungen. Ich lernte, auf mich aufzupassen.

Während einer Southend-Schlacht schlug ein Mod Jennifer ins Gesicht. Er benutzte einen Schlagring und traf sie am Auge. Da flippte ich aus. Jennifer hatte nur neben mir gestanden und zugeguckt, sie hatte sich überhaupt nicht eingemischt. Ich rannte hinter dem Mistkerl her, warf ihn zu Boden und versetzte ihm ein paar verdammt kräftige Tritte. Ich war fuchsteufelswild.

In den Sommermonaten waren wir oft in Southend, weil Jennifer die Liebe im Freien einfach hinreißend fand, und meistens fanden wir auch ein abgeschiedenes Plätzchen. Ich nahm sie auch mit zur Vogelbeobachtung. Vögel interessierten sie zwar nicht sonderlich, aber am Ende waren wir immer nackt, und das gefiel ihr zusehends.

In meinem Herzen wußte ich jedoch, daß ich nur auf Zeit spielte. Mein wahres Leben sollte erst noch beginnen.

KAPITEL 2

Jennifer und meine Freunde versuchten mit Nachdruck, mir die Armee auszureden. Wenn wir im Bett lagen, bedeckte Jennifer meinen Körper mit Küssen und wollte mir klarmachen, was mir entging, wenn ich Soldat würde. Wenn wir uns liebten, sagte sie manchmal sogar, daß es in der Armee gar keinen Sex gäbe. Meine Freunde hielten mich einfach für einen verdammten Idioten, daß ich einen guten Job, guten Lohn, eine hinreißende Freundin und tolle Partys aufgeben und für Kasernenhofdrill, Putz- und Flickstunden, Befehl und Gehorsam eintauschen wollte. Aber ich ließ mich nicht beirren. Nachts lag ich wach und dachte darüber nach, was ich machen sollte. Aber tief im Inneren wußte ich, daß mein Schicksal in der Armee lag.

Ich war achtzehn, als ich im September 1966 eines Morgens in den Zug von Dagenham nach Romford stieg, um mich bei der Rekrutierungsstelle der Armee zu melden. Unterwegs überfielen mich allerdings Zweifel. Ich war mir nicht mehr sicher. Ich dachte über Jennifer und unsere Beziehung nach; mir schossen die Worte meiner Freunde durch den Kopf, die mir sagten, wie idiotisch es wäre, mein Leben wegzuwerfen und zur Armee zu gehen. Über dreißig Minuten lief ich in Romford herum und versuchte eine Entscheidung zu treffen. Dann glaubte ich zu wissen, daß ich mich melden mußte, daß ich die Vergangenheit, die schönen Zeiten, die gute Bezahlung und Jennifer vergessen mußte, um die Laufbahn einzuschlagen, von der ich mein Leben lang geträumt hatte. Ich atmete tief ein und stieß die Tür zur Rekrutierungsstelle auf. Es gab kein Zurück mehr.

»Na, junger Mann, was kann ich für Sie tun?« fragte der Sergeant.

»Ich möchte zum Fallschirmjägerregiment«, antwortete ich selbstbewußt.

»Aha. Dann sind Sie hier richtig. Setzen Sie sich.«

Wir unterhielten uns eine Weile. Sein Corporal machte mir eine Tasse Kaffee und gab mir die Formulare zum Ausfüllen. Als ich eine Stunde später ging, hatte ich den Wunsch, zu den Fallschirmjägern zu gehen, aufgegeben und mich aus unerfindlichen Gründen damit einverstanden erklärt, zu den Royal Electrical and Mechanical Engineers (REME), einer technischen Pioniereinheit, zu gehen und mich zum Mechaniker ausbilden zu lassen. Als ich in den Zug nach Hause stieg, war ich überhaupt nicht mehr sicher, mich richtig entschieden zu haben.

Zwei Tage später war ich wieder in der Rekrutierungsstelle, diesesmal zur ärztlichen Untersuchung. Neunzig Minuten später verließ ich das Amt mit einer Einstufung A1-tauglich und einer Eisenbahnfahrkarte nach Arborfield in Berkshire. Ich konnte nicht mehr zurück. Jetzt war ich Mitglied der bewaffneten Streitkräfte Ihrer Majestät.

Am Samstag arrangierten meine Freunde eine Party für mich, wild entschlossen, mich sturzbetrunken zu machen. Jennifer hatte andere Vorstellungen. Wir verbrachten die halbe Nacht mit Trinken und Tanzen, die andere Hälfte im Bett. Am Sonntagabend sah ich Jennifer noch einmal. Sie war untröstlich. Als wir uns zum Abschied küßten, kullerten dicke Tränen über ihre Wangen.

Ich hatte keine rechte Vorstellung davon, was mich in Arborfield erwartete. Ich stieg aus dem Bus und ging die Straße hinunter zum Haupttor. Dabei sah ich Soldaten in Gruppen marschieren, von reichlich Geschrei und Flüchen begleitet, und naiv fragte ich mich, was da vorging. Ich sollte es bald erfahren.

Von den kommenden sechs Wochen blieb mir ein nebulöser Eindruck von Marschieren, Geschrei, Drill, noch mehr Geschrei, Putz- und Flickstunden, Saubermachen und Bettenbauen und natürlich von der Ausbildung an der Waffe im Gedächtnis. Ich schlief fest wie ein Kind und hatte dauernd Hunger. Ich kam gar nicht dazu, an Jennifer und meine Freunde zu denken, denn ich war unentwegt eingespannt. Die Leibeserziehung und die Querfeldeinläufe machten mir Spaß; den Drill der Grundausbildung haßte ich.

Meine Mutter und meine ältere Schwester Jan kamen zu meiner Abschlußparade, ich freute mich auf den anschließenden Dreitagesurlaub. Ich trank einige Biere mit meinen Freunden und verbrachte soviel Zeit wie möglich mit Jennifer. Zurück in der Kaserne, blieb gerade mal Zeit zum Packen, dann wurden wir mit dem Bus nach Borden in Hampshire gefahren, wo die Mechanikerausbildung begann.

In den nächsten zwölf Monaten lehrten uns die Ausbilder, was wir über die Dreitonner der Armee und die allgegenwärtigen Landrover wissen mußten. Als ich die REME-Prüfung machte, konnte ich die Kupplung eines Dreitonners innerhalb von vierzig Minuten auswechseln. Ich hatte nicht nur alles über Fahrzeugwartung gelernt, sondern war auch stolzer Besitzer eines Führerscheins für schwere Fahrzeuge.

Ich wurde in eine Stadt abkommandiert, von der ich noch nie etwas gehört hatte: Bielefeld, in der Nähe von Dortmund in Westdeutschland. Schon vor meiner Ankunft hatte ich Vorbehalte gegen die Stadt, denn das Wetter ließ mich gar nicht erst hinkommen. Der erste Flug ab Heathrow wurde wegen Nebels gestrichen; auch Flüge von anderen Flughäfen fielen aus, schließlich fuhr ich mit dem Zug von London nach Harwich und erlebte eine grauenvolle Fahrt über den Ärmelkanal; dann folgte noch eine lange und anstrengende Eisenbahnfahrt nach Bielefeld. Erschöpft kam ich mit drei Tagen Verspätung an.

Ich wurde dem 9 Squadron, Royal Corps of Transport (RCT), zugeteilt und zur Arbeit in eine Hilfswerkstatt für leichte Reparaturen im Camp geschickt. Die meiste Zeit brachte ich mit Teetrinken und Darts zu. Das war nicht das Soldatenleben, wie ich es mir vorgestellt hatte. Es ließ sich nur ganz entfernt mit dem Leben vergleichen, von dem ich geträumt hatte, als ich den Wüstenabenteuern meines Vaters lauschte.

Um öde Alltage interessanter zu gestalten, überredete ich die anderen, kompliziertere Arbeiten, die wir eigentlich in die Hauptwerkstatt schicken sollten, dazubehalten. Als beispielsweise ein Dreitonner zur Inspektion kam und wir feststellten, daß er einen neuen Motor brauchte, führten wir die Arbeit selbst aus, statt das Fahrzeug in die Hauptwerkstatt zu bringen.

Dennoch langweilte ich mich, deswegen meldete ich mich freiwillig zur Bergungseinheit der REME. Sie war bei jedem Wetter im Umkreis von 60 Meilen unterwegs, um liegengebliebene Fahrzeuge abzuschleppen. Endlich hatte ich das Gefühl, Unterkunft und Verpflegung zu verdienen und ein interessanteres Leben zu führen. Tief in Inneren war ich aber immer noch frustriert.

Ich stellte mir immer wieder vor, wie ich eigentlich leben wollte, mit Einsätzen im Ernstfall und mehr Action. Diese Grübeleien kosteten mich eines Tages fast das Leben. Ich hatte aus dem Hauptlager einige Ersatzteile abgeholt, und auf der Fahrt mit einem Landrover über eine Landstraße hing ich Tagträumen nach. Ich vergaß, daß ich in Deutschland war, wo ich rechts fahren mußte. Plötzlich sah ich einen riesigen Lkw auf mich zukommen. Aus Versehen war ich auf die linke Fahrbahn geraten, aber es dauerte entscheidende Sekunden, bis mir bewußt wurde, daß ich den Fehler gemacht hatte. Hätte ich gebremst und angehalten, wäre der große Lkw in mein Auto gekracht, das hätte ich wahrscheinlich nicht überlebt. Also fuhr ich von der Straße runter direkt in eine seitliche Hecke. Der Lkw hatte mich wohl nur um Zentimeter verfehlt. Als der Landrover zum Stehen kam, schlug mein Herz wie wild. Mir wurde klar, daß ich um Haaresbreite an einem sehr schweren Unfall vorbeigekommen war. »Blöder Hund«, beschimpfte ich mich auf der Rückfahrt ins Lager selbst.

Die Zeit in Bielefeld war jedoch nicht ausschließlich langweilig. Meine Fußballerqualitäten erwiesen sich als nützlich. Nach einem Wettbewerb wurde ich in die Mannschaft der Truppe gewählt. Wir spielten gegen Teams aus der Region. Das waren zumeist schöne Tage, die mit ein paar Bierchen und Gesang endeten. Es gab auch eine Armeesporthalle, in der mich die Sportausbilder dazu ermunterten, mein Training mit Gewichten fortzusetzen.

In dieser Halle traf ich den Mann, der meinem Leben eine Wende geben sollte. Eines Tages bemerkte ich einen kräftig gebauten, robust aussehenden, etwas merkwürdigen Typ von etwa dreißig Jahren. Zur Steigerung seiner Ausdauer konzentrierte er sich auf das Krafttraining. Ich hatte ihn schon vorher mal gesehen, wußte aber nichts über seinen Dienstgrad und seine Aufgaben.

Als er sich nach dem Training anzog, sah ich, daß er Sergeant war. Auf dem rechten Oberarm seines Hemdes war ein marineblaues Rangabzeichen aufgenäht, das ich noch nie gesehen hatte. Ich wußte nur, daß es nicht die Schwingen der Fallschirmspringer sein konnten, denn die waren heller. Beim nächsten Treffen faßte ich Mut und fragte ihn nach der Bedeutung der Schwingen. »SAS, mein Sohn«, antwortete er. Ich sah ihn verwundert an, denn ich hatte noch nie ein SAS-Mitglied getroffen. Die Leute vom Special Air Service, dieser Elitesondereinheit, waren für mich immer eher Überflieger gewesen, keine Soldaten im herkömmlichen Sinne.

Gelegentlich kreuzten sich unsere Wege auch außerhalb der Sporthalle, dann nickte der Sergeant mit dem Kopf oder winkte mir zu. Ich ging davon aus, daß er nicht mit mir reden wollte, aber ich mußte um jeden Preis eine Gelegenheit finden, ihn nach dem SAS-Abzeichen zu fragen. Ich war erpicht, mehr zu erfahren. Beim gemeinsamen Training in der Sporthalle ergab sich diese Gelegenheit. Mutig fragte ich ihn: »Wahrscheinlich sind Sie wirklich fit, wenn Sie beim SAS dienen?« Die Frage klang wohl ein bißchen dümmlich, aber mir fiel nichts Besseres ein.

Meine schlichte Frage war jedoch der Beginn einer Reihe von Gesprächen, die wir in den nächsten Wochen beim gemeinsamen Training führten. Außerhalb der Sporthalle sprachen wir nie miteinander, aber je mehr wir beim Training redeten, desto klarer wurde ihm, daß er jemanden getroffen hatte, der sich für die Sondereinheit ernsthaft interessierte.

Er erzählte, daß er in Aden beim Special Air Service gedient und dort einige Einsätze miterlebt hatte. Er gab zu, daß ihm der Lebensstil des SAS und die Kameraden, auf die er dort beim Regiment getroffen war, fehlten. Er hatte Sehnsucht nach dieser Einheit, aber eine Rückkehr war unmöglich. Nach dem Dienst in Aden hatte er geheiratet. Jetzt war er Vater von zwei Kindern, und seine Frau war strikt dagegen, daß er zum Regiment zurückkehrte und damit sein Leben aufs Spiel setzte. So war er jetzt Sergeant bei seiner Heimateinheit, dem Royal Corps of Transport (RCT).

Er erzählte mir von Situationen in Aden, in denen er kaltblütig Menschen töten mußte. Ich sah ihn an und wußte nicht, ob ich alles glauben oder wenigstens ein paar Abstriche machen sollte. Ich konnte nicht glauben, daß ein Sergeant der Britischen Armee jemanden tötete, außer in Kriegszeiten natürlich. Alles, was ich über die Britische Armee gehört hatte, war für mich das Evangelium gewesen – daß die Briten immer sauber kämpften, daß die Britische Armee nicht wie die anderen war, daß die Regeln des Kampfes niemals gebrochen wurden. Alles, was er mir erzählte, brachte mein Blut zum Kochen. Ich hatte angebissen, hing fest am Angelhaken.

Ich fragte den Sergeant nach dem Bewerbungsmodus

für den SAS, und er informierte mich. Er brachte mir vom Truppenhauptquartier sogar ein Bewerbungsformular mit. Es war ein simpler und eindeutiger Antrag. Ich brauchte nur Namen, Dienstgrad und Nummer einzutragen, um mich für einen Auswahlkursus bei dieser Einheit zu bewerben. Er schickte das unterschriebene Formular nach Hereford an das SAS-Hauptquartier. Ich hörte jedoch nie wieder etwas.

Ich wollte nicht glauben, daß der SAS mich abgelehnt hatte, ohne mich überhaupt gesehen oder ein Gespräch mit mir geführt zu haben. Also versuchte ich, die Angelegenheit zu vergessen und konzentrierte mich lieber darauf, mein Leben in Deutschland zu genießen und fit zu bleiben.

Nur eine Autostunde von Bielefeld entfernt lag Dortmund, und ich hörte interessiert zu, wenn die anderen aus der Einheit von Wochenenden mit Zechereien und dem Sexangebot für britische Soldaten erzählten. Rund drei Monate nach meiner Ankunft in Deutschland liehen wir uns zu viert ein Auto und fuhren übers Wochenende nach Dortmund. Ich war neunzehn und ein Mann von Welt – jedenfalls glaubte ich das. Aber die Anblicke, die sich uns bei unserem Gang durch das Rotlichtviertel boten, ließen mich erkennen, daß mein Leben noch nicht begonnen hatte. Ich konnte nicht glauben, daß die Deutschen bei Sex und Prostitution so zwanglos waren – so ganz anders als die Briten.

»The Blue Lamp«, die erste Kneipe, in die wir gingen, öffnete mir die Augen. Es war unglaublich, was ich da sah. An einer Wand lief auf einer riesigen Leinwand ein harter Pornofilm. Hier passierte alles, wovon ich bisher nur gehört hatte, von Gruppensex über Fesseln bis hin zu Sadomasochismus, und alles war in Großaufnahmen und in Farbe zu sehen. Als ich mich in der Kneipe umsah, entdeckte ich, daß einige Paare in aller Öffentlichkeit Sex miteinander hatten und daß einige Nutten unter dem Tisch an den Kerlen herumspielten.

Ich sah erstaunt zu, wie eine Bardame zwei große Bierkrüge auf einen Tisch knallte, während ein Paar dort herummachte. Später fand ich heraus, daß eine »Handbedienung« nur soviel kostete wie ein Bier – etwa zwei Shilling! Als ein paar Soldaten davon erfuhren, standen sie buchstäblich Schlange, warteten, bis sie an der Reihe waren, und sahen zu, wie ihre Kameraden sich amüsierten. Nachdem man sie bedient hatte, stellten sich manche sofort wieder hinten an, tranken noch schnell ein Bier und warteten, bis sie wieder an der Reihe waren.

Wir zogen von Kneipe zu Kneipe, tranken jedesmal ein großes Bier, bis wir schließlich in den Schuppen kamen, von dem man mir gesagt hatte, er sei überhaupt der größte. Als wir eintraten, kamen Mädchen auf uns zu und verlangten ein Bier. Manche sahen wirklich attraktiv aus, und erweckten nicht den Eindruck einer Hure. Wir unterhielten uns und bezahlten Getränke für sie, bis sie uns fragten, ob wir mit nach unten gehen wollten.

Mit einem Glas in der Hand zog ich Arm in Arm mit einem der Mädchen los, einer dunkelhaarigen, gutgebauten jungen Frau, die auch gut Englisch sprach. Sie sah aus wie 25. Ich wußte, was gleich passieren würde, dennoch traf mich die Situation unvorbereitet. Sieben oder acht Paare waren im Raum verteilt, alle standen an den Wänden, die Mädchen mehr oder weniger ausgezogen, während sich die Jungs auf eindeutige Weise vergnügten.

Nachdem wir zahllose Nackt-Shows und Pornos gesehen und uns mit vielen Nutten vergnügt hatten, schliefen wir in dieser Nacht im Auto unseren Rausch vom literweisen Biergenuß aus. Müde, verkatert, aber glücklich gingen wir am nächsten Morgen im öffentlichen Bad schwimmen. Wir duschten und rasierten uns und bestellten eine ordentliche Mahlzeit. Gegen sechs Uhr waren wir erneut bereit für eine Nacht voller Sex, Sauferei und handfester, zügelloser deutscher Unterhaltung. Es war wie im siebten Himmel.

Doch irgendwie gibt es immer einen blöden Hund, der anderen Leuten den Spaß verderben will, und so einen traf ich nach einigen Monaten in der Kaserne von Bielefeld. Er war ein RP NCO (Regimental Police Non-Commissioned

Officer), ein Unteroffizier der Regimentspolizei, der riesige Schulterklappen trug. Und er war offensichtlich entschlossen, anderen das Leben zu vermiesen. Aus unerfindlichen Gründen hegte er eine Abneigung gegen die REME-Soldaten und provozierte uns bei jeder sich bietenden Gelegenheit. Speziell mich konnte er nicht leiden. Er beobachtete uns Tag und Nacht und bestrafte uns für die geringfügigsten Vergehen – für ein offenes Knopfloch, für das Rauchen ohne Erlaubnis oder wenn wir im Lager normalen Schrittes gingen, statt zu marschieren.

Die Feindseligkeit zwischen ihm und mir baute sich über einige Wochen auf. Wann immer ich mein Quartier oder die Werkstatt verließ, stand er da und wartete nur darauf, mich aus kleinstem Anlaß heraus fertigzumachen. Er konnte mich nicht bestrafen, aber er konnte eine Beschwerde an den zuständigen Offizier der REME-Werkstatt schicken, und genau das tat er des öfteren. Der zuständige Offizier schlug jedoch vor, »den kleinen Scheißkerl einfach mit Humor zu ertragen«.

Nachdem ich einmal fast eine ganze Nacht wegen starker Zahnschmerzen wach gelegen hatte, war ich morgens für den Werkstattappell spät dran. Deshalb hatte ich beim Verlassen des Quartiers noch nicht alle Knöpfe zugeknöpft. »He, komm her!« brüllte mich der Unteroffizier an.

»Ich kann nicht«, erklärte ich, »ich komme zu spät.« Weg war ich.

Er rannte hinter mir her, griff mich am Arm und fing an zu brüllen. Ich drehte mich um und schlug ihm ins Gesicht. Er ging zu Boden. Ich lief zur Werkstatt und ließ ihn auf dem Boden sitzend zurück. »Verdammt, ich krieg dich!« brüllte er und rappelte sich wieder hoch.

Innerhalb von Minuten traf die Regimentspolizei bei der Werkstatt ein und brachte mich in den Wachraum. Zwei Stunden später stand ich vor dem Kommandeur meiner Einheit. Mir wurde vorgeworfen, einen Unteroffizier angegriffen zu haben. Er erklärte mir, daß er keine andere Wahl habe, als mich vor das Kriegsgericht zu stellen. Mir wurde angst und bange.

Drei Wochen später stand ich vor dem Kriegsgericht in der Kaserne. Ich bekannte mich schuldig und bat um mildernde Umstände. Mein Verteidigungsoffizier erklärte dem Gericht, daß der Unteroffizier in den vergangenen Wochen speziell auf den REME-Soldaten herumgehackt habe, er verwies auf meine tadellose Personalakte und meine gute Führung seit Eintritt in die Armee. Dennoch bekam ich sechs Monate Haft in Colchester, dem zentralen Militärgefängnis. Als der Kommandeur das Urteil verlas, hätte ich den kleinen Scheißkerl, der mich für sechs Monate hinter Gitter brachte, umbringen können.

Während ich in den nächsten zwei Wochen auf meinen Abtransport nach Colchester wartete, durchlebte ich die Hölle. Mein Sergeant vom Krafttraining war für mich in diesen vierzehn Tagen verantwortlich. Jeden Tag jagte er mich morgens um sechs aus dem Bett. Er inspizierte meine Ausrüstung, und wenn sie nicht tadellos war, warf er sie mir wieder hin und ließ mich von vorn anfangen. Ausrüstung und Bett mußten in perfektem Zustand sein. Ich mußte in kompletter Kampfmontur das volle Gepäck auf dem Rücken tragen. Dann ließ er mich eine Stunde lang im Schnellschritt um die Kasernen marschieren. Beim Drill gönnte er mir keinen Augenblick Erholung.

Die Stunden nach dem Frühstück verbrachte ich damit, auf allen vieren den Fußboden im Wachraum blank zu putzen, schwere Gartenarbeit zu leisten und die Töpfe und Pfannen in der Küche zu säubern. Manchmal holte er mich auch abends heraus, dann mußte ich noch einmal im anstrengenden Schnellschritt und mit vollem Gepäck marschieren. Ich war niedergeschmettert und wütend. Ich war der Meinung, daß die Armee und mein Sergeant mich unfair behandelten.

Er sagte mir nie, warum er so hart mit mir umging. Ich verstand nicht, warum er so streng war, denn zuvor hatte er sich mir gegenüber immer nur freundschaftlich gegeben. Nach der Ankunft in Colchester wurde mir klar, daß es verdammt nett von ihm gewesen war, mich auf die Härte dort vorzubereiten.

Colchester schien ein Irrenhaus zu sein. Bei der Ankunft standen die Unteroffiziere, die in Zukunft unser Leben mit der Eisenrute regieren sollten, schon zur Begrüßung bereit. Und was für eine Begrüßung das war! Die beiden Militärpolizisten, die mich von Deutschland nach Colchester begleitet hatten, übergaben mich, und von dem Augenblick an begann das Gebrüll und Geschrei. Wir mußten uns in eine kleine Halle begeben, unsere gesamte Ausrüstung ablegen, dann sämtliche Kleidungsstücke ausziehen und uns auf den Boden legen.

Splitterfasernackt stand ich still, als ein Sergeant auf mich zukam und sagte: »Du bist also derjenige, der Unteroffizieren gern mal einen Haken verpaßt? Willst du mir auch eine reinhauen?«

»Nein, Sergeant«, antwortete ich.

»Nenn mich nicht Sergeant«, brüllte er mich an. »Ab sofort und während der ganzen Zeit in dieser Einrichtung nennst du mich und alle anderen hier ›Oberst‹. Verstanden?«

»Ja, Herr Oberst«, antwortete ich.

»Und vergiß das nie, sonst bist du dran.«

Wir mußten unsere Kleidung in unsere Taschen packen und bekamen die einheitliche Colchester-Uniform, ein grobes, khakifarbenes Armeehemd, dunkelgrüne Jeans und eine dunkelgrüne Jacke. Im Schnellschritt mußten wir zum neuen Quartier laufen, einer Nissenhütte, die für die nächsten sechs Monate mein Zuhause sein sollte.

Nach der Abendmahlzeit wurden wir in unserer Hütte eingeschlossen und bekamen den Befehl, unsere Ausrüstung für die Morgeninspektion fertigzumachen. Am nächsten Morgen überrollte uns das Colchester-System wie eine Flutwelle. Die erbarmungslose Routine mit Drill, Laufen, harter Disziplin, stündlichen Inspektionen und widerwärtigen, schreienden und brüllenden Unteroffizieren nahm erst ein Ende, als wir das Gefängnis verließen.

Ich wußte, daß ich zunächst die ersten Wochen überleben mußte, ganz gleich, was passierte. Ich wußte, daß ich zäh sein mußte, um zu zeigen, daß ich alles ertrug, was die

Gefängniswärter uns antaten. Mein Training war dabei eine Hilfe, auf merkwürdige Weise auch das Verhalten meines Vaters und das des Sergeants in Deutschland. Ich brachte bereits die Voraussetzungen mit, um die härteste Disziplin, die die Armee mir abverlangen konnte, zu ertragen. Nach den ersten zwei Wochen fing ich sogar an, Colchester irgendwie zu genießen.

Nach dem ersten Monat in der Hölle wurden allen, die sich einen Streifen für gutes Benehmen verdient hatten, kleine Vergünstigungen eingeräumt. Wir durften abends eine Stunde fernsehen, und unsere Nissenhütte wurde nach dem Lichtausschalten nicht abgeschlossen. Wir wurden mehr wie richtige Soldaten ausgebildet und durften auf dem Schießstand scharfe Munition verwenden. Es kam mir höchst merkwürdig vor, daß kasernierte Soldaten in einem Hochsicherheitsgefängnis mit echter Munition hantieren durften. Als ich einen Wärter auf diesen Punkt ansprach, erklärte er mir, daß wir eigentlich nicht in einem Gefängnis seien, sondern in einer Besserungsanstalt. Das fiel mir schwer zu glauben.

Nach vier Monaten kam ein Augenblick absoluter Glückseligkeit. Ich war eines Morgens vor dem Adjutanten aufmarschiert und erfuhr, daß man mir wegen guter Führung zwei Monate erließ.

Als ich Colchester schließlich verließ, merkte ich, daß ich noch nie im Leben so fit gewesen war. Ich konnte fünf Meilen laufen, ohne außer Atem zu geraten. Ich konnte ein Gewehr, eine Maschinenpistole oder ein leichtes Maschinengewehr mit verbundenen Augen auseinandernehmen. Und beim Schießen hatte ich mich unglaublich verbessert. Ich hatte meine Lektion gelernt. Nie wieder würde ich aus der Reihe tanzen. Nie wieder würde ich zulassen, daß irgendein lächerlicher Zwerg mich so quälte, daß ich die Kontrolle über mich verlor.

Ich wurde für zwei Monate in der Werkstatt 10 Field Workshop in Tidworth, Salisbury Plain, stationiert, wo ich größere Reparaturen ausführte, bevor ich wieder nach Bordon geschickt wurde. Dort machte ich einen sechswöchigen Kursus in Reparatur und Wartung von Panzern und gepanzerten Personenfahrzeugen. Die Arbeit war interessant und machte Spaß, aber im Innersten wußte ich, daß die Reparatur von Fahrzeugen nie die Erfüllung meines Wunsches, ein richtiger Soldat zu werden, sein würde. Das konnte ich nur beim SAS sein. Dieses Hauptziel verlor ich keinen Moment aus den Augen.

Wenige Monate später wurde ich gefragt, ob ich Mitglied eines Schnellreparaturtrupps werden wollte, der im Krieg nahe der Front im Einsatz war, um Fahrzeuge in der Hälfte der Zeit und manchmal unter Beschuß in Ordnung zu bringen. Die Arbeit war hart und eine Herausforderung, aber die Kameraden, mit denen wir zusammenarbeiteten, zollten uns Respekt. Sie wußten, unter welchem Druck wir standen, wenn wir manchmal die ganze Nacht arbeiteten, um Fahrzeuge, Panzer, gepanzerte Personenfahrzeuge und anderes vor dem Hellwerden wieder verkehrssicher zu machen. Es war ein richtiger Schock für mich, als Sergeant-Majors uns in unserer Behelfswerkstatt besuchten und Tee und Schinkenbrote mitbrachten. Sie behandelten uns stets mit Respekt, und das erlebte ich seit meinen Eintritt in die Armee zum erstenmal.

Ein Jahr nach meiner Stationierung in Tidworth nahm ich noch einmal allen Mut zusammen und bewarb mich für eine Versetzung zum SAS. Ich füllte ein neues Formular aus und wartete wieder, wobei ich mich fragte, warum um alles in der Welt niemand Kontakt mit mir aufnahm. Ich hörte nichts.

Dennoch genoß ich mein Leben. Tidworth war eine Stadt voller hübscher Mädchen, und die meisten ließen sich offenbar gern mit Soldaten ein. In den zwölf Monaten dort habe ich mich mit ungefähr acht Mädchen regelmäßig getroffen. Mit allen hatte ich viel Spaß, denn auch sie wollten ihr Leben in vollen Zügen genießen.

Das vermutlich schönste Mädchen war die Tochter einer maltesischen Mutter und eines englischen Vaters. Sie war ungefähr achtzehn, und ich verliebte mich auf Anhieb in sie. Wir trafen uns regelmäßig, gingen ins Kino, tranken zusammen, machten Waldspaziergänge und feierten Partys. Ich durfte sie küssen, mehr aber ließ sie nicht zu. Ich probierte alles aus, was ich gelernt hatte, von sanfter Überredungskunst bis hin zu ungezügelter Leidenschaft, aber nicht ein einziges Mal erlaubte sie mehr, als sie zu küssen. Das mißfiel mir, aber insgeheim bewunderte ich sie.

Zu meinem Glück gab es andere, die keine Überredungskünste oder Leidenschaft brauchten, sondern genauso gern wie ich oder gar noch dringender Sex wollten. Ich hatte viel Vergnügen.

Damals bemerkte ich es kaum, aber während meiner fünfzehn Monate in Tidworth lernte ich ein Mädchen kennen, das später mein Leben intensiv beeinflussen und mich buchstäblich davor bewahren sollte, den Verstand zu verlieren.

Maria kam immer nachmittags auf einen Tee und ein Stück Kuchen in das Victory-Café in der High Street von Tidworth. Gelegentlich hatte ich gesehen, wie das hübsche Mädchen das Café verließ, und ich hatte ihr langes, glänzendes, dunkles Haar bewundert, das bis zur Mitte ihres Rückens reichte. Ebenso gefielen mir ihre langen, perfekt gewachsenen Beine. Sie ging immer federnden Schrittes.

Natürlich wußte ich nicht, wer sie war und womit sie ihr Geld verdiente. Ich glaubte auch nicht, daß wir je zusammenkommen würden, denn wann immer ich sie sah, war ich in meiner REME-Uniform in einem Landrover der Armee auf der Fahrt vom oder zum Lager. Wenn ich am Café vorbeikam, fuhr ich langsamer und hielt nach ihr Ausschau. Ich weiß nicht, was ich getan hätte, wenn ich sie tatsächlich angetroffen hätte, aber ich dachte oft an sie.

Und dann stand sie doch eines Tages ganz plötzlich vor mir. Wir besuchten beide die wöchentliche Disco über der Armeekantine der 14th Hussars in Tidworth. Zunächst war ich nicht sicher, ob sie es wirklich war. Sie trug einen schwarzen Lederminirock, vorn mit Metallknöpfen verziert, und eine weiße Bluse. Zu meiner Erleichterung war sie allein.

Je genauer ich sie betrachtete, desto überzeugter war ich, daß es sich um das Mädchen handelte, das ins Café Victoria kam. Mit einem schnellen Bier trank ich mir Mut an, dann forderte ich sie zum Tanzen auf. Weil ich nun unbedingt wissen wollte, ob sie das Mädchen aus dem Café war, fragte ich sie nach dem Victoria. Sie erzählte, daß sie nachmittags oft hinging, und ich gestand ihr, daß ich seit Wochen ihr heimlicher Bewunderer sei. Als sie erklärte, mich nie wahrgenommen zu haben, fühlte ich mich ein bißchen zurückgesetzt.

Ich habe die Musik zu diesem ersten Tanz mit Maria nie vergessen. »Yellow River« wurde unser Lied, und wenn wir später Streit bekamen, brauchten wir nur diese Melodie zu hören, dann war das Problem vergessen, weil wir wußten, daß wir einander liebten.

Für den Rest dieses Abends tanzten wir nach allen langsamen, schmusigen, romantischen Melodien und tranken etwas, wenn die Musik schneller wurde. Wir spürten beide, daß wir zusammensein und mehr voneinander erfahren wollten, statt zu tanzen.

Maria wohnte etwa drei Meilen von Tidworth entfernt. Sie war die Tochter eines Turmarbeiters, eines Ex-Soldaten, der ihre Mutter vor zwanzig Jahren kennengelernt hatte, als er in Tidworth stationiert war. Ich hoffte, sie würde an diesem Abend länger bleiben, aber um halb elf mußte sie gehen, weil sie ein Taxi für die Heimfahrt bestellt hatte. Wir verabredeten uns für die nächste Woche im Victoria-Café.

Von der Sekunde an, in der sich unsere Blicke an diesem Abend trafen, wußte ich, daß wir dasselbe füreinander fühlten. Sie war wunderschön und schien genauso glücklich zu sein wie ich.

Wir redeten und redeten. Ich erfuhr, daß sie im Postamt von Tidworth arbeitete, zu Fuß zehn Minuten vom Café entfernt. Sie erzählte von ihren Eltern und daß sie die älteste Tochter sei. Es gab noch die Zwillinge, einen Jungen und ein Mädchen im Alter von fünf Jahren, und die zwölfjährige Schwester Janet. Ich war erstaunt, als Maria gestand, erst sechzehn zu sein, denn sie hatte mich glauben lassen, sie sei achtzehn.

Irgendwie wußte ich, daß Maria eine besondere Rolle in meinem Leben spielen würde, denn ihr brachte ich ganz besondere Gefühle entgegen. Anders als bei meinen früheren Bekanntschaften wollte ich nicht einfach mit ihr lossausen und Sex haben. Ich wollte sie näher kennenlernen, mit ihr reden, sie küssen und umarmen. Das war neu für mich, denn so hatte ich noch nie für ein Mädchen empfunden. Ich spürte Wärme.

Sex spielte eine natürliche Rolle in unserem gemeinsamen Leben. Nachdem wir uns einige Wochen regelmäßig getroffen hatten, hielten wir Händchen und schmusten in der letzten Reihe des Kinos von Tidworth. Dabei sahen wir kaum etwas von dem Film. Anschließend gingen wir im Wald am Ortsende spazieren. Es war August, und das Wetter war schön und warm. Wir liebten uns unter einer hohen Schirmtanne.

Nach einigen Wochen luden mich Marias Eltern zum Sonntagsessen ein. Aus eigener Erfahrung wußte Marias Vater, wie mein Leben in der Kaserne aussah, und er hatte Mitleid. Er wußte auch, daß Soldaten gern richtige Hausmannskost aßen. Von Anfang an gaben Marias Eltern mir das Gefühl, zu Hause zu sein. Sie waren ausgesprochen freundlich und großzügig.

Nebenan war ein junges Paar mit seinem Kleinkind eingezogen. Wir boten an, auf das Kind aufzupassen. Die Eltern verbrachten mindestens zwei Abende in der Woche außer Haus, nahmen an Essen und anderen Veranstaltungen teil. Wir kümmerten uns gern um das Kind, aber Minuten nach der Abfahrt der beiden liebten wir uns auf dem weichen Teppich vor dem Gasfeuer im Kamin. Drei oder vier Stunden lagen wir nackt da, redeten, liebten uns, tranken etwas und liebten uns wieder. Es war wunderbar. Es war Liebe.

Doch die Armee zwang uns zur baldigen Trennung. Ich

wurde für einen Besuch in Kenia bei der Airportable Platoon eingeteilt, einer schnellen Eingreiftruppe, die darauf spezialisiert war, innerhalb von 24 Stunden an jeden Ort der Welt zu fliegen. Ende September wurden wir in Marsch gesetzt, um Fahrzeuge zu reparieren und zu warten, die die Pioniere beim Bau einer neuen Hauptstraße von Nairobi zum Nakuru-See einsetzten. Wir blieben acht Wochen, abwechselnd zwei Wochen im Busch und zwei Wochen auf der Basis in Nairobi.

Einige der Männer tobten sich in Nairobi richtig aus. Jeden Abend gingen sie in den berühmten Starlight-Nachtclub. Es war für sie unbegreiflich, daß sich an einem einzigen Ort so viele schöne Mädchen aufhielten. Die meisten standen zur Verfügung, und Spaß machte es auch mit ihnen. Die Kumpel zogen mich ständig auf, weil ich immer nur etwas trinken und hin und wieder mal tanzen wollte. Sie ermunterten einige der Mädchen, mich zu verführen, aber ich wollte nichts davon wissen. Sie verstanden mich nicht.

Bei der Rückkehr nach Tidworth wußte ich beim ersten Anblick Marias, daß es abolut richtig gewesen war, den Versuchungen in Nairobi zu widerstehen. Sie sah glücklich, aufgeregt und sexy aus. Weihnachten verbrachten wir gemeinsam in ihrem Elternhaus. Das war wie in den Flitterwochen, bis auf die Tatsache, daß ihre Eltern die meiste Zeit zu Hause waren.

In den letzten Monaten des Jahres 1969 und Anfang 1970 beschäftigten sich die Nachrichtenredakteure immer stärker mit den Unruhen in Nordirland, die zu der Zeit nicht viel mehr als das Aufbäumen einer Bürgerrechtsbewegung zu sein schienen, mit dem die katholische Minderheit mehr Gleichberechtigung bezüglich ihrer Arbeits- und Wohnsituation forderte. Die Britische Armee war zu Hilfe gerufen worden, um die streitenden Gruppen zu trennen. Die Katholiken begrüßten die Soldaten als Helden und feierten sie als Retter. Das sollte nicht lange der Fall sein.

Die Jubelrufe, der heiße Tee und die klebrigen Brötchen, mit denen die ersten britischen Soldaten begrüßt worden waren, gerieten schnell in Vergessenheit, als die Katholiken der Armee gegenüber Mißtrauen entwickelten. Innerhalb von nur wenigen Monaten nahmen sie eine feindselige Haltung ein. Die Probleme Nordirlands eskalierten schnell. Aus einer kleineren politischen Irritation um Bürgerrechte entwickelte sich eine handfeste Konfrontation zwischen den Katholiken und der Britischen Armee.

Anfang Februar 1970 wurden wir informiert, daß zwei Züge des 10 Field Workshop für einen viermonatigen Dienst nach Belfast abkommandiert werden würden. Man unterrichtete uns dahingehend, daß wir dort eine doppelte Funktion zu erfüllen hätten. Wir würden als REME-Techniker arbeiten, aber auch als Infanteristen zum Einsatz kommen und mit der Infanterie durch die Straßen von Belfast patrouillieren. Uns war nicht klar, was uns erwartete, aber das sollten wir bald erfahren.

Die Begrüßung war typisch für Belfast. Kalter, stürmischer Regen fegte von der See herüber, als wir mit den Fahrzeugen die Fähre verließen und durch düstere, verregnete Straßen auf ein Lagerhaus in den Victoria Docks zusteuerten. Dieses Lagerhaus aus Backsteinen mit Wellblechdach, Betonboden und feuchter, kalter Atmosphäre sollte für die nächsten vier Monate unser Zuhause sein. Wir sahen uns in unserem desolaten Quartier um und fragten uns, wo um alles in der Welt wir in diesem gottverlassenen Loch irgend etwas Erfreuliches entdecken sollten. Dennoch spürte ich einen Hauch von Aufregung in der Luft. Ich sollte nicht enttäuscht werden.

Wir verbrachten viel Zeit mit der Reparatur von Fahrzeugen und der Ausrüstung der Landrover mit Metallplatten, die die Windschutzscheiben vor steinewerfenden Randalierern schützen sollten. Aber wir waren auch mit den Infanteriesoldaten draußen auf der Straße und versuchten, die endlosen Gewaltausbrüche einzudämmen, die buchstäblich jede Nacht stattfanden. Zu der Zeit zielten die Schützen noch nicht auf Soldaten, den einzigen Ärger machten die Randalierer mit ihren Benzinbomben und Steinen, doch die waren leicht mit Schutzschilden abzuwehren. Die Krawallmacher in Schach zu halten war aufregend und viel interessanter als die Fahrzeugreparatur an der Basis.

Manchmal standen wir hundert und mehr Randalierern gegenüber, die drei Stunden lang antibritische Parolen skandierten und uns mit Benzinbomben bewarfen. Doch wenn sie abgezogen waren, konnten wir Minuten später dieselbe Straße entlanggehen und Fisch und Chips kaufen, ohne daß jemand von uns Notiz nahm. Wir wußten das zu schätzen. Die aufgebrachten Menschen bewarfen uns mit Bomben und Steinen, weil wir die einzigen Ziele waren für ihre aufgestaute Frustration und Wut darüber, wie sie, die katholische Minderheit, im Norden über so viele Jahre behandelt worden waren.

Noch vor Ablauf unserer Stationierungszeit fingen die Katholiken und Protestanten an, sich gelegentliche Feuergefechte zu liefern. Damals verfügten sie nur über Handfeuerwaffen. Eines Tages wurden wir zu einem Brennpunkt am Rand vom Stadtzentrum von Belfast beordert, wo sich die protestantische und die katholische Gemeinde gegenüberstanden. Beim Eintreffen hörten wir Revolverschüsse und kletterten vorsichtig aus unseren Fahrzeugen, um zu sehen, ob wir die Schießerei beenden konnten.

Wir beobachteten das Feuergefecht und versuchten mit lauten Zurufen, die Leute zum Aufhören zu bewegen. Das wäre eigentlich gar nicht nötig gewesen. Denn es bestand keine Gefahr, daß die beiden Gruppen einander verletzten. Es war kein Wunder, daß zu der Zeit niemand mit Schußverletzungen auftauchte, denn die Kämpfer beider Seiten versteckten sich einfach hinter einer Hausecke, streckten das Gewehr um die Ecke und feuerten einfach ins Leere. Das Krachen des Gewehres schien ihnen Befriedigung genug zu sein. Das sollte nicht so bleiben.

Kurz vor Ablauf unseres viermonatigen Aufenthalts, Ende Juni 1970, kam es in Belfast zu größeren Krawallen, die fast drei Tage dauerten. Wir hatten 36 Stunden Dienst ohne Pause, weil der Nachrichtendienst der Armee von Plänen der Protestanten erfahren hatte, Häuser von Katholiken in Ardoyne niederzubrennen. Unsere Aufgabe war es, das Viertel zu schützen. Als der Einsatz vorüber war, waren wir fix und fertig. Dennoch hatten wir das Glück auf unserer Seite. Wir waren auf dem Weg zurück nach Tidworth und ich auf dem Heimweg zu Maria.

Sechs Wochen nach meiner Rückkehr nach Tidworth hatte ich gerade die vorderen Bremsen eines Zehntonners eingestellt, als zwei Landrover vor der Werkstatt hielten. Ich ging nach draußen, um eine Zigarette zu rauchen und zu sehen, was sie wollten. Aus jedem Fahrzeug kletterten vier Soldaten und kamen auf mich zu. Zu meinem Erstaunen waren sie alle SAS-Leute. In meiner ganzen Zeit in Tidworth hatte ich keinen einzigen SAS-Mann gesehen, und jetzt gleich acht auf einmal.

»Ist der Sergeant-Major da?«

Sie meinten den für die Werkstatt Zuständigen. Ich wies mit dem Kopf auf sein Büro, und zwei gingen los, um mit ihm zu reden. Die anderen standen herum. Einer kam zu mir und fragte: »Wo finden wir den Kommandanten?« Ich zeigte auf sein Büro im Gebäude des Hauptquartiers. Die Landrover standen vor der Werkstatt.

Zwanzig Minuten später kam der Sekretär des Kommandanten angelaufen; er war mein Freund und sagte: »Paul, der Kommandant will dich sprechen.«

»Warum zum Teufel?« fragte ich und überlegte, was ich wohl hätte falsch gemacht haben können.

»Das mußt du mich nicht fragen. Er hat nur gesagt, ich soll dich holen.«

Etwas beklommen marschierte ich im Eilschritt zum Hauptgebäude und versuchte unterwegs, meine ölverschmierten Hände zu säubern. Ich trug natürlich meinen schmutzigen Arbeits-Overall und war völlig verdreckt. Ich trat ein, salutierte und fragte mich, was sie von mir wollten. Auch zwei SAS-Männer waren anwesend. Mein Herz raste. Vielleicht wollten sie mich jetzt doch.

»Bruce, es geht um die Bewerbung, die Sie vor einigen

Monaten abgeschickt haben. Sind Sie immer noch daran interessiert, an einem Auswahlkursus für den SAS teilzunehmen?«

»Ja, Sir«, antwortete ich mit klopfendem Herzen.

»Gut. Waschen Sie sich. Geben Sie Ihr Bettzeug ab und packen Sie Ihre Sachen. In zwanzig Minuten fahren Sie.«

Ich salutierte, drehte mich um und marschierte hinaus. Ich konnte kaum glauben, was da passiert war. Plötzlich, wie aus heiterem Himmel, sollte der ehrgeizige Wunsch, den ich seit mehr als einem Jahr gehegt hatte, Wirklichkeit werden. Ich war so glücklich, daß ich kaum meine Siebensachen zusammenpacken konnte.

Ich rannte zurück zu den Landrovern, wo die SAS-Leute warteten.

»Einsteigen«, sagte einer, mehr nicht. Ich warf mein Gepäck hinein und kletterte in den Wagen. Wenn ich gewußt hätte, welche Abenteuer und Erfahrungen mir in den nächsten zwei Jahren bevorstanden, hätte ich auch nicht eine Minute daran gedacht, in dieses Fahrzeug zu steigen.

Auf der schnellen Fahrt nach Hereford fiel mir plötzlich Maria ein. Wir waren am Abend verabredet, und ich hatte nicht nur vergessen, sie anzurufen, ich hatte nicht einmal einen Gedanken an sie verschwendet. Ich bekam ein schlechtes Gewissen, aber ich beruhigte mich damit, daß Maria das schon verstehen würde, wenn ich sie anrief und ihr erklärte, wie heftig ich mich aufgeregt hatte, weil sich mein Lebenstraum, zum SAS zu gehen, nunmehr erfüllen konnte.

Wir fuhren schweigend dahin. Schon hatte sich alles stark verändert. Wenn ich mit den REME-Kameraden unterwegs war, wurde auf langen Autofahrten ohne Ende geredet. Als wir an diesem Nachmittag an einer Gaststätte an der Straße hielten, um etwas zu essen, nahmen alle ihre SAS-Mützen ab, steckten sie in die Jacken und gingen ohne Kopfbedeckung hinein. Ich wagte einen Seitenblick.

»Es ist nicht gut, alles rauszuposaunen«, lautete die knappe Antwort auf meinen fragenden Blick.

Als wir uns zum Essen setzten, stellten sie sich vor. »Wir

reden nie viel mit den Anwärtern, denn viele schaffen die Prüfung nicht. Es ist dumm, sich zu schnell zu gut anzufreunden. Wenn Sie Ihr Rangabzeichen haben, das heißt wenn Sie es überhaupt bekommen, können wir Kameraden werden. Alles klar?«

Ich nickte und aß weiter. Wie sollte man eigentlich den Kommandierenden erkennen, wenn sie alle keine Rangabzeichen trugen? Sie konnten alle gemeine Soldaten sein, Unteroffiziere oder Offiziere. Erst nach einiger Zeit beim SAS lernte man, die Verhaltensweisen zu verstehen, die darauf hinwiesen, wer das Kommando hatte.

Der kommandierende SAS-Mann dieses Tages war ein 1,78 m großer, drahtiger, fast muskulöser, glattrasierter Mann mit aschblondem Haar. Es fiel mir auf, daß er wie eine Spiralfeder wirkte, gespannt und zum sofortigen Einsatz bereit, aber ebenso in der Lage, die Dinge ruhig und gelassen hinzunehmen, bis dieser Einsatz notwendig war. Sie alle strahlten Selbstbewußtsein aus, als ob sie nichts aus der Ruhe bringen konnte. Ich fühlte mich sicher bei ihnen.

Drei Stunden später erreichten wir Hereford, ich warf einen Blick auf das große Schild am Haupttor – »Hauptquartier. Regiment SAS« – , und mein Puls raste. Als wir langsam durch das Tor fuhren, schaute der Wachposten in den Landrover und nickte. Auch der Fahrer nickte. Niemand sprach ein einziges Wort.

KAPITEL 3

Die Atmosphäre in der SAS-Kaserne von Hereford
war ganz anders als alles, was ich bisher irgendwo
in der Armee erlebt hatte. Ich sollte mein Gepäck
in einer Holzhütte lassen, einem Quartier in der Sterling-
Reihe, benannt nach dem Begründer des SAS. Die Hütte,
in der nur acht Männer untergebracht waren, sollte für die
nächsten zwölf Monate mein Zuhause sein.

Auf den ersten Blick schien es nur wenige Unterschiede
zu anderen Kasernen zu geben: ein eisernes Bettgestell,
ein abschließbarer Metallspind, ein hölzerner Nacht-
schrank, eine Matte, eine Lampe über dem Bett, der Boden auf Hochglanz gewienert, die Stube sauber und ordentlich. Ich lächelte. Naja, dachte ich, im Gegensatz zu
allem, was man so gehört hatte, gab es beim SAS keine besonderen Privilegien, keinen Luxus, was das Soldatenleben betraf.

Fünf Minuten später ging ich zur hundert Meter entfernt
gelegenen Kantine. Meine neuen Betreuer saßen zufrieden da, sie aßen und gaben mir ein Zeichen, mich zu ihnen
zu setzen, nachdem ich mein Essen ausgewählt hatte.

Erst dann bemerkte ich den Unterschied. Hier ging alles bemerkenswert still. Da war nichts von der üblichen Unruhe, die sonst in Armeekantinen herrscht, wenn die Soldaten beim Essen zusammensitzen, schwatzen, streiten und laut lachen. Jeder hier wirkte so ruhig, so diszipliniert. Es war ganz anders als das normale Soldatenleben. Diese Männer wußten, daß sie privilegiert waren – die Elite –, daß keiner von ihnen irgend jemandem irgend etwas beweisen mußte. Sie hatten Respekt voreinander, strahlten Selbstbewußtsein und Selbstdisziplin aus.

Es gab weitere zwölf oder vierzehn Anwärter, die zu demselben Auswahlkursus gekommen waren. Insgesamt waren da rund sechzig potentielle SAS-Rekruten, alle in unterschiedlichen Stadien der Ausbildung. Innerhalb von 48 Stunden waren sechs von denen, die mit mir angekommen waren, wieder verschwunden, zurückgeschickt zu ihren Einheiten. Einige waren nicht einmal fit genug, um mit dem Kursus überhaupt anzufangen. Das waren die, die zuviel geredet hatten, die zu großspurig aufgetreten waren, die sich zu extrovertiert in ihrem Verhalten, in ihrem Gang, in ihren Reden gaben. Der SAS wollte ruhige, ernsthafte, engagierte Leute. Keine aufgedrehten Jungs, keine Angeber.

Kein potentieller SAS-Soldat erfährt je, daß er den Kursus nicht bestanden hat. Sie werden einfach nur »RTU'd« (returned to unit – zur Einheit zurückgeschickt). Niemand nennt ihnen die Gründe für ihr Scheitern. Sie werden einfach nur zu einem Offizier beordert, der sie über ihre Rückkehr zur Einheit informiert. Viele haben keine Ahnung, warum sie durchgefallen sind. Das müssen sie schon allein herausfinden.

Am Morgen nach der Ankunft muß jeder neue Rekrut bei einem Offizier zu einem Gespräch antreten. Er stellt ein paar naheliegende Fragen. Ich hoffte von Herzen, die richtigen Antworten zu finden.

»Warum wollen Sie zum SAS?« fragte er freundlich.

Ich erzählte ihm, daß mein Vater im Zweiten Weltkrieg bei der Long Range Desert Group gewesen war, und er nickte. Ich fügte hinzu: »Ich glaube, ich habe das, was mein Vater hatte. Und ich glaube, daß der SAS für mich richtig ist.«

»Ist Ihnen klar, wie hart die nächsten Monate sein werden?«

Ich erzählte ihm von dem ehemaligen SAS-Mann, der mir während meiner Dienstzeit in Deutschland etwas von seiner Erfahrung vermittelt hatte. »Sie sind also nicht unvorbereitet hergekommen. Sie haben ein paar Vorstellungen davon, wie es hier zugeht.«

»Ja, Sir.«

»Gut. Danke. Sie können gehen.«

Die Tatsache, daß ich nicht zur Einheit zurückgeschickt wurde, bedeutete, daß ich im Gespräch bestanden hatte. Jetzt war der harte Teil an der Reihe.

In den nächsten paar Tagen erfuhren wir von den SAS-Ausbildern, was uns erwartete. Wir hörten Vorträge über die Traditionen des SAS, seine kurze Geschichte und über einige der tapferen Männer, die beim Regiment gedient hatten. Wir sahen alte Filme über das Training und die Übungen, die uns in den nächsten zwei Jahren erwarteten.

Die Grundausbildung dauert in jedem Regiment höchstens zwölf Wochen. Ich hatte meine Grundausbildung in Arborfield bei den Pionieren gemacht. Ich fragte mich, wie sie unser Training auf zwei Jahre ausdehnen konnten. Das sollte ich bald erfahren.

In den ersten paar Wochen ließ man uns nicht im Zweifel, daß wir jederzeit zu unserer Einheit zurückgeschickt werden konnten, wenn wir Fehler machten, die wir nach Meinung unserer Ausbilder nicht machen sollten. Beispielsweise ging eine Gruppe von vier Männern zu einer Übung ins Gelände, und obwohl sie mit Karten und Kompaß ausgerüstet waren, schafften sie es, sich zu verirren. Alle vier wurden umgehend zu ihren Einheiten zurückgeschickt; sie bekamen nicht einmal eine zweite Chance.

Die beiden ersten Wochen waren ein Test, um zu sehen, ob wir fit genug für die Fortsetzung des Kurses waren, von dem die Ausbilder nur allzu gut wußten, daß er unerträglich hart war. Es gab Querfeldeinläufe, die mit sechs Meilen begannen und vierzehn Tage später auf zwölf Meilen gesteigert wurden. Niemand wollte als letzter Mann nach Hause kommen, weil wir alle fürchteten, es könnte das Scheitern bedeuten. Folglich waren die Läufe todernste Angelegenheiten: Niemand sprach, lachte oder machte Unsinn. Jeder war entschlossen, den Lauf zu beenden und als einer der ersten im Ziel zu sein.

Weil der SAS absolute Fitneß verlangt, hatten alle neuen Rekruten die Möglichkeit, zu ihrer Einheit zurückzukehren, um sich fit zu machen. Es bestand Einvernehmen darüber, daß sie wieder nach Hereford kommen durften, wenn sie sich für die mörderische Ausbildung gut vorbereitet fühlten. Manche nahmen das Angebot an, aber ich machte weiter.

Nach einem Morgenlauf war nachmittags gewöhnlich ein Übungsmarsch dran, zunächst zehn Meilen, die dann auf zwanzig gesteigert wurden, und das mit einem Marschgepäck von fast vierzig Pfund. Dieses Training war völlig anders als die Übungsmärsche, die ich bisher mitgemacht hatte. Das Tempo verlangsamte sich nie, und der Schweiß floß in Strömen, während wir offenbar jeden erreichbaren Hügel rund um Hereford bestiegen. Irgendwie schienen die Märsche auf dem gesamten Hinweg bergauf zu führen – und auf dem Rückweg auch!

Das Training auf dem Sportplatz stellte weitere Anforderungen an unsere Körper: Liegestütze, Aufrichten, Hindernisläufe, Sprints, Häschensprünge – jede Übung zielte darauf ab, Muskelkraft und Ausdauer zu steigern.

Kartenlesen gehörte in diesem frühen Stadium zum intensivsten, lebenswichtigsten Teil der Ausbildung. Aus den Instruktionen unserer SAS-Ausbilder wußten wir, daß wir in Vierergruppen operieren würden, wenn wir je soweit kamen. Eine Gruppe, mit Karte und Kompaß ausgerüstet, mußte damit rechnen, mitten in der Wildnis – in einer Wüste, einem Dschungel, in den Eiswüsten Norwegens oder in Brecon Beacons rund 35 Meilen südwestlich von Hereford – ausgesetzt zu werden, und sie mußte dann den Weg zurück zur Basis finden. Während meiner gesamten Zeit beim SAS wurde dem Kartenlesen größte Wichtigkeit beigemessen, denn wenn wir uns bei der Ausführung unserer Operationen verirrten, konnte das mit dem Tod enden oder – schlimmer – in Gefangenschaft.

Jeden Tag freute man sich auf die wunderbare heiße Dusche am Abend und darauf, sich auf dem Bett auszustrecken. Dennoch, je härter das Training war, desto besser fühlte man sich und desto selbstbewußter wurde man.

Ich konnte nur einen Brief an Maria schreiben, in dem ich ihr erzählte, was geschehen war, mein schnelles Verschwinden aus Tidworth erklärte und die Hoffnung ausdrückte, daß sie alles verstehen werde. Ich schrieb ihr auch, daß sie mir fehlte und daß ich mich auf ein freies Wochenende freute, aber das würde noch drei Monate dauern.

Anders als in der normalen Armee sprach beim SAS niemand je davon, freizunehmen. Die meisten Soldaten beschweren sich lauthals, wenn sie nicht reichlich freie, lange Wochenenden bekommen, doch die SAS-Männer empfinden ihr Leben als ein solches Privileg, daß Urlaub als überflüssig gilt. Beziehungen und viele, viele Ehen geraten in die Krise, wenn der Mann dem SAS beitritt.

Selbst während der Ausbildung wußten wir nie, wann uns ein freies Wochenende gewährt wurde, und niemand mochte nachfragen. Totales Engagement für das Regiment ist weit wichtiger als Engagement für eine Beziehung. Jeder akzeptiert das. Wer das nicht tut, geht – und kehrt zu seiner Einheit zurück.

Während der Ausbildung blieben tatsächlich einige Männer wegen ihrer privaten Beziehungen auf der Strecke. Da kamen Briefe von traurigen Freundinnen oder einsamen jungen Ehefrauen, die unglücklich, traurig und tränenreich beklagten, daß der Mann, den sie liebten, davongelaufen war, um sich dem SAS anzuschließen. Verständlicherweise empfanden manche junge Frauen, vor allem Schwangere oder Mütter von kleinen Kindern, das Leben als schwierig. Die Männer entschieden sich deshalb, zu ihrer Einheit zurückzukehren, statt ein Ende der Beziehung oder Ehe zu riskieren. Doch nur wenige wählten diesen Weg. Die meisten waren entschlossen, durchzuhalten und zur Elite zu gehören, für die sie den SAS hielten.

Nach den ersten beiden Wochen mörderischen Trainings stieg mein Selbstbewußtsein merklich. Ich hatte es nicht nur geschafft zu überleben, ich fühlte mich auch unglaublich fit, bereit für die nächste Stufe.

Eine Sorge wurde ich während dieser Wochen nie los – ich befürchtete ständig, mir eine Verletzung zuzuziehen. Eine Reihe von Männern war verletzt, sie litten meistens an Knöchelverstauchungen oder Haarrissen der Knochen. Diese Männer durften zu ihren Einheiten zurückkehren, bis sie wieder gesund waren, und dann kamen sie zurück zum Regiment. Doch nur sehr wenige kehrten zum SAS zurück, es war, als hätte die Verletzung ihnen die Kraft genommen, das harte SAS-Leben zu ertragen.

Nachdem man uns bis zu einem gewissen Grad fit geprügelt hatte, meinten unsere Ausbilder, wir seien nun bereit für noch härtere Ausdauertests. Die nächste Phase dauerte drei Monate. Drei- bis viermal die Woche wurden wir nach Brecon Beacons geschickt, manchmal vier oder acht in einer Gruppe, manchmal ganz allein. Gruppen wurden im Abstand von etwa fünfzehn Minuten abgesetzt, um sicherzustellen, daß das Tempo gehalten wurde. Wenn ein zweites Team aufholte, fand das heftigste Mißbilligung. Folglich marschierte man natürlich wie verrückt, ohne jemals langsamer zu werden, entschlossen, sich nicht überholen zu lassen.

Ausdauermärsche gingen über 18 bis 30 Meilen, in voller Gefechtsordnung, mit rund vierzig Pfund Gepäck und einem belgischen Selbstladegewehr. Wir bekamen sechs bis zehn Kartenhinweise – keine leichtverständlichen wie eine Kirche oder ein Gebäude, sondern einen Felsen oder eine Baumgruppe. Wir mußten entweder dort etwas hinterlassen oder aber etwas einsammeln, das die Ausbilder dort hinterlegt hatten. An manchen markierten Punkten warteten die Ausbilder auf uns, nicht nur, um unser Vorankommen zu überprüfen, sondern auch, um zu sehen, ob alle Teilnehmer in guter körperlicher Verfassung waren.

Immer wenn es bitterkalt oder naß war, tauchten die Ausbilder auf, um zu prüfen, ob wir mit den Bedingungen zurechtkamen und nicht an Unterkühlung litten. Erst im Jahr zuvor waren zwei SAS-Anwärter in Brecon Beacons gestorben, weil sie in einem heftigen Schneesturm vom Weg abgekommen waren. Der SAS mochte hart sein, aber niemand wollte, daß jemand bei dem Versuch, den Dienstgrad zu erreichen, starb.

In Hereford war eine »Speerkopf«-Rettungseinheit des SAS, eine Hubschraubermannschaft, ständig in Bereitschaft, falls irgendein Soldat in Schwierigkeiten geriet und ins Krankenhaus gebracht werden mußte. Während der drei Wintermonate des Jahres 1970 wurde der Helikopter mehrmals gerufen, aber zum Glück nicht meinetwegen und auch nicht wegen der Kameraden aus meinem Team.

Manche Ausbilder waren nicht abgeneigt, die Schrauben noch fester anzuziehen, wenn wir am verwundbarsten waren. Gelegentlich erreichten wir einen der markierten Punkte, waren völlig fertig und spürten die Auswirkungen von Anstrengung, Hunger und Kälte. Dann saßen sie da in einem Landrover und hatten eine Kanne heißen Tee und Sandwiches dabei.

»Möchte jemand eine Tasse heißen Tee und ein Käsebrot?« riefen sie, wenn wir uns näherten. Jeder, der stehenblieb und ihr Angebot annahm, durfte zwar den Ausdauermarsch an diesem Tag beenden, aber nach der Rückkehr wurde er in Hereford zum Chefausbilder gerufen und bekam zu hören, daß er durchgefallen sei. Am Tag darauf war er auf dem Rückweg zu seiner Einheit.

Es gab jedoch noch einen weiteren Grund für dieses Angebot. Einige Rekruten hatten den ehrlichen Wunsch, die Ausbildung zu schmeißen und zu ihrem Regiment zurückzukehren. Hier bot sich ein Ausweg für sie. Die Ausbilder selbst konnten außerdem auch das unter Beweis stellen, was sie von ihren Rekruten verlangten: übermenschliche Zähigkeit, Aggression, Selbstverleugnung und Disziplin.

Mit einem weiteren gemeinen Trick wurden die Schwachen oft am Ende eines grausamen Ausdauermarsches ausgesiebt. Völlig erschöpft und kaum in der Lage, auch nur noch einen Schritt zu gehen, kamen wir in der Unterkunft an und wollten heiß duschen, etwas essen und schlafen. Dann erschien ein Ausbilder in der Tür, wählte einige Männer aus und befahl ihnen, irgendeine langweilige, vollkommen überflüssige Aufgabe auszuführen, etwa Glühbirnen oder den Wasserstand in unseren zwanzig Lastwagen zu überprüfen.

Man kann sich kaum vorstellen, wieviel mentale Kraftreserven unter solchen Umständen aufzubringen sind, wenn der Körper nach einer heißen Dusche, Ruhe und Nahrung schreit und man sich in die bittere Kälte hinausschleppen muß, um eine unwichtige Aufgabe auszuführen. Wer das nicht durchstand, wurde am nächsten Tag zu seiner Einheit zurückgeschickt.

Dann gab es noch die Situationen, in denen wir erschöpft und zum Umfallen müde an dem auf der Karte markierten Endpunkt ankamen und Fahrzeuge dastanden, um uns zur Basis zurückzufahren. Wenn wir glaubten, der Marsch sei beendet, bekamen wir manchmal zu hören, daß die Lkws zu einem falschen Treffpunkt gekommen seien und wir noch drei Meilen marschieren müßten. Es fällt sehr schwer, unter solchen Bedingungen noch genügend Kräfte zu sammeln, aber wir mußten das durchhalten.

Als Proviant bekamen wir Zwieback und eine volle Wasserflasche mit. Nach einigen »Höllenläufen« hatten wir jedoch ein paar Tricks herausgefunden und schmuggelten Mars-Riegel in unser Gepäck und füllten die Flaschen mit einem aufbauenden Getränk statt mit Leitungswasser, so daß wir mehr Kraft hatten, die Tests durchzustehen.

Manchmal sagte man uns schon vorher, daß Essen und Getränke offiziell an einem bestimmten Punkt bereitstanden. Wenn wir den erreicht hatten, fehlte beides, obwohl die Ausbilder mit ihren Landrovern da waren. »Tut mir leid, Jungs«, sagte dann einer, »wir haben nur Spaß gemacht. Auf dem Marsch heute gibt's kein Essen und keinen Tee.«

Bei solchen Anlässen kam auch ein bißchen Humor ins Spiel. »Danke für die ganze Scheiße«, lautete ein typischer Kommentar, oder die Ausbilder bekamen später beim Training die bittere Anmerkung zu hören: »Wir haben das sowieso nicht geglaubt.« Die meisten Rekruten nahmen es jedoch gelassen hin, weil sie wußten, daß diese Mätzchen zur SAS-Ausbildung gehörten. Wir wußten alle vorher, daß uns nichts leichtgemacht wurde, und so war es auch.

Ähnliches konnte auch in der Basis passieren. Nach der Rückkehr zu unseren Unterkünften erfuhren wir dann, daß die Küche nicht funktionierte und es in den nächsten zwei Stunden nichts zu essen gab. Mit all diesen Taktiken wollte man unsere Reaktionen testen und sehen, ob wir den mentalen Streß genauso ertrugen wie die harte körperliche Belastung. Wir wußten alle, daß die Ausbilder uns bis an unsere Grenzen trieben, sogar darüber hinaus. Erstaunlicherweise drehten nur sehr wenige Rekruten aufgrund von Wut, Frustration oder Überanstrengung durch. Während dieser drei Wintermonate explodierten nur zwei Männer, als sie zu weit getrieben wurden, und natürlich waren sie innerhalb von 24 Stunden auf dem Heimweg.

Da wurde mir bewußt, wie gut es für mich war, vier Monate im Knast von Colchester verbracht zu haben. Dort hatte ich gelernt, all den Dreck zu ertragen, mit dem man mich bewarf. Ich hatte gelernt, nicht mit gleicher Münze heimzuzahlen, mich nicht unterkriegen zu lassen, nicht zu zeigen, daß das System mir was anhaben konnte. Zweifellos half mir das, in Hereford zu überleben.

Während der ersten Wochen gönnte ich mir keinen Augenblick der Entspannung. Das ganze System war dem so ähnlich, was ich in Colchester erlebt hatte, daß ich halbwegs wußte, was mir bevorstand. Mir wurde klar, daß es ihr Job war, uns unter Druck zu setzen, es war ihr erklärtes Ziel, uns so auszubilden, daß wir mit jeder Enttäuschung und jeder Herausforderung fertig wurden, ohne unprofessionell zu reagieren. Bei widrigen Umständen stellte ich mich mental darauf ein, das Schlimmste zu erwarten. Auf diese Weise wurde ich nie kalt erwischt, und auch wenn ich manchmal wirklich genug hatte von ihren Spielchen, ließ ich es nie an mich herankommen. Wenn ich abends schließlich ins Bett fiel, lächelte ich manchmal still vor mich hin und dankte meinem Glücksstern dafür, daß ich vier Monate im Bau verbracht hatte. Weder mental noch körperlich hätte ich eine bessere Vorbereitung bekommen können, aber ich bezweifle, daß sie das überhaupt bemerkt haben.

Von dem Augenblick an, in dem ich das SAS-Hauptquartier betrat, war ich entschlossen, die Prüfung zu bestehen, meine SAS-Schwingen zu bekommen. Nichts anderes war mir wichtig. Wenn ein Soldat das SAS-Abzeichen einmal hat, kann er es bis ans Ende seiner militärischen Laufbahn tragen, ganz gleich, bei welchem Regiment er dient. Mit diesen Schwingen am Ärmel wird man automatisch von jedem respektiert, der etwas mit der Armee zu tun hat. Ich hatte mich aufgemacht, dieses Ziel zu erreichen, meiner Familie, besonders meinem Vater, zu beweisen, daß ich die höchste Ebene erreichen kann. Dieser Ehrgeiz ließ mich weitermachen, als ich in einigen Situationen ernsthaft ans Aufgeben dachte.

Wir alle durchlebten hin und wieder ein Tief. Ich hatte versucht, Kontakt mit Maria zu halten, aber es war schwierig. Nach dem Abendessen ging ich gegen sieben Uhr ins Bett und wollte ihr einen langen Brief schreiben, aber immer wieder siegte die Erschöpfung, und bevor ich mehr als zwei Absätze zu Papier gebracht hatte, schlief ich ein. Daher wurden auch ihre Briefe immer seltener. Nach einer Weile merkte ich, wie sehr mir ihre Gesellschaft fehlte. Unsere Beziehung war gut gewesen. Es hatte Spaß gemacht, mit Maria zusammenzusein. Ich konnte mit ihr lachen, und ich mochte ihre Unternehmungslust. Sie hatte einen ausgesprochenen Sinn für Humor, und wir taten mit Freude dieselben Dinge. Als ich die Kraft hatte, an Sex zu denken, wurde mir bewußt, daß auch unser Sexualleben großartig gewesen war.

Als ihre Briefe in immer größeren Abständen kamen, wurde ich wütend und traurig, weil sie mich offenbar vergessen hatte. Ich fragte mich, ob sie einen anderen hatte. Meine Eltern schrieben kaum. Von meiner Mutter kamen gelegentlich, vielleicht einmal im Monat ein paar Zeilen, aber mein Vater schrieb nie. Mein Vater hat mir sein Leben lang keinen Brief geschrieben. Meine Mutter gab seine Kommentare weiter, aber selbst schrieb er nicht. Auch das war mir zuwider.

In solchen Zeiten mußte ich alle meine Reserven mobilisieren, denn es war sehr verführerisch, den Dienst beim SAS hinzuschmeißen und zu einem gemütlichen Leben bei REME in Tidworth zurückzukehren. Das bedeutete dann auch, daß ich mein Leben selbst bestimmen und es vielleicht gemeinsam mit Maria erfolgreich gestalten konnte. Doch ganz gleich, wie mir tief im Innersten zumute war, ich ließ diese Gedanken nie die Oberhand gewinnen. Ich sagte mir immer wieder: »Denk an diese Schwingen. Du darfst nicht aufgeben, bevor du sie hast.«

Wir wußten alle, daß am Ende des Ausdauertrainings der dickste Brocken auf uns zukam, »der lange Zug«, wie er beim SAS hieß. Es war ein 40-Meilen-Ausdauermarsch über die Berge, mit fast 60 Pfund Gepäck auf dem Rücken und einem Selbstladegewehr. Um uns zusätzlich unter Druck zu setzen, mußte der Marsch innerhalb von achtzehn Stunden beendet sein.

Um fünf Uhr wurden wir vom diensthabenden Wachposten geweckt und bekamen ein komplettes Frühstück. Gegen sechs saßen wir in den Lkws und fuhren nach Talybont, unserem Ausgangspunkt. Bei diesem Marsch war jeder auf sich gestellt, ohne Begleitung. Wir starteten im Abstand von zehn Minuten und hatten bis zum Ende des 40-Meilen-Tests zwölf Anlaufpunkte auf der Karte.

Beim Start herrschte Sturm mit Graupelschauern, und

ein bitterkalter Regen schlug uns ins Gesicht. Es wäre nicht einfach gewesen, einen schlechteren Tag für ein solches Unternehmen zu finden. Wir fluchten über das Wetter, wußten aber, daß wir das vergessen und uns auf die vor uns liegende Aufgabe konzentrieren mußten.

Jeder Anlaufpunkt lag oben auf einem Hügel oder Berg, und wir marschierten durch unwegsames Gelände. Die Steigungen machten uns das Leben schwer und waren eine echte Herausforderung. An jedem Anlaufpunkt wartete ein Ausbilder auf uns, um zu überprüfen, ob wir fit genug zum Weitermachen waren.

Trotz des schwierigen Geländes mußten wir durchschnittlich drei Meilen die Stunde schaffen, was nur Schrittempo ist. Doch wenn man fast 60 Pfund Gepäck und bergiges Gelände dazuzählt, dann ist eine Stunde für drei Meilen so knapp, daß man bei jeder sich bietenden Gelegenheit laufen muß, um den Durchschnitt zu halten. Einmal, als ich einen Hang hinaufkletterte, rutschte ich mit dem Fuß ab und rollte den Hügel hinunter. Ich konnte den Sturz stoppen, und ein Blick nach oben sagte mir, daß ich rund sechzig Fuß gefallen war. Ich war mit Dreck und Schlamm bedeckt, meine Kleidung war durchweicht bis auf die Haut, und vor mir lagen noch zwanzig Meilen oder mehr. Als ich mich mühsam wieder aufrappelte, glaubte ich nicht daran, daß ich den Marsch bis zum Ende durchhalten würde.

Zweimal ergriff mich Panik. Ich konnte kaum etwas sehen, denn die Graupelkörner schlugen mir in die Augen und vermischten sich mit dem Schweiß, der mir unterhalb der wollenen Mütze über die Stirn lief. Es war unmöglich, die Karte zu lesen, und ich war erschöpft.

Auf den Berggipfeln wichen die Graupelschauer Nebelschwaden, die es sehr erschwerten, den Weg mit dem Kompaß zu überprüfen. In solchen Momenten mußte ich mich allein auf den Kompaß verlassen, denn es gab keine sichtbaren Zeichen, an denen ich mich orientieren konnte. Ich lächelte etwas gequält, denn meiner Meinung nach mußten die Ausbilder um derartig schlechtes Wetter gebetet haben, um sicher zu sein, daß wir durch die härteste Prüfung mußten. Auf sich allein gestellt, fühlte man sich den harten Bedingungen noch mehr ausgesetzt, war noch verletzbarer, und das steigerte den psychologischen Druck.

Um allem noch die Krone aufzusetzen, rutschte ich beim Abstieg von einem Hügel auf einem Stein aus, fiel und verdrehte mir das Fußgelenk. Ich fluchte wie ein Landsknecht, war wütend, daß ich den Halt verloren hatte, und fürchtete, meine Füße würden den Dienst versagen. Ich stand auf, versuchte aufzutreten, aber der Knöchel schmerzte. Vorsichtig setzte ich meinen Weg bergab fort und hoffte, der Schmerz würde nachlassen. Ich war dankbar, daß der Knöchel mein Gewicht überhaupt trug, und beschloß weiterzugehen. Vor mir lag nur noch eine Meile, und die mußte ich schaffen.

Viele schafften es nicht. Zwanzig Prozent derer, die gestartet waren, scheiterten an diesem Test und wurden am nächsten Tag zu ihren Einheiten zurückgeschickt. Es zählte nicht mehr, daß sie den Kursus bis zu diesem Augenblick höchst erfolgreich durchlaufen hatten. Das Versagen bei diesem einmalig schweren Test genügte den Ausbildern, den Rekruten durchfallen zu lassen. Es schien eine harte Entscheidung zu sein, aber so war der SAS nun einmal. Versagen wurde niemals geduldet. Es gab keine Entschuldigungen.

Selbst bei diesem grausamen Test hatten unsere Ausbilder nicht mit offenen Karten gespielt, denn nachdem wir den Marsch innerhalb der geforderten achtzehn Stunden beendet hatten, ließen sie uns beiläufig wissen, daß wir in Wirklichkeit zwanzig Stunden zur Verfügung hatten. Das hatten sie uns nicht gesagt, damit es nicht zu einfach aussah!

In diesem Jahr war der »lange Zug« der härteste, den es je gegeben hatte, aber noch nie war dieser Marsch wegen schlechten Wetters verschoben oder abgesagt worden. Je schlechter das Wetter desto fröhlicher scheinen die Ausbilder zu sein, denn dann wird der Marsch zu einem echten

Test für die körperliche und psychologische Ausdauer der Rekruten.

An diesem Abend gab es viele lange Gesichter. Die sechs, die es nicht geschafft hatten, waren traurig und verärgert, da sie vor der Rückkehr zu ihren Regimentern standen. Außer mir litten auch andere unter leichteren Verletzungen, und alle hatten sich total verausgabt. Beim Duschen und Umziehen kam ein Ausbilder herein und gratulierte jedem, der unter diesen Bedingungen, die er als »entsetzlich« bezeichnete, erfolgreich gewesen war. Wir hatten den härtesten Test bestanden, den der SAS den Rekruten abverlangt.

Er gab bekannt, daß jeder eine Woche Heimaturlaub bekam. Am nächsten Morgen sollte es losgehen. Wir sahen einander an, vermuteten aus Erfahrung, daß dies mal wieder ein SAS-Spielchen war. Wir erwarteten, daß die Ankündigung später am Abend zurückgenommen werden würde. Aber nichts dergleichen geschah. Alles stimmte.

Also faßte ich Mut, und rief Maria an ihrem Arbeitsplatz im Postamt an und hoffte, daß ich sie während meines Urlaubs sehen würde. Ich wußte nicht, was mich erwartete, und befürchtete, daß sie mir den Laufpaß gegeben und einen neuen Freund gefunden hatte. Meine Sorge war unbegründet. Am Klang ihrer Stimme erkannte ich, daß sie mich sehen wollte. Sie sagte sogar: »Phantastisch! Phantastisch! Ich kann es gar nicht abwarten. Das ist eine wunderbare Nachricht. Wie lange bleibst du?« Als ich »sieben Tage« sagte, fragte sie: »Und sieben Nächte?«

Am nächsten Tag war ich in Zivil auf dem Weg nach Tidworth und zu Maria. Ein Rekrut aus Southampton, der ein Auto hatte, bot mir an, mich mitzunehmen. Auf der Fahrt konnte ich mir ein Grinsen nicht verkneifen. Das Schlimmste war vorbei, und ich hatte überlebt. Ich wußte jetzt, daß ich eine gute Chance hatte, die Schwingen zu bekommen. Das Gefühl, etwas geleistet zu haben, machte mir Mut und schenkte mir Selbstvertrauen. Langsam begriff ich, worum es beim SAS ging. Ich lernte dazu.

Es war falsch gewesen, an Maria zu zweifeln. Sie hatte

gedacht, ich sei in Hereford mit anderen Mädchen ausgegangen, und konnte sich gar nicht vorstellen, daß ich, außer für Märsche und Trainingsläufe auf Befehl, keinen Fuß vor das Kasernentor gesetzt hatte. Sie wollte kaum glauben, was für ein umfangreiches Training wir hinter uns hatten, aber am Ende der sieben Tage begriff sie es langsam.

Als wir eines Abends am Schwimmbad Schlange standen, kam eine mir bekannte Freundin von Maria zu uns. Sie hatte mir mal gut gefallen, aber es war nicht einmal zu einem Kuß gekommen. Sie schwärmte Maria etwas von meiner schönen behaarten Brust vor und meinte im Spaß, sie würde gern mit beiden Händen meinen ganzen Körper streicheln. Maria wurde fuchsteufelswild. Sie griff das arme Mädchen und schüttelte es durch, schrie, es solle die Hände von mir lassen. Sie sagte sogar wörtlich, sie solle »sich verpissen«. So hatte ich Maria noch nie erlebt, und ich war der Meinung, das Mädchen hatte nur Spaß gemacht. Doch der Vorfall zeigte, wie stark Marias Gefühle für mich waren. Ich war überrascht, aber ich fühlte mich auch gut. Sie mochte mich wirklich, und mir wurde klar, daß Marias Gefühle echt waren. Das verunsicherte mich. Die Ausbildung in Hereford würde insgesamt zwei Jahre dauern, und niemand hatte uns gesagt, wieviel Urlaub wir in dieser Zeit bekommen würden. Ich nahm an, daß es jetzt, nach dem Ende der Grundausbildung, öfter Urlaub geben würde, aber ich war nicht sicher. Immerhin, es handelte sich um den SAS.

Maria und ich besprachen alles ausführlich. Sie war erst siebzehn, und ich versuchte ihr klarzumachen, daß wir nichts überstürzen sollten, daß ich nicht wußte, wo ich nach der Ausbildung stationiert sein würde. Es konnte überall in der Welt sein, soviel war klar. Immer, wenn wir über das Thema sprachen, wurde sie traurig, aber ich wollte keine Verpflichtung eingehen. Ich wußte nicht, was die Zukunft mir bringen würde, aber ich war mir sicher, daß der SAS jetzt mein Leben war und daß nichts und niemand, nicht einmal Maria, mir im Weg stehen durfte. Das erzählte ich Maria während unserer wundervollen Woche jedoch nicht.

Nach der Rückkehr nach Hereford ging das harte Training weiter. Offiziell heißt es Weiterführungstraining. Dazu gehören einige der wichtigsten Schulungen, die ein SAS-Mann vermittelt bekommt. Es dauert vierzehn Wochen.

Der Einsatz hinter feindlichen Linien ist das Wesentliche der SAS-Arbeit im aktiven Dienst. Eine der ersten Lektionen, die unsere Ausbilder uns einbleuten, lautete, daß die Mitgliedschaft beim SAS etwas ganz anderes sei als die Zugehörigkeit zu irgendeinem anderen Regiment der Britischen Armee. Wir würden nie als Kanonenfutter eingesetzt werden und hatten den strikten Befehl, niemals etwas zu unternehmen, das mit dem Tod enden könnte. Überleben ist die erste Pflicht aller SAS-Männer.

Dieser Vortrag gab uns allen das Gefühl, etwas Besonderes zu sein. Nach der Hölle jener Märsche stieg die Moral auf wunderbare Weise. Das war natürlich auch die Absicht, wir sollten es würdigen, daß es die höchste Auszeichnung für jeden britischen Soldaten war, Mitglied des SAS zu werden – der »Firma«, wie die Angehörigen sagten.

»Er hat die Farm gekauft« ist der SAS-Ausdruck dafür, getötet zu werden. Innerhalb der Armee gibt es viele unterschiedliche Ausdrücke, um den Tod im Einsatz zu beschreiben. Aber unsere Ausbilder ließen keinen Zweifel bei uns aufkommen, daß getötet zu werden nicht auf dem Plan für SAS-Angehörige stand. Sie erklärten, wie das funktionierte. Wenn irgendein SAS-Angehöriger je bei einem verdeckten Einsatz ums Leben kommt, wird der Tod nicht offiziell registriert. Genau in der Sekunde des Todes wird der Mann offiziell wieder seiner Einheit überstellt. Folglich hat der SAS nie Verluste zu beklagen. Wenn ich also bei einem verdeckten Einsatz ums Leben kam, würde ich als REME-Angehöriger sterben, als ob ich niemals bei der Firma gewesen wäre. Das gefiel mir nicht, aber ich konnte nichts dagegen machen. Diese Regel wird nur bei offenen Kampfhandlungen durchbrochen, beispielsweise beim Falkland-Krieg oder beim Golf-Krieg. Dann werden SAS-Tote offiziell vom Regiment anerkannt.

Doch der SAS ist nicht ganz und gar unmenschlich gegenüber den Männern, die ihr Leben für das Regiment gegeben haben. Am Rande des Paradeplatzes im SAS-Hauptquartier in Hereford steht ein etwa neun Meter hoher Uhrenturm, auf dem die Namen aller SAS-Männer festgehalten sind, die im Einsatz starben, ganz gleich, wo und unter welchen Umständen. In der SAS-Sprachregelung handelt es sich um ein Denkmal für jene, »die sich nicht an die vereinbarte Zeit gehalten haben«.

Wir erfuhren, daß der SAS immer in Vierergruppen operierte. Wenn nötig, konnte die Zahl verdoppelt, verdreifacht usw. werden, aber zu jeder Einheit gehörten immer vier Männer. Die Ausbildungsoffiziere betonten – natürlich im Spaß –, daß niemand an eine Gruppe von sechzehn denken würde, denn wo immer sechzehn SAS-Männer gemeinsam im Einsatz sind, übernimmt ein Offizier das Kommando.

In Wirklichkeit sind manche SAS-Offiziere natürlich verdammt nette Kerle, und es ist Unsinn zu glauben, daß SAS-Soldaten alle Offiziere für Wichtigtuer halten. So ist das nicht. Die Offiziere, die diesen Dienstgrad erreichen, sind genauso zäh und motiviert wie jeder andere Soldat. Manchmal landen Krawalltypen beim SAS, aber die bleiben nicht lange. Sie werden bald als solche entlarvt und wie jeder, der den Anforderungen nicht absolut entspricht, zurückgeschickt.

Offiziere in der Ausbildung für den SAS durchlaufen genau denselben Kursus wie alle anderen Dienstgrade. Sie haben keine besonderen Privilegien. Sie gehören einfach zur Truppe wie alle. In anderen Teilen der Britischen Armee wird vor Offizieren stets salutiert, und die Anrede ist immer »Sir«. Beim SAS salutieren die Soldaten einmal morgens, aber danach reden wir uns alle mit Vornamen an, und der Offizier wird beim Training genauso zum Kameraden wie jeder andere. Bei aktiven Einsätzen packen Offiziere und gemeine Soldaten auch gemeinsam an, denn sie wissen alle, daß ihr Leben von den anderen abhängt, unabhängig vom Dienstgrad.

Wenn ein gemeiner Soldat oder ein Unteroffizier schließlich sein Abzeichen als Mitglied des SAS bekommt, verbringt er möglicherweise nur noch ein paar Monate beim Regiment. Wenn er jedoch weiterhin fit und motiviert ist, dann kann er bis zum Ablauf seiner militärischen Laufbahn dabeibleiben. Das ist bei Offizieren jedoch anders. Offiziere aus anderen Regimentern, die zu einem SAS-Kursus kommen, dürfen nur drei Jahre bleiben, dann müssen sie zu ihrer ursprünglichen Einheit zurück. Doch ihre SAS-Ausbildung ist genauso hart und anstrengend wie die der anderen, und die Chancen, zurückgeschickt zu werden, wenn man es nicht schafft, sind genauso groß.

Zu unseren ersten Gefechtslektionen gehörten die Feuerrichtungen, wenn eine SAS-Einheit mit vier Mann unterwegs auf Patrouille ist. Diese Feuerrichtungen wurden uns eingetrichtert, bis wir sie automatisch beherrschten. Wie die Ausbilder erklärten, konnte die korrekte Einhaltung für eine SAS-Einheit die Entscheidung über Leben und Tod bedeuten. Ein Fehler würde nicht nur den eigenen Tod bedeuten, sondern auch den der drei Kameraden.

Wenn sich eine Einheit in einer Linie oder in Rautenformation durch feindliches Gelände bewegte, galten immer dieselben Regeln. Der Spitzenmann sah stets nach vorn, beobachtete alles vor sich. Der zweite Mann sah nach rechts, der dritte nach links, und der Schlußmann gab Rückendeckung. Mit ihm schloß sich der Kreis. Es gab keine Entschuldigung dafür, diese Formation zu durchbrechen, und niemand wurde im Zweifel gelassen, wofür er verantwortlich war.

Wir übten das, bis es uns in Fleisch und Blut übergegangen war. Andere Rekruten wurden mit einem Ausbilder losgeschickt, um eine SAS-Gruppe aus dem Hinterhalt zu überfallen. Und wir taten so, als wären wir in feindlichem Gebiet. In dieser Phase der Ausbildung wurden nur Platzpatronen benutzt, aber wenn jemand seine Feuerrichtung nicht genau einhielt, wurde er anschließend vom Ausbilder gewaltig zusammengestaucht.

Ein Versagen bei dieser Übung war, Gott sei Dank,

nicht gleichbedeutend mit sofortiger Rückkehr zur eigenen Einheit, denn die geübten SAS-Ausbilder konnten natürlich eine Rekruten-Patrouille bei jeder einzelnen Übung auslöschen. Ganz gleich, wie professionell, wie wachsam, wie aufmerksam wir auf solchen Patrouillen zu sein versuchten, wir konnten sicher sein, daß die SAS-Ausbilder eine Möglichkeit fanden, um das Feuer auf uns zu eröffnen, wenn wir es am wenigsten erwarteten. Wir konnten gar nicht siegen. Das verstanden wir. Nach unserer »Vernichtung« kamen sie zu uns und erklärten, wo wir Fehler gemacht hatten, aber wir lernten offenbar nie genug, um sie zu schlagen.

Das Geheimnis lag darin, beim ersten Schuß instinktiv und wie ein geölter Blitz zu reagieren. Der Plan sah vor, Positionen zu finden, in denen die Patrouille dem »Feind« gegenüberstand, und dann zu entscheiden, ob man angriff, den Feind zerstörte oder zum eiligen Rückzug blies. »Laß dich nicht umbringen«, war in diesen Situationen unser Hauptgedanke. Schließlich hatten die Ausbilder es bis zum Erbrechen gepredigt: »Es gibt keine toten Helden im SAS.«

Eine der bekanntesten Eigenschaften des SAS ist die Kunst, Positionen in feindlichem Gelände einzunehmen, tage- oder wochenlang unter schwierigsten Bedingungen im Freien zu leben und nur den eigenen sicheren Hafen zu verlassen, um feindliche Patrouillen aus dem Hinterhalt zu überfallen oder feindliche Positionen nachts anzugreifen.

Das Training dauerte Wochen. Obwohl höchstes Engagement verlangt wurde, hatten wir auch unseren Spaß. Zuerst wurde eine Vierergruppe zu einer Tagesübung hinausgeschickt und bekam den Befehl, sich flach hinzulegen und auf eine vorbeikommende »feindliche« Patrouille zu warten. Unweigerlich wurden wir überrascht, einen Gewehrlauf vor Augen – die Ausbilder waren irgendwie zu uns gerobbt, und wir hatten nicht einmal bemerkt, daß sie überhaupt in der Nähe waren. Wie sie das machten, fanden wir nie heraus, dennoch hatten wir alle Wache gehalten, als hinge unser Leben davon ab. Irgendwie waren sie unsichtbar geworden, und das war genau die Lektion, die sie uns erteilen wollten. Es dauerte lange, aber am Ende des Weiterführungstrainings hatten auch wir das Grundgeheimnis gelernt, wie man sich ausreichend tarnt.

Der Spaß begann, als wir vier Wochen Training hinter uns hatten. Man sagte uns, daß irgendwo auf Salisbury Plain ein Infanterieregiment exerzierte und daß wir Feind spielen sollten. Wir wurden in Vierergruppen losgeschickt, um ein Versteck zu suchen, in dem wir warten konnten. Es war erstaunlich zu sehen, wieviel wir in so kurzer Zeit gelernt hatten, denn das andere Regiment schien keine Ahnung zu haben, wie man in feindlichem Gelände patrouilliert. Bei buchstäblich jeder Gelegenheit hätte sogar eine so unerfahrene SAS-Vierergruppe wie wir einen Zug von 24 Mann außer Gefecht setzen können.

Noch mehr Spaß hatten wir gegen die Panzerregimente. Sie wurden vorgewarnt, daß wir einen Nachtangriff gegen sie versuchen, ihre Fahrzeuge in die Luft sprengen und möglichst viele Leute liquidieren würden. Sie erwarteten uns; um das Lager hatten sie zum Schutz Leuchtkugeln aufgestellt. Wir näherten uns vor der Morgendämmerung, als einige schliefen und andere am Ende der Nachtwache müde waren. Wir legten Bombenattrappen in ihre Fahrspuren und zogen uns zurück, nachdem wir einige unserer eigenen Leuchtkugeln um ihr Lager postiert hatten. Auf dem Rückweg lösten wir absichtlich eine ihrer Leuchtkugeln aus, setzten uns hin und beobachteten die Lage. Unweigerlich folgte ein Chaos. Von der Leuchtkugel alarmiert, eilten sie zu ihren Waffen, dabei lösten sie oft unsere Leuchtkugeln aus und sorgten für ein noch größeres Durcheinander. Wenn die Übungsbeobachter zur Inspektion ihrer Fahrzeuge kamen, entdeckten sie, daß wir in ihr Lager eingedrungen waren, ohne daß uns jemand in der Nähe vermutet hätte. Tatsächlich schafften wir es meistens, ihre Einheit als Kampfgruppe kaltzustellen.

Als wir einmal gegen die 11th Hussars, ein leichtbewaffnetes Regiment, operierten, gelang es uns, ins Lager einzudringen und das persönliche Zelt des Kommandanten in einem unbewachten Augenblick zu entdecken. Wir schlichen hinein und klauten sämtliche Karten des Regiments, ließen die Militärbefehle und sogar den Feldstecher des Kommandanten mitgehen. Später hörten wir, daß der Teufel los war und der Kommandant seine jämmerlichen Soldaten beschimpfte, weil sie zugelassen hatten, daß wir, ohne entdeckt zu werden, in sein persönliches Quartier eingedrungen waren. Wir lernten dazu.

In diesen vierzehn Wochen der Ausbildung durften wir nicht glauben, daß die Ausdauertests ein für allemal beendet waren. Alle zwei Wochen wurden wir einzeln auf Dauermärsche geschickt, die uns nicht nur in höchstem Maß fit halten sollten, sondern auch eine Überprüfung waren, ob das Kartenlesen astrein klappte. Die Ausbilder ließen uns nie vergessen, daß Kartenlesen eine der lebenswichtigsten Lektionen war, die wir beherrschen mußten, denn sie wußten, wenn die Ausbildung beendet war und unsere verdeckten Einsätze ernst wurden, dann konnte das Kartenlesen den Ausschlag geben, ob eine Mission erfolgreich verlaufen oder scheitern würde. Der SAS mochte es nicht besonders, wenn man scheiterte, erklärte man uns.

Eines Morgens im April 1971 spürte ich eine gewisse Aufregung in der Kantine, etwas, das ich noch nicht erlebt hatte, seit unsere Ausbildung vor fünf Monaten begonnen hatte. Wir erfuhren, daß drei SAS-Einheiten – zwölf Männer – aus Nordirland zurückgekehrt waren, wo sie verdeckte Operationen durchgeführt hatten. Wir fanden bald heraus, daß sie sowohl nördlich als auch südlich der Grenze im Einsatz gewesen waren. Wir erfuhren natürlich nie, welche Operationen sie durchgeführt hatten, aber wir hatten schon einige Vorstellungen nach dem, was wir in den Zeitungen gelesen hatten. Wir wußten, daß es Soldaten auf Straßenpatrouille in Armagh erwischt hatte, sie waren von Minen zerfetzt worden. Wir hatten von IRA-Schützen gelesen, die auf britische Soldaten zielten, und wir wußten, daß in den letzten paar Monaten eine ganze Reihe getötet oder verwundet wor-

den war. Wir wußten, daß zahlreiche Nagel- und Benzinbomben auf patrouillierende Soldaten geworfen worden
waren.

Den ganzen Sommer über war es sowohl in Belfast als
auch in Londonderry zu unterschiedlichen Zeiten zu Aufruhr gekommen. Die schwereren Krawalle, oft begleitet
von Heckenschützenfeuer, hatte es im Falls-Viertel in Belfast gegeben, wo katholische und protestantische Familien
in enger Nachbarschaft lebten.

Wir hatten im Fernsehen Zehntausende Protestanten
gesehen, die am 12. Juli mit einem Marsch den 281. Jahres-
tag der Schlacht an der Boyne feierten. 100.000 Leute waren gekommen, um den 27.000 Oraniern zuzujubeln, als sie
mit ihren Musikkorps aus dem Zentrum von Belfast zu
einem fünf Meilen entfernten Feld in Finaghy marschierten.

Sechs riesige Bomben waren genau an der Route der
Marschierer hochgegangen, doch zum Glück wurde niemand verletzt.

Während des Marsches hatten 5000 Soldaten den katholischen Bereich von Belfast abgeriegelt, weitere 4000 Polizisten bewachten den gesamten Weg, und 6000 britische
Soldaten waren in achtzehn Städten und Dörfern Nordirlands, in denen Feiern stattfanden, in Bereitschaft.

Zwar redeten alle über SAS-Missionen im Ausland,
aber ich fragte mich, ob noch weitere SAS-Soldaten per
Schiff hinüberbeordert würden, um geheime Aktionen in
Ulster durchzuführen. Erstaunlicherweise wurde jedoch
im Hauptquartier in Hereford kein Geheimnis um die gerade beendete Operation der SAS-Männer gemacht. Jeder
sprach darüber, fand es spannend, daß zwölf Leute unter-
getaucht waren, wochenlang im Freien gelebt hatten und
unversehrt zurückgekehrt waren.

Obwohl wir bis jetzt nie an Einsätzen im Ernstfall beteiligt waren, vermittelte man uns das Gefühl, Teil des Regiments zu sein, und dieses Zugehörigkeitsgefühl wurde
noch gesteigert durch die Kameradschaft, die es hier immer gegeben hatte. Niemand prahlte mit seinen Leistun-

gen, niemand stellte Fragen, und wir erfuhren nie etwas von Aufträgen anderer Männer. Wir hatten gelernt, daß SAS-Männer nie mit ihren Aktionen prahlten, denn das galt als grob unprofessionell.

Zur nächsten Phase unserer Ausbildung gehörte es, sieben Tage ununterbrochen im Freien zu leben. Wir hatten Glück, daß die Ausbildung im April stattfand und nicht mitten im Winter, denn das Wintertraining, sagten unsere Ausbilder, sei schmerzhaft und demoralisierend.

Mit Selbstladegewehr und Munition wurden wir als Vierergruppe losgeschickt, einer von uns hatte ein leichtes Maschinengewehr, Leuchtspurgeschosse anstelle von Granaten, reichlich Trockenproviant, aufbauende Getränke und Wasser dabei. Wir trugen volle Kampfausrüstung, feste Halbstiefel, Wickelgamaschen, Kampfhosen, ein khakifarbenes Armeehemd, Sweater, wasserfeste Kampfjacke und einen dünnen Tarnüberwurf aus Nylon. Jeder von uns schleppte vermutlich fast sechzig Pfund mit.

Diese Übungen fanden im allgemeinen in Brecon Beacons statt. Wir bekamen Karten mit Markierungen, die theoretisch in Feindesland lagen, etwa 20 bis 30 Meilen von Hereford entfernt. Wir sollten üben, uns durch feindliches Gelände zu bewegen, nachts zu marschieren und uns bei Tageslicht in irgendwelchen Löchern zu vergraben. Feuermachen war streng verboten, daher hatten wir Trockenproviant dabei. Nicht einmal heißes Wasser durften wir machen. Wir durften nicht in Scheunen lagern oder einen anderen von Menschen gebauten Unterschlupf nutzen. Der Befehl lautete, uns von allen menschlichen Behausungen fernzuhalten, und wir mußten so tun, als wäre jeder, den wir trafen, ein Feind, daher mußten wir uns heimlich und unentdeckt im Terrain bewegen.

Wir bekamen den Befehl, uns flach hinzulegen, uns zu tarnen, eine Hinterhaltposition einzunehmen und zu warten, bis feindliche Patrouillen auftauchten. Der Plan sah stets vor, ein passendes Gelände mit Büschen zu suchen, unter denen wir uns verbergen konnten. Nachdem wir das Unterholz beiseitegeschafft hatten, mußten wir mit einer

Spannsäge einige der unteren Zweige absägen und sie so aufbauen, daß sie weiteren Schutz vor Wind, Regen und möglichen Feinden boten. Es konnte sein, daß wir eine Woche oder länger dort bleiben mußten, deshalb galt: je besser der Schutz, desto größer die Sicherheit.

Ziemlich oft war jeder auf sich allein gestellt, aber in Sichtweite der anderen. Dem Aufbau des Verstecks folgte eine kurze Besprechung, um unsere Vorgehensweise festzulegen, wenn eine feindliche Patrouille erschien. Danach verhielten wir uns dann absolut still, selbst wenn wir eine Woche lang da lagen. Es war sehr, sehr langweilig.

Die große Herausforderung bestand darin, wach zu bleiben, die Aufmerksamkeit zu erhalten und nicht in Halbtrance zu verfallen. Nach einiger Zeit beruhigten sich die Vögel und anderen Tiere in unmittelbarer Nachbarschaft und akzeptierten unsere Anwesenheit, obwohl wir in ihren Lebensraum eingedrungen waren. Ohne es zu wissen, wurden sie unsere persönlichen Wachhunde, denn wenn sich irgendein Eindringling näherte, hörten sie ihn eher und reagierten schneller als wir. Ich trainierte bewußt, weniger auf Nebengeräusche zu achten, die auf feindlichen Einfall hindeuten könnten, sondern zu warten, bis Vögel oder andere Tiere mich auf Eindringlinge aufmerksam machten.

Manchmal waren diese Eindringlinge keine Menschen, sondern andere Tiere, aber das half mir, konzentriert zu bleiben. Die Hauptschwierigkeit lag darin, aufmerksam zu bleiben. Wenn wir nicht hellwach waren, das wußten wir alle, würden wir im Ernstfall vermutlich nicht überleben. Wenn unsere Ausbilder uns erwischten, ohne daß wir eine Reaktion zeigten, oder uns, der Himmel möge es verhüten, schlafend vorfanden, war die Gefahr groß, zur Einheit zurückgeschickt zu werden.

Wir bekamen beispielsweise die Information, daß unser »feindliches« Ziel ein Trupp Soldaten mit blauen Armbinden war, und das bedeutete, daß wir auf andere Soldaten in der Gegend nicht reagieren sollten. Daher mußten wir uns absolut still verhalten, wenn andere vorbeikamen, wir hielten fast den Atem an aus Angst, sie könnten uns hören.

Wenn dann der Zieltrupp tatsächlich in unsere Feuerlinie kam, warteten wir, bis sie eine Position erreicht hatten, in der wir alle zugleich das Feuer eröffnen konnten. Wir mußten sicherstellen, daß der gesamte Trupp von etwa zwölf Mann sofort außer Gefecht gesetzt wurde. Wenn jemand überlebte, bekam er den coup de grace, den Gnadenschuß, ins Genick. Es stand gar nicht zur Debatte, auch nur ein Mitglied des feindlichen Trupps überleben zu lassen, denn er könnte von unserem Verbleib berichten, und das war gleichbedeutend mit Verderben und Tod.

Nachdem wir einem der »toten« Soldaten seine Dokumente abgenommen hatten, um den Erfolg unserer Mission zu beweisen, bestand die nächste Aufgabe darin, sie blitzartig nach Hereford zurückzubringen. Auch dabei bewegten wir uns nur nachts und gaben acht, daß uns tagsüber niemand entdeckte. Damit wir auf dem Rückweg aufmerksam blieben, mußten wir sicherstellen, daß niemand uns folgte. Wenn wir den Verdacht hatten, verfolgt zu werden, mußten wir einen Hinterhalt legen.

Wenn wir nachts unterwegs waren, war es überlebenswichtig, das »perfekte« Versteck zu finden, in dem wir tagsüber schlafen konnten, ohne gesehen, gehört oder zufällig entdeckt zu werden. Wir mußten auch dafür sorgen, daß wir aus der Luft nicht auszumachen waren. Einer von uns stand immer Wache, zwei Stunden Dienst, sechs Stunden frei. Der Diensthabende und der Mann, der als nächster wachte, waren an den Handgelenken mit einem Bindfaden verbunden. Diese Methode der Kommunikation mag schrecklich altmodisch wirken, aber sie funktionierte perfekt, und vor allem war sie geräuschlos.

Das Versteck mußte einen Eingang und für den Notfall einen separaten Ausgang haben. Wir schliefen immer in Stiefeln, damit wir, wenn nötig, schnell davonlaufen konnten. Unsere Gewehre lagen stets in Reichweite, und wir packten unsere Ausrüstung nie aus.

An strategisch wichtigen Punkten, etwa zwanzig Meter von unserer Basis entfernt, legten wir Tretminen aus. Wie hatte man uns doch im Training gesagt? »Wenn sich jemand auf euch zubewegt und dabei in Stücke gerissen wird, hat er wahrscheinlich keine Lust mehr.«

Uns im Gelände zu bewegen war eine weitere Kunst, die wir lernen mußten. Dabei gab es wenige feststehende Regeln; es war vor allem eine Frage des gesunden Menschenverstandes und eines natürlichen Gespürs für die Umgebung. Unterstände, Schatten, Wälder, Bäume – all das bot ein bißchen Schutz vor feindlichen Patrouillen. Gehölze, vorzugsweise Wälder, waren besonders geeignet, weil sie Schutz vor Nachtsichtgeräten und tragbarer Radarausrüstung boten.

Großen Wert legten unsere Ausbilder darauf, die Flucht vor Spürhunden zu trainieren. Sie beeindruckten uns mit der großen Zahl von Deutschen Schäferhunden und anderen kräftig gebauten Hunden, in die die Länder hinter dem Eisernen Vorhang ihr Vertrauen setzten. Während des Trainings wiesen unsere Ausbilder immer wieder auf die Sicherheitsmaßnahmen der Ostblockländer hin, daher glaubten wir, daß der SAS auch zu verdeckten Einsätzen hinter dem Eisernen Vorhang angefordert werden konnte.

An der Leine ist der Durchschnittshund nur so schnell wie sein Begleiter, und Hundehalter sind nicht gerade dafür bekannt, schnell zu gehen oder Menschen mit großer Ausdauer zu sein. Der Vorteil lag daher auf der Seite der SAS-Einheit, die darin ausgebildet war, sich schneller als jeder andere durch das Gelände zu bewegen. Wenn jedoch ein Hundehalter sein Tier von der Leine ließ, es uns folgte und angriff, dann mußten wir es töten.

Wir merkten am Bellen, daß das Tier von der Leine war, und einer aus der Gruppe mußte sich ihm stellen. Er zog die Kampfjacke aus und wickelte sie um den linken Arm. Wie er es im Training gelernt hatte, sprang der Hund den Mann an und schlug ihm die Zähne in den umwickelten Unterarm. Wir hatten gelernt, nie davonzulaufen, sondern stehen zu bleiben und sich dem Tier zu stellen. Wenn der Hund angegriffen und gebissen hatte, war er einem Messer vollkommen ausgeliefert. Wenn das Tier da so am Arm hing, schlitzten wir es vom Magen bis zum Brustbein auf.

1

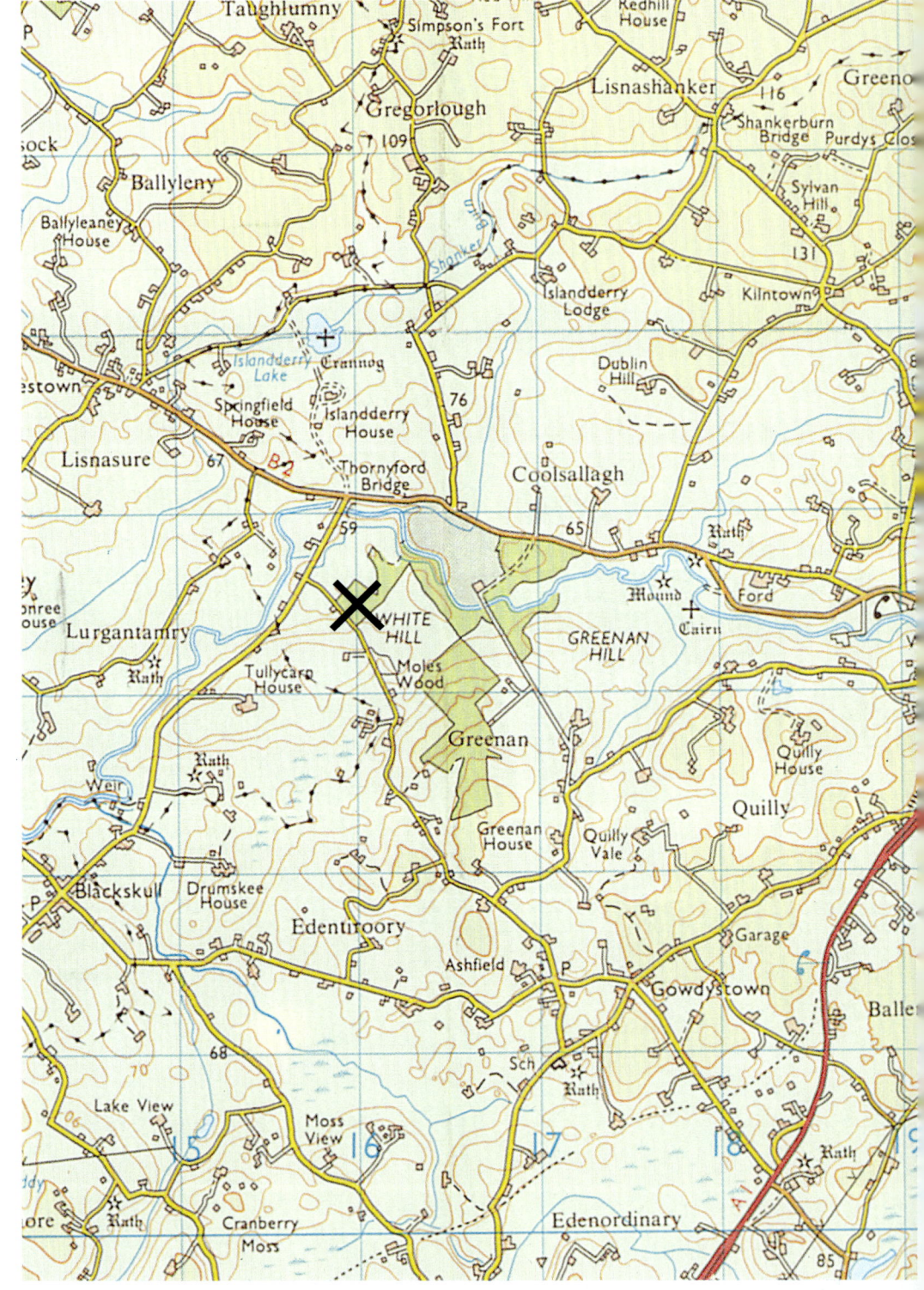

2

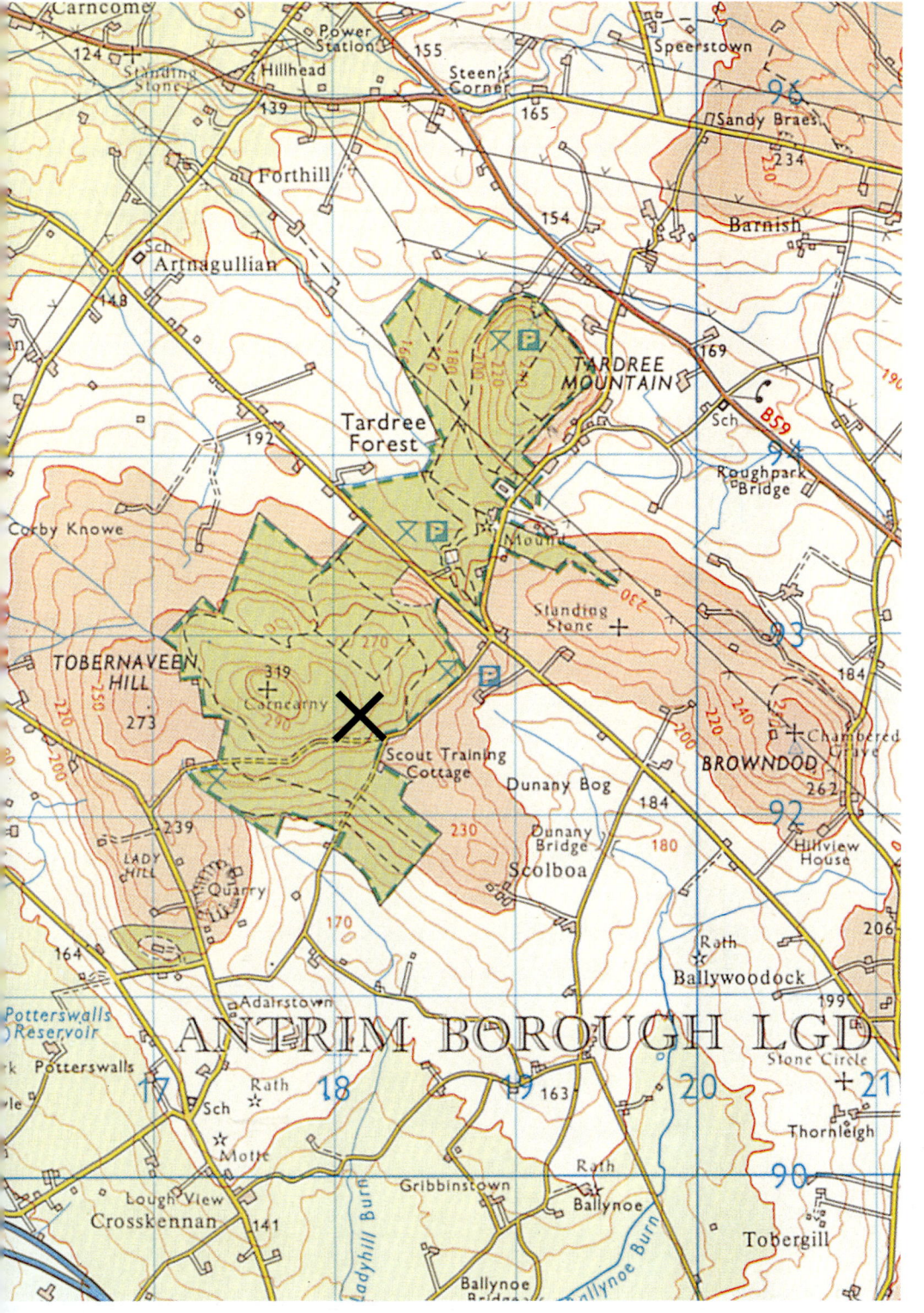

5

6

7

8

9

11

12

Lag es dann auf dem Boden, schnitten wir ihm die Kehle durch, um sein Leiden zu beenden. Zum Glück mußte ich das nie tun.

In den restlichen vier Wochen brachte man uns bei, in schwierigem, unwegsamem Gelände zu überleben. Die Ausbilder bleuten uns ein, daß ein Gewehr, eine Pistole, ein Messer – jede Waffe – zum Überleben keinen Wert hat, verglichen mit ganz gewöhnlichem Wasser. Kein Wasser zu haben, bedeutet den sicheren Tod. Sie machten uns immer wieder klar, daß der Mensch ohne Wasser schon nach drei Tagen nicht mehr überlebensfähig ist. Wir wußten, daß wir ohne feste Nahrung drei Wochen überleben konnten, nicht aber ohne Wasser. Wir übten, in Polyäthylenlaken Wasser zu sammeln. Wir lernten auch, Ringelnattern zu fangen. Manchmal gelang es uns und wir grillten sie, nachdem wir die Eingeweide herausgenommen und das Fleisch auseinandergeklappt hatten. Es mag ekelerregend sein, aber in Wirklichkeit war es nicht so schlimm und schmeckte eher wie Huhn.

Wir wurden mit der Natur konfrontiert, und dabei gab es immer irgendwelche Späßchen und viel Gelächter. Doch unsere Ausbilder verlangten, daß wir mit dem Geschnatter aufhörten; sie erinnerten uns daran, daß aufmerksames Zuhören beim Unterricht den Unterschied zwischen Leben und Tod bedeuten könnte. Wir lernten, was wir essen konnten und was nicht, was giftig, nahrhaft, schmackhaft und verdammt widerlich war. Bei diesen Vorträgen konnte ich mir jedoch nicht vorstellen, daß ich je auf dem Boden herumkroch und nach eßbaren Insekten suchte, egal, wie groß mein Hunger war.

Man brachte uns bei, nach Fischen Ausschau zu halten, und wir lernten, wie man sie fängt, ohne stundenlang an einem Flußufer zu sitzen. Wir legten eine Schnur mit Haken aus und gingen fort, um Fallen für Kaninchen und Jagdvögel oder andere Tiere aufzustellen. Trotz allem gelang es mir während des Trainings nicht, auch nur einen einzigen Fisch an den Haken zu bekommen oder ein Kaninchen zu fangen. Ich fragte mich, was wohl geschehen sollte, wenn ich in irgendeinem fremden Land am Verhungern sein würde.

Es gab zahlreiche überlebenswichtige Dinge zu lernen. Einer der Hauptgründe für Operationen hinter den feindlichen Linien liegt darin, sensible Informationen zu sammeln oder Ziele für Bombenangriffe oder Artilleriefeuer auszumachen. Daher war eine hochkarätige Ausbildung in der Nachrichtenübermittlung, entweder drahtlos oder per Morse-Code, notwendig. Da mußte man schon höllisch aufpassen. Acht Wörter pro Minute war das Ziel, für viele fast unmöglich. Viele Kameraden verbrachten jeden Abend Stunden damit, miteinander das Morse-Alphabet zu pauken. Wenn man es einmal gelernt hat, vergißt man es eigentlich nie wieder, und dann ist es so einfach wie das kleine Einmaleins.

Während des gesamten Weiterführungstrainings hielten die SAS-Ausbilder, mitunter zweimal die Woche, Vorträge über Terrorismus und die Methoden von Terroristen zur Erreichung ihrer Ziele. Wir erfuhren etwas über die Kräfte, die das politische Denken und ihren Fanatismus lenkten. Viele Details in diesen Vorträgen stammten von britischen Streitkräften, die gegen die Kommunisten in Malaya gekämpft hatten, und von amerikanischen Spezialeinheiten im Krieg gegen den Vietcong.

Zu Beginn der Vorträge konzentrierten wir uns auf Dschungelkriege, danach lernten wir einiges über den Terrorismus in Nahost, doch später wandten sich die Ausbilder der IRA zu. Wir erfuhren, daß ein großer Teil der katholischen Bevölkerung in Nordirland von der IRA genauso terrorisiert wird wie von den protestantischen paramilitärischen Banden. Wir erfuhren, daß Terrororganisationen in der ganzen Welt junge Männer zwingen, für sie zu arbeiten, indem sie deren Familien bedrohen, und daß die IRA in der katholischen Bevölkerung genau dieselbe Taktik anwandte. Wir kamen zu der Einsicht, daß viele junge Männer keine beinharten, indoktrinierten Terroristen waren, sondern junge Leute, die man dazu überreden konnte, doch lieber ein friedliches Leben zu führen, statt beim Kampf für eine Sache, deren Ziele sie gar nicht vollends vertraten, das Risiko des Todes oder einer schweren Verletzung einzugehen.

Wir erfuhren auch, daß einige jüngere IRA-Kämpfer, von denen manche noch Teenager waren, glaubten, »Gott und das Recht« auf ihrer Seite zu haben und nur allzu bereit seien, für ihre Überzeugungen zu sterben. Man sagte uns, daß IRA-Kämpfer ganze Siedlungen räumten und den Leuten befahlen, gegen das britische Militär zu randalieren. Da waren Geschichten von Kindern, die in der Schule verprügelt wurden, wenn ihre Eltern nicht oft genug Krawall auf der Straße machten. Und weil wir es im Fernsehen gesehen hatten, wußten wir, daß junge Mädchen im Teenageralter geteert und gefedert wurden, weil sie sich mit britischen Soldaten getroffen hatten oder dort zum Tanzen gingen, wo Soldaten zusammenkamen.

Anfang 1971 verfolgten wir in Fernsehreportagen, wie sich die Situation in Nordirland abrupt verschlechterte. IRA-Schützen übernahmen in vielen katholischen Regionen die Polizeigewalt, und in den Straßen patrouillierende britische Soldaten wurden jeden Tag zu Zielscheiben. Bewußt betrieb die IRA eine Politik der Entfremdung zwischen Katholiken und Soldaten. Und diese Soldaten waren ja doch nach Irland abkommandiert worden, um die Bevölkerung nicht nur vor den paramilitärischen Organisationen der Loyalisten zu schützen, sondern auch vor den Schikanen der verhaßten Staatssicherheitspolizei.

Im Sommer 1971 war von der Kameradschaft, die einst zwischen der katholischen Durchschnittsfamilie und den britischen Soldaten geherrscht hatte, überhaupt keine Rede mehr. Die Tasse Tee, die Zigaretten und die klebrigen Brötchen, die den Soldaten großzügig angeboten wurden, als sie ihren Dienst in katholischen Vierteln aufnahmen, gab es nicht mehr. Die IRA mußte Wege finden, die Katholiken und ihre Beschützer zu trennen. Das machte sie, indem sie auf die Soldaten zielte, zunächst bei Krawallen, dann wurden schießwütige Kerle ermuntert, patrouillierende Soldaten einfach abzuknallen.

Die IRA wußte, daß die Armee zurückschlagen mußte, und das tat sie auch. Es kam oft zu schweren Körperverletzungen, wenn die Soldaten die Schützen suchten, verfolgten, jagten, festnahmen und manchmal auch erschossen. Im Laufe des Sommers 1971 wurde die Animosität zwischen den Katholiken und der Armee so stark, daß offene Feindschaft ausbrach. Jetzt konnte die IRA sich rühmen, die katholische Bevölkerung nicht nur vor der protestantischen Mehrheit, sondern auch vor der Britischen Armee zu schützen. Es war gelungen, eine Atmosphäre der Belagerung zu schaffen, eine Situation, aus der nur die IRA Nutzen ziehen konnte in ihrem Kampf um die Verwirklichung ihres Traums von einem vereinten Irland.

Wir verstanden alles, hatten aber keine Vorstellung davon, wie wir in den Kampf gegen solche terroristischen Aktivitäten in der Stadt eingreifen sollten. Die meisten von uns hatten ursprünglich geglaubt, wir würden zum aktiven Dienst in den Nahen Osten abkommandiert werden, aber im Verlauf der Vorträge wurde uns immer klarer, daß unser Ziel wahrscheinlich der Hexenkessel Nordirlands sein würde.

KAPITEL 4

Am Ende unseres vierzehnwöchigen Weiterführungstrainings wurden wir noch einmal mit Urlaub belohnt, aber diesmal nicht so großzügig – nur 72 Stunden. Die Zeit reichte kaum aus, nach Hause zu fahren, ein Bad zu nehmen und mit Freunden etwas zu essen und zu trinken, bevor man wieder den Zug nach Hereford bestieg.

Ich beschloß, nach Hause fahren und meine Eltern und Geschwister in London zu besuchen, denn ich hatte sie seit Monaten nicht mehr gesehen. Mein Vater erkundigte sich nach meinem Befinden, wollte sich aber nicht mit mir auf ein Bier oder ein Gespräch über meine Ausbildung zusammensetzen. Meine Mutter wollte, daß ich beim SAS ausstieg und zur REME zurückkehrte. Wenigstens meine Geschwister schienen stolz zu sein, daß ich Mitglied von Großbritanniens Elitestreitkräften geworden war.

Doch ein Zwischenfall zu Hause ließ mich erkennen, warum SAS-Soldaten ihre Identität verbergen und sich bedeckt geben. Ich hatte meinen Brüdern aufgetragen, niemandem zu sagen, daß ich zum SAS gegangen war, also erzählten sie allen Leuten, ich sei bei den Fallschirmjägern.

Leider hatte einer meiner Brüder in der Kneipe damit geprahlt, daß sein älterer Bruder Fallschirmjäger sei, und ein paar vielversprechende Knaben, die ich schon als Teenager gekannt hatte, wollten sich mal von ihrer harten Seite zeigen. Während ich an der Theke Bier holte, kam einer zu mir und trat mir auf den Fuß. Ich warf ihm nur einen bösen Blick zu und kümmerte mich weiter um das Bier.

»Ich dachte, ihr Fallschirmspringer seid harte Typen«, sagte er und wollte mich lächerlich machen.

Mein Bruder sah, was passierte, kam herangerauscht und verpaßte dem Kerl einen Schlag ins Gesicht. Seine Freunde griffen ein, und natürlich konnte ich mich jetzt nicht mehr entziehen. Ich konnte nicht zuschauen, wie diese Jungs über meinen Bruder herfielen, also langte ich hin. Innerhalb von Minuten war der größte Teil der Kneipe in Aufruhr. Überall flogen Flaschen und Gläser, es wurde geprügelt und getreten. Niemand schien zu wissen, wer gegen wen kämpfte und warum, und jeder drosch auf den ein, der in Reichweite war. Ich griff mir meinen Bruder, zerrte ihn nach draußen und überließ den Rest der Leute ihrer Prügelei.

Ich machte ihm Vorhaltungen, aber zum Glück hatte er seine Lektion gelernt. Er prahlte nie wieder mit seinem älteren Bruder. Der Zwischenfall machte mir auch klar, wie vorsichtig ich sein mußte. Ich wußte, daß ich nicht gerade der beliebteste SAS-Rekrut sein würde, wenn ich wegen einer Rauferei ins Kittchen käme.

Zurück in Hereford, packten wir unsere Sachen und fuhren zum Fallschirmspringtraining nach Abingdon, Oxfordshire. Für mich war das der beste Teil der gesamten Ausbildung, auch deswegen, weil ich mein SAS-Abzeichen bekommen würde, wenn ich hier erfolgreich abschloß.

In den ersten zehn Tagen fuhren wir täglich nach Aldershot, um uns dort auf der Sprunganlage des Fallschirmjägerregiments Selbstvertrauen anzueignen. Bei diesem Teil des Trainings waren Unteroffiziere der Fallschirmjäger für uns zuständig, und sie nahmen uns hart ran. Doch dank unseres Ausdauertrainings waren wir vermutlich doppelt so zäh wie die große Mehrzahl der Fallschirmjäger.

Überraschenderweise wurden zwei unserer Kameraden vom Springerkursus zu ihrer Einheit zurückgeschickt, denn sie hatten nicht gewußt, daß sie nicht schwindelfrei waren. Es stellte sich heraus, als wir einen Anderthalbmetersprung von einem Gerüstteil zum anderen machen mußten, dazwischen ging es rund zwölf Meter in die Tiefe. Obwohl ein Sicherheitsnetz gespannt war, konnten die Jungs einfach nicht springen. Mit einer mentalen Blockade dieser Art konnten sie nie vollwertige SAS-Männer sein.

Neben dem Sprungtraining von einem speziellen Gerüst (es war eine Attrappe einer Hercules-Transportmaschine) mußten wir lernen, wie man einen Fallschirm richtig faltet und zusammenpackt. Das begriffen wir alle schnell, weil wir wußten, daß unser Leben davon abhing.

Dann stand ich vor meinem ersten Sprung vom Himmel – dem Ballonsprung. Für mich war das schrecklich. Nachdem wir unsere Fallschirme übergestreift hatten, kletterten vier von uns mit einem Ausbilder in den Korb, und der Ballon stieg langsam und geräuschlos in den Himmel auf. Bei jedem Blick nach unten schien die Erde zu verschwinden, und ich dachte, ich würde nie springen.

Der Ausbilder hakte mich fest, da ich als erster dran war. Er öffnete die Schiebetür des Ballonkorbs und tippte mir auf die Schulter. In dem Moment dachte ich: »Ich muß! Ich muß springen!« Doch das war genau, was ich nicht wollte. Ich schloß die Augen und sprang. Da war ein Augenblick des Entsetzens, der Angst, daß der Schirm sich nicht öffnen würde, und dann, bevor ich merkte, was passierte, öffnete sich der Fallschirm, und ich spürte den Ruck der Gurte.

Ich werde nie die Freude vergessen, als ich sah, wie der

Schirm sich öffnete, und auch das Gefühl der Schwerelosigkeit in der Luft nicht. Irgendwie war ich aus Todesnähe in ein neues Leben getreten – das war nach dem Orgasmus das Zweitschönste im Leben. Von dem Moment an wußte ich, daß ich beim Springen immer ängstlich sein, immer zweifeln würde, ob der Schirm sich öffnete, und daß der Angst jedesmal eine ekstatische Freude folgen würde, wenn er dies tatsächlich tat und ich friedlich, ruhig und heiter zur Erde schwebte.

Ich konzentrierte mich auf die Landung, beugte die Knie, wie ich es gelernt hatte, und rollte auf die Seite. Alles funktionierte präzise wie ein Uhrwerk, aber ich war erleichtert, als ich merkte, daß ich sicher gelandet und heil geblieben war. Der Sprung war so schnell vorbei, und ich befand mich in solcher Hochstimmung, daß ich möglichst gleich wieder aufsteigen und alles noch einmal erleben wollte.

Daher freute ich mich auch auf die acht Sprünge, die wir in den nächsten drei Wochen über Salisbury Plain machen würden. Vor jedem einzelnen Sprung wurde ich nervös, weil ich wußte, was alles schiefgehen konnte, aber alle Sprünge waren viel zu schnell vorbei, weil wir nur aus 600 Fuß Höhe sprangen.

Zwischen den Sprüngen erhielten wir Unterricht über die Schwierigkeiten des Fallschirmabsprungs über feindlichem Gebiet. Wenn wir je hinter feindlichen Linien operieren sollten, dann war es von Vorteil, mit dem Fallschirm in Stellung zu springen, statt mit dem Hubschrauber eingeflogen zu werden. Man erklärte uns, wie einfach es für den Feind geworden war, ein Flugzeug über seinem Gebiet auszumachen, anzugreifen und abzuschießen, und wie verletzbar wir in solchen Situationen waren. Mit Hinweisen auf die verschiedenen Methoden, den Feind in die Irre zu führen, sollten wir beruhigt werden, aber tief im Herzen wußten wir, daß es heikel werden könnte. Solche Unterrichtsstunden waren nicht sehr erbaulich, aber wir mußten über das Schlimmste Bescheid wissen.

Für unseren ersten freien Fall fuhren wir nach Brize

Norton und kletterten in eine Hercules. Die ersten drei Sprünge machten wir aus 10 000 Fuß Höhe, noch größere Höhen verlangten Sauerstoffgeräte. Die meisten Springer bekommen den Rat, den Fallschirm nach wenigen hundert Fuß zu öffnen, doch wir wurden darauf trainiert, gut 2000 Fuß im freien Fall zurückzulegen, eine Vorsichtsmaßnahme gegen die Entdeckung durch feindliche Bodentruppen.

Gegen Ende des Kurses waren wir recht gute Fallschirmspringer geworden. Mit flügelförmigen Schirmen konnten wir bis zu 25 Meilen am Himmel fliegen, was riesigen Spaß machte, und dennoch auf dem sprichwörtlichen Punkt landen. Zu Beginn des Trainings landete ich, verdammt unbequem, einige Male in Bäumen. Zum Glück erlitt ich keine ernsthaften Verletzungen, nur ein paar Schnitte und blaue Flecken als Strafe für meine Fehleinschätzung des Landepunktes.

Solche Unfälle lösten viel Gelächter und auch Wut aus, aber jeder vermasselte mal etwas. Das gehöre zum Training, sagten unsere Ausbilder.

Der höchste Sprung fand aus 26 000 Fuß statt. Wir waren über den Wolken und froren entsetzlich, während wir darauf warteten, daß das grüne Licht, unser Signal für den Absprung, aufleuchtete. Durch die Wolken zu schweben war eine unheimliche Erfahrung, weil wir nicht wußten, was wir nach Verlassen der Wolkendecke sehen würden.

Noch beunruhigender fanden wir die Nachtsprünge. Auf die schwarzen Nachtschirme war ein Stück Leuchtstoff genäht, so daß wir einander sehen konnten, nachdem wir das Flugzeug im Abstand von zwei oder drei Sekunden verlassen hatten. Nach dem Absprung des ersten Mannes gab es für die folgenden kein Warten mehr. Wir marschierten einfach durch das Flugzeug hinaus in den Himmel. Nach Plan sollten wir alle im Abstand von ein paar Fuß landen, doch das klappte nicht immer. Einmal landete einer in einem See ein paar hundert Meter entfernt von dem Punkt, an dem wir alle heil heruntergekommen waren. Es dauerte eine Stunde, bis wir ihn, naß bis auf die Haut und durchgefroren, gefunden hatten.

Durch diesen Vorfall wurde uns allen jedoch eine Lektion erteilt. Ein Ausbilder sagte es mit deutlichen Worten: »Wenn das im aktiven Einsatz passiert wäre, hätte niemand Zeit damit verschwendet, den Spitzbuben von einem Fallschirmspringer zu suchen. Er wäre auf sich selbst gestellt, denn die Zeitverschwendung bei der Suche könnte den Rest der Einheit in Gefahr bringen oder die gesamte Mission vermasseln.«

Jeder bekam eine Karte mit markiertem Absprunggebiet. Wenn einer versehentlich vom Kurs abkam, wußte er wenigstens, wo er die anderen treffen würde. Jeder wußte aber auch, daß die Einheit nicht allzu lange warten konnte und es auch nicht tun würde, sondern sich entfernte.

Wir mußten darauf vorbereitet sein, sofort nach der Landung zu kämpfen. Drei Mann wurden abgestellt, um das Absprunggebiet zu sichern, während der Rest die Ausrüstung zusammensammelte. Der Leiter der Einheit mußte entscheiden, ob es möglich war, sich aus dem gefährlichen Gebiet herauszukämpfen, oder ob man einen Hubschrauber rief, um die Männer herauszuholen.

Beim Springen waren D-förmige Ringe auf beiden Schultern befestigt, die mit festen Bändern und einem Gurt um den Oberkörper verbunden waren. Wenn bei einem echten Notfall ein Rettungshubschrauber nicht landen konnte, warf die Besatzung Seile ab, die an den D-Ringen festgehakt wurden. Wenn alle vier Männer am Haken hingen, verschwand der Hubschrauber schnell, bis eine Landung ungefährlich war und alle Männer an Bord klettern konnten. Wir übten das oft. Manchmal war das ganz schön haarig, aber es sorgte auch für große Heiterkeit, wenn wir eine Meile oder mehr auf Baumwipfelhöhe davongetragen wurden.

Nach unserem letzten erfolgreichen Sprung aus großer Höhe wurden wir alle zu einem großen Gelage in die Offiziersmesse von Brize Norton eingeladen. Nach den Monaten voller Mut und Einsatzbereitschaft bot dieser Abend segensreiche Entspannung. Das Bier floß schnell und reichlich, alle sangen und schrien herum, lachten und waren dankbar, daß wir unsere Rangabzeichen schließlich erhalten würden. Viele, die mit uns angefangen hatten, waren inzwischen auf der Strecke geblieben, aber wir, die wenigen Auserwählten, hatten es schließlich geschafft.

Ich hatte von diesem Augenblick geträumt, und nun war er gekommen. Ich fühlte mich verdammt gut. Ein Teil von mir wollte am liebsten weinen vor Freude, weil das Grundtraining vorbei war und ich hocherhobenen Hauptes durchs Leben schreiten konnte. Doch bevor ich zu rührselig wurde, war das nächste Bier da und spülte solche Gedanken fort.

Während der Ausbildung waren wir alle recht gut miteinander ausgekommen. Wenn wir bestehen wollten, das war uns allen klar, mußten wir Freunde bleiben, uns gegenseitig helfen und eine gewisse Kameradschaft zeigen. Es kam mir vor, als seien wir alle der gleiche Typ, ruhig, fast schweigsam, entschlossen und, was vielleicht noch wichtiger war, zu jedem Einsatz für den SAS bereit.

Wir wußten, daß wir nach der Rückkehr nach Hereford unsere Fallschirmjägerabzeichen bekommen und endlich offiziell in den SAS aufgenommen werden würden. Die Qualen der letzten Monate waren vorbei. Weil man es uns tausendmal gesagt hatte, wußten wir auch, daß beim SAS das Training nie aufhört. Selbst Männer, die seit Jahren beim Regiment waren, machen immer noch Übungen, wenn sie nicht in aktivem Einsatz sind. Daher haben SAS-Einheiten immer eine Spitzenkondition, ihr Ausbildungsstand ist immer topaktuell, so daß sie in der Lage sind, innerhalb von 24 Stunden eine Mission zu übernehmen, superfit, hochkarätig ausgebildet und einsatzbereit. Inoffiziell hatte der SAS den englischen Martini-Werbeslogan übernommen: »Any place, any time, anywhere« (an jedem Platz, zu jeder Zeit, überall in der Welt). Es gab Vorschläge, ihn zum SAS-Motto zu machen.

In Hereford wurden wir acht, die wir die Härte des

Kurses überstanden hatten, zum Rapport beim Kommandanten bestellt. Wir marschierten hinein, salutierten, und er überreichte uns die Rangabzeichen und die sandfarbene SAS-Uniformmütze. Er gratulierte uns in aller Form und begrüßte jeden einzelnen der Reihe nach beim Regiment. Und er hatte eine Warnung für uns parat: »Sie werden merken, daß es schwerer ist, diese Uniformmütze zu behalten, als sie zu bekommen.«

Ich vergaß diese Worte nie, aber damals konnte ich mir kaum vorstellen, daß irgend etwas härter sein könnte als die Anstrengung, die es gekostet hatte, mir diese SAS-Uniformmütze zu verdienen. Ich hatte nicht die leiseste Ahnung, was die Zukunft bringen könnte, und ich ahnte auch nicht, welchen enormen Streß und welche Belastungen ich dank Mütze und Rangabzeichen noch auf mich nehmen mußte.

Wir alle wußten – und die meisten hofften es insgeheim –, daß wir bald das, was wir gelernt hatten, in die Praxis umsetzen mußten. Halbwegs erwarteten wir, uns in einem fernen, unbekannten Land wiederzufinden, vermutlich in Nahost, wo wir aktiven Dienst taten und verzweifelt versuchten, an all das zu denken, was man uns beigebracht hatte.

Im Juli 1971 überschlugen sich die Presseberichte über die Unruhen in Nordirland.

Wir wußten, daß einige SAS-Einheiten dort im Einsatz waren, denn in Hereford wurde hinter vorgehaltener Hand darüber geredet.

Nach 72 Stunden Urlaub mußten wir wieder in Hereford antreten. Wir wunderten uns nicht, daß wir einen Befehl zu einem Querfeldeinmarsch von acht Meilen bekamen. Es war, als stünden wir wieder am Beginn unserer Ausbildung. Da wir einige Wochen lang nicht intensiv trainiert hatten, waren wir geschlaucht. Als ich mich gerade ausziehen und duschen wollte, kam ein SAS-Ausbilder herein und beorderte mich unverzüglich zum Rapport bei einem Unteroffizier in einer anderen Hütte. Ich trat ein und sah zwei mir vollkommen fremde Typen in

Zivil am Ende der Hütte, in der Mitte des Raums stand ein Stuhl. »Setzen!«

Ich gehorchte und überlegte, was auf mich zukommen könnte.

Sie fingen an, mich zu verhören, fragten, was ich am Wochenende gemacht hatte. Tatsächlich hatte ich beschlossen, auszuspannen und allein, mit meinem Fernglas bewaffnet, wegzufahren, um intensiv Vögel zu beobachten. Ich trampte nach Llandovery in Südwales, um den Roten Milan zu studieren, der in Großbritannien vom Aussterben bedroht war. Am Samstag morgen war ich hingefahren und am Montag nachmittag zurückgekehrt. Ich hatte einen Schlafsack dabei, schlief unter freiem Himmel und aß in kleinen Restaurants. Es war wirklich entspannend gewesen, so allein, weit weg von der Armee, diese wunderbaren Vögel zu beobachten.

Bevor ich Zeit für Erklärungen hatte, sagte einer: »Wir hörten, du hast unten in der Kneipe damit geprahlt, beim SAS zu sein. Stimmt das?«

»Nein, das ist nicht wahr«, sagte ich, »ich war übers Wochenende in keiner Kneipe.«

Sie wollten mir nicht glauben. Sie sagten, es gebe jemanden, der mich wiedererkennen würde, der mich identifizieren könne, der bereit sei, mir das anzuhängen. Sie behaupteten, ich würde das Blaue vom Himmel lügen und dieser Mann würde die Wahrheit sagen.

Ich leugnete. Ich sagte ihnen, daß der Typ sich geirrt haben mußte. Ich fing an, mich über ihre Anschuldigungen zu ärgern, war wütend, daß sie mir nicht glaubten.

Sie verlangten dann, daß ich ihnen alles in jeder Einzelheit offenlegte, wo genau ich gewesen war, wie ich die Zeit verbracht hatte, wo ich mich aufgehalten hatte, ich sollte ihnen Namen und Orte nennen, und sie fragten, ob es jemanden gebe, der beweisen könnte, daß ich die Wahrheit sagte. Ich konnte niemanden nennen.

Verständlicherweise glaubten sie mir nicht. Sie weigerten sich zu glauben, daß ich 72 Stunden vollkommen allein gewesen war und niemand mich identifizieren oder mein

Alibi bestätigen konnte. Ich saß in der Klemme. Ich hoffte, daß diese beiden Typen ihren Zeugen holen würden, damit ich ihre Behauptungen entkräften konnte.

Sie fragten mich mehr als eine Stunde lang aus. Ich war völlig durcheinander, weil sie die Vorwürfe immer wiederholten, von denen ich wußte, daß sie falsch waren. Plötzlich sagte einer: »Scher dich zum Teufel. Wir sehen uns später wieder.«

Ich verließ die Hütte total verwirrt und hoffte, ich hätte ihre Anklagen hinter mir. Ich duschte heiß und versuchte, die ganze Angelegenheit zu vergessen. Dann ging ich zur Kantine und traf zwei Kameraden.

Sie erzählten mir, daß sie gerade ein höchst merkwürdiges Erlebnis gehabt hätten, und beschrieben genau das, was mir auch widerfahren war. Sie waren in eine andere Hütte bestellt worden und mußten zu denselben Behauptungen Stellung nehmen, die sie auch vehement bestritten. Ich ließ sie wissen, daß es mir genauso ergangen war.

Wir versuchten herauszufinden, wer der SAS-Mann hätte sein können, der in Kneipen von Hereford prahlend herumschrie. Wir konnten uns nicht vorstellen, daß einer von uns sich so benehmen würde.

Als ich an dem Abend mit meinem Tee in der Kantine saß, kam ein Ausbilder, den ich recht gut kannte, zu mir und flüsterte mir ins Ohr: »Was immer du machst, sag ihnen, sie sollen dich am Arsch lecken. Erzähl ihnen einen Haufen Scheiße.«

»Was heißt das?«

»Denk dran, was ich dir gesagt habe«, antwortete er und ging.

Jetzt war ich total durcheinander, fragte mich, was hier eigentlich vorging; warum ich ihnen sagen sollte, sie sollten . . ., und warum passierte das alles? Schließlich ging ich ins Bett, las ein wenig und schlief dann ein, immer noch verwirrt von den Vorgängen des Tages.

Ich wachte schlagartig auf, in der Hütte war pechschwarze Nacht, und jemand schüttelte meinen Arm und befahl mir aufzustehen. Zum Glück war ich in Unterhosen ins Bett gegangen, denn jetzt hatte ich keine Zeit, etwas anzuziehen, nicht einmal ein T-Shirt oder eine Hose.

Ich war noch im Halbschlaf, als zwei Männer mich ans Ende der Hütte und durch die Tür nach draußen stießen. Ich konnte ihre Gesichter nicht erkennen, aber irgend etwas sagte mir, daß es sich wahrscheinlich um die beiden Fremden handelte, die mich schon vorher ausgefragt hatten. Halb zerrten, halb schoben sie mich über das Gelände und dann in die andere Hütte. Grob wurde ich auf einen Stuhl gestoßen. Langsam wurde ich wach und vermutete, daß ich wieder in derselben Hütte wie vorher war.

Sie zogen mir einen schwarzen Baumwollsack über den Kopf. Meine Hände wurden mit einem Strick hinter dem Stuhl festgebunden, dann herrschte Stille. Ich versuchte herauszuhören, was vorging; ich wollte angestrengt hinhören, falls sie sprachen, damit ich eine Vorstellung von dem Geschehen bekam. Volle fünf Minuten saß ich da, ohne ein Wort, ohne einen Ton. Ich bekam Herzklopfen.

»Was ist mit der Fallschirmausbildung, die du gemacht hast?« fragte ein Mann.

In Erinnerung an das, was der SAS-Ausbilder mir geraten hatte, bestritt ich, eine Ausbildung hinter mir zu haben.

Er sagte: »Du bist seit acht Monaten im SAS, und du hast keinen Fallschirmkursus gemacht. Du redest Scheiße.«

»Ich bin nicht seit acht Monaten dabei. Ich bin gerade erst gekommen«, log ich.

»Blödsinn«, antwortete einer, »lüg uns nicht an.«

»Ich lüge nicht«, protestierte ich.

In den nächsten beiden Stunden überhäuften mich die beiden Männer erbarmungslos mit Fragen, manchmal fragten sie nach Dingen aus meinem Armeeleben, die tatsächlich stimmten, die ich aber vehement bestritt. Sie befragten mich sogar zu meiner Pionierzeit, nach Dingen, die ich gemacht hatte und die den Tatsachen entsprachen. Ich überlegte immer wieder, was zum Teufel das Verhör sollte, war überzeugt, daß sie immer noch glaubten, ich hätte in einer Kneipe in Hereford mit meiner SAS-Mitgliedschaft rumgeprahlt.

Dann gingen die Beleidigungen erst richtig los. Die Leute waren niederträchtig und gemein, und sie belegten mich mit allen nur möglichen Schimpfworten, beleidigten meine Eltern und nannten mich einen lügenden Scheißkerl. Dann hörte ich plötzlich eine Frauenstimme. Sie fragte: »Wer ist diese alte Schlampe Maria aus Tidworth?«

Das unflätige Weib fuhr fort: »Verdammt, lüg mich nicht an. Nicht nur, daß du Maria kennst, wir wissen auch, daß sie während deiner Zeit hier mit jedem Tom, Dick und Harry in der Umgebung von Tidworth gevögelt hat. Sie ist nichts weiter als eine alte Schlampe, nicht besser als eine verdammte Hure.«

Schlagartig begriff ich. Ich wußte, daß Maria nicht so war. Ich wußte, daß dieses Weib da log. Der Groschen fiel. Das hier war das gefürchtete Verhörtraining, von dem wir gerüchteweise erfahren hatten, doch offiziell hatte uns niemand etwas gesagt. Unsere Ausbilder hatten ein solches Training nie erwähnt, aber nach allem, was uns zu Ohren gekommen war, wußten wir, daß wir das eines Tages durchstehen mußten. Mir war nicht klar, was ich zu erwarten hatte, aber in diesem Augenblick redete ich mir ein, daß es sich hier um ein solches Verhör handelte.

Sie fragten und fragten. Ich antwortete, was mir gerade in den Sinn kam, sagte aber nicht die Wahrheit. Ich merkte, daß mein Mund trocken war und daß ich fürchterlichen Durst hatte. Ich bat um einen Schluck Wasser.

»Ja, zum Teufel, du mieser Lügner, du kriegst alles, wenn du anfängst, die Wahrheit zu sagen«, antworteten sie.

Sie stellten noch mehr Fragen, zu der Ausbildung, dem SAS, meiner Vergangenheit, zu allem und jedem. Langsam wurde ich zornig. Plötzlich spürte ich einen scharfen Schmerz wie von einem Stockschlag auf meinem Bein. Dann ein weiteres Zischen, und der Stock traf das andere Bein. »Was, zum Henker, soll das?« fragte ich.

»Für jede Lüge verpassen wir dir einen Schlag. Und jeder wird härter als der vorige, bis du sagst, was wir wissen wollen.«

»Ich hab' alles gesagt«, log ich weiter. Der Stock zischte wieder herab, schnitt meinen nackten Schenkel förmlich ein.

Plötzlich bekam ich Angst, sie würden auf meinen Penis schlagen. Vielleicht sollte ich zum Schutz die Beine kreuzen. Aber dann, so meine Überlegung, würden sie erst recht auf meine Hoden zielen, und das täte richtig weh.

Jetzt kam wieder was Neues. Bei jeder Antwort schlugen sie mir ins Gesicht. Egal, was ich sagte, jedesmal bekam ich ohne Vorwarnung eine geknallt, oder der Stock sauste auf meine Beine. Beides tat nicht sonderlich weh, aber es machte mich fertig, da es ohne Vorwarnung passierte. Jede Ohrfeige, jeder Schlag war wie ein Schock, und das brachte mich völlig durcheinander.

Ich weiß nicht, wie lange Verhör und körperliche Mißhandlung dauerten, denn nach etwa einer Stunde verlor ich das Zeitgefühl. Es ging schätzungsweise noch zwei Stunden so weiter, aber ich kann mich auch geirrt haben. Vielleicht war es länger. Langsam verlor ich den Bezug zur Realität. Ich sagte mir immer wieder, daß es sich nur um ein Verhörtraining handelte, daß es bald vorbei wäre, daß sie mir die Kapuze abnehmen und sagen würden, es sei alles in Ordnung, ich könne zurück in mein Quartier gehen und ein bißchen schlafen. Dennoch meldeten sich in einem Teil meines Gehirns Zweifel, denn die Schläge und Fragen waren sehr real.

Ich mußte pinkeln. Auf einmal beherrschte mich nur noch der Gedanke daran, aber ich hielt den Mund, denn ich wußte, sie würden mich nicht gehen lassen. Wahrscheinlich hätten sie mich gern als Hosenpisser gesehen, und dann hätten sie gelacht und mich verspottet. Ich war fest entschlossen, ihnen dieses Vergnügen nicht zu gönnen.

Es war schon komisch, ich war zum Verzweifeln durstig und mußte dringend aufs Klo. Ich bat noch einmal um etwas zu trinken, aber niemand gab mir auch nur einen Schluck Wasser.

Langsam zweifelte ich an dem, was hier passierte. Ich konnte nicht glauben, daß das hier nur Training war. Das

SAS-System war strikt und das Training extrem hart, aber das hier war einfach unglaublich. Aber wenn es kein Training war, worauf waren die Leute aus, was wollten sie von mir, warum waren sie so entschlossen, die arme Maria in den Dreck zu ziehen und mich und meine Eltern zu beleidigen?

Dann wurde ich wütend. Ich fluchte, versicherte ihnen, daß ich die Wahrheit sagte, und bezeichnete sie alle, auch die Frau, als einen Haufen Arschlöcher. Ich beschimpfte die Ziege: »Wie kannst du es wagen, Maria in den Dreck zu ziehen? Dazu hast du kein Recht. Du beleidigst sie, weil du vermutlich die größte Hure von ganz Hereford bist.«

Dafür bekam ich drei harte Stockschläge auf die Schenkel. Die taten weh. Sie lachten nicht ein einziges Mal, auch ihr Verhalten mir gegenüber veränderten sie nicht, sie gaben mir nicht den kleinsten Wink, daß alles nur ein Spiel war und bald beendet sein würde. Während dieser Prozedur nahm ich mir manchmal vor, daß ich nach meiner Freilassung diesen drei Scheißtypen kräftig in den Hintern treten wollte, vor allem dieser Schlampe, die Maria in den Dreck gezogen hatte.

Dann sagte einer beiläufig und in drohendem Tonfall: »Wir lassen dich jetzt allein, damit du nachdenkst. Wenn wir zurückkommen, wollen wir die Wahrheit von dir hören, sonst. . . Begreifst du das? Noch haben wir dich nicht angefaßt. Lüg nur weiter, dann wirst du wirklich dafür bezahlen. Wir haben die Schnauze voll von deiner verdammten Lügerei.«

Sie blieben wohl fast eine Stunde weg. In der Zeit versuchte ich zu begreifen, was vorging. Wenn sie entschlossen waren, mich zu verletzten, dachte ich, dann würden sie meine Hoden attackieren. Das machte mir angst.

Sie kehrten zurück und stellten sofort wieder ihre erbarmungslosen Fragen, die ich schon tausendmal gehört hatte. Es hagelte Schläge ins Gesicht, und meine Beine und Schenkel wurden immer wieder mit dem Stock traktiert. Ich wußte nie, wo oder wann ich den nächsten Schlag versetzt bekam, und das war beunruhigender als der tatsächliche Schmerz. Den konnte ich ertragen. Aber ich wußte nicht, ob ich es aushalten würde, wenn ich Tritte und Schläge in die Hoden bekommen würde. Ich hoffte, sie würden sie in Ruhe lassen.

Wieder verlor ich das Zeitgefühl. Ich verlor auch das Gefühl dafür, was ich sagen sollte, um diese verdammten Höllenqualen zu beenden. Ich dachte daran, die Wahrheit zu sagen. Manchmal war ich ganz kurz vorm Aufgeben und wollte ihnen wahrheitsgemäß alle Fragen über SAS, Ausbildung, Fallschirmspringen, etc., etc. beantworten. Und doch ließ mich irgend etwas an meinen Lügengespinsten festhalten. Immer wieder dachte ich an den Rat des Ausbilders. »Erzähl ihnen einen Haufen Scheiße.«

Und es funktionierte.

Plötzlich merkte ich, daß mir die Kapuze vom Kopf gezogen wurde, und ich blinzelte ins Licht. Ich sah mich um und entdeckte die beiden Männer und die Frau, die mich gequält hatten. Ich versuchte, mich zusammenzureißen, meine Kräfte zu sammeln, als einer der Männer sagte: »Es ist vorbei. Das haben Sie gut gemacht.«

Ich war unglaublich erleichtert. Alle Gedanken daran, sie in den Hintern zu treten, waren in Sekundenschnelle verflogen. Alles, was ich wollte, war endlich austreten zu gehen. Ich war kurz vor dem Platzen. Und ich brauchte dringend etwas zu trinken.

Einer sagte, daß es zehn Uhr abends war; daß ich zwanzig Stunden verhört worden war; daß ich jetzt gehen durfte und machen konnte, was ich wollte. Ich konnte essen, trinken, duschen oder einfach schlafen gehen. Ich wollte nur ein Klo, eine Dusche und ein Bett.

Beim Einschlafen kehrten meine Gedanken zum Verhör zurück. Einerseits war ich glücklich, daß ich es ohne Zusammenbruch überstanden hatte, andererseits dachte ich, wenn ich einmal in eine Situation käme, jemanden zermürben zu müssen, um Informationen zu bekommen, dann wäre ich nicht so sanft wie meine drei Befrager. Ich würde direkt an die Hoden gehen und möglichst schnell möglichst viel Schmerz zufügen, um das erwünschte Ergebnis zu bekommen. Beim Einschlafen überlegte ich noch, was ich eigentlich bei diesem verfluchten SAS zu suchen hatte.

Am nächsten Morgen erfuhr ich, daß drei meiner Kameraden dieselbe Tortur erlebt hatten. Wir waren fix und fertig.

Später wurden wir von unseren Ausbildern informiert. Sie erklärten uns den Grund für die Behandlung; man wollte uns einen »kleinen Vorgeschmack« auf die Art von Verhör geben, das uns erwartete, wenn wir je dem Feind in die Hände fallen sollten. Sie betonten, das sei nur ein Vorgeschmack gewesen. Uns allen war klar, was sie meinten: Wenn jemand im Ernstfall Informationen aus uns herausholen wollte, dann wären alle Freundlichkeiten vergessen, und von Anfang an würde rohe Gewalt eingesetzt. Ich wagte gar nicht, darüber nachzudenken. Was wir erlebt hatten, war schlimm genug gewesen, und wir waren nur von unseren eigenen Ausbildern verhört und mißhandelt worden.

Sie erklärten uns, daß jeder Mensch einen Punkt hat, an dem er zusammenbricht, selbst der tapferste Mann der Welt. Sollten wir je in eine Verhörsituation geraten, gab es zwei Gründe zum Durchhalten: unseren SAS-Kameraden Zeit zur Flucht zu geben oder so viel Zeit wie möglich für einen Gegenangriff herauszuschlagen, der dann unsere eigene Befreiung zur Folge haben könnte.

Unsere Ausbilder ließen uns wissen, daß es Zeit zur Überprüfung sei. Das bedeutete zwei Wochen mit intensivem Training, Läufen, Märschen und Arbeit in der Sporthalle. Wir kehrten zu den Anfängen zurück: Waffentraining, Kartenlesen und weiteres Üben mit richtiger Munition am Schießstand mit Selbstladegewehren, Maschinenpistolen und den Brownings. Man schien uns auf den Ernstfall vorzubereiten.

In diesem Stadium kommt für die meisten SAS-Rekruten eine weitere Phase – noch einmal drei Monate Weiterführungstraining. Dazu kann eine intensive medizinische Ausbildung gehören, nach deren Abschluß ein SAS-Rekrut in der Lage ist, Knochenbrüche, Schlangenbisse und andere Verletzungen zu versorgen, verschiedene Fieber zu diagnostizieren und Verwundete mit einem gewissen Maß an Professionalität zu behandeln. Für uns entfielen diese drei zusätzlichen Monate, aber wir ahnten nicht, warum. Da, wo wir zum Einsatz kommen sollten, brauchte man keine medizinische Ausbildung oder Überlebenstechniken für die Wüste, das wußten unsere Ausbilder. Doch wir mußten über viel Erfahrung im Umgang mit Waffen aller Art verfügen.

Im Laufe des Sommers hatten Maria und ich uns ein wenig auseinandergelebt, aber die Hölle, durch die ich gegangen war, als ich sie im Verhör verteidigte, machte mir zu schaffen. Es war schwer, sie zu vergessen, zu vergessen, wie gut unsere Beziehung gewesen war. Ich dachte immer noch an ihr schönes Gesicht, an ihr Lachen und die wunderbare Zeit, die wir miteinander verbracht hatten. Ich wollte die alte Flamme wieder entzünden und schrieb ihr aus Hereford, aber sie antwortete nicht. Ich fragte mich, ob die »blöde Ziege« beim Verhör wirklich etwas von Maria wußte, ob es tatsächlich Gerüchte in Tidworth gab. Mal wollte ich die Wahrheit wissen, mal aber auch wieder nicht.

Als ich nichts hörte, wußte ich, daß Maria der Vergangenheit angehörte, daß ich sie vergessen mußte. Insgeheim hoffte ich, daß wir uns eines Tages wiedersehen würden, und wer weiß, was dann passieren würde. Tief im Inneren war ich jedoch eifersüchtig, eifersüchtig auf den, mit dem sie sich traf, den sie küßte und von dem sie sich vögeln ließ. Ich haßte das.

Da ich nichts von Maria hörte, verbrachte ich meinen einwöchigen Urlaub Ende August zu Hause in London, genoß Mutters Küche, ein paar Biere mit den Freunden und das Vergnügen, keine Sekunde an die Armee, den SAS oder an das verdammte Training denken zu müssen. Ich lernte Betty kennen, eine gutaussehende, blonde, 20jährige Floristin, die in Walthamstow arbeitete. Einer meiner jüngeren Brüder machte uns miteinander bekannt, und wir kamen auf Anhieb gut miteinander aus.

Sie wußte, daß ich bei der Armee war und nur sieben Tage Urlaub hatte, und ihr war klar, daß ich mich richtig amüsieren und die Armee vergessen wollte. Sie schien diese Tage mit mir zu genießen. Ich erzählte ihr nicht, daß ich ihre Gesellschaft auch deswegen brauchte, um die Zeit mit Maria zu vergessen. Wir gingen in Kneipen, schauten uns London an, besuchten Museen und Kunstgalerien, besichtigten die Stadt, als wären wir Touristen. Sie half mir, Maria zu vergessen, und jeden Abend liebten wir uns bei ihr zu Hause, bis wir erschöpft einschliefen. Es war genau das, was ich nach neun Monaten verdammt harten Trainings brauchte.

Nachdem ich wieder in Hereford war und mich mit Querfeldeinläufen auf dem Sportplatz in Form brachte, lernte ich die drei anderen Männer kennen, zu denen ich in den nächsten zwölf Monaten ein engeres Verhältnis als zu meinen Brüdern entwickeln sollte.

Ich wurde zum Rapport in das Büro des Hauptfeldwebels im Hauptquartier bestellt. Auf seinem Schreibtisch saß, eine Zigarette rauchend und fröhlich plaudernd, ein drahtiger, sonnengebräunter junger SAS-Offizier mit nackenlangem, dunklem Haar und einem Schnurrbart wie Zapata. Er trug lange Koteletten, die bis unter die Ohrläppchen reichten. Er sah sehr fit, stark und gesund aus, war ungefähr 1,75 m groß und hatte den athletischen Körper eines Boxers. Angesichts seiner tiefen Sonnenbräune vermutete ich, daß er wohl irgendwo in Nahost im Einsatz gewesen war. Später erzählte er von seinen Erlebnissen in Oman.

»Das ist Don«, sagte der Hauptfeldwebel. »Don, das ist Paul.«

Im Dialekt des Londoner East End sagte Don beiläufig: »Wie geht's?«

»Gut«, antwortete ich.

»Das ist schön«, meinte er und betrachtete mich von oben bis unten. Er wußte, daß ich aus Essex stammte, obwohl alle anderen im SAS mich für einen Londoner hielten.

Der Hauptfeldwebel erklärte: »Wir warten auf noch zwei andere. Nehmen Sie Platz, ich bin gleich bei Ihnen.«

Ich setzte mich und wartete, während die beiden miteinander plauderten. Sie sprachen über die Kinder des Hauptfeldwebels, die in einer Familienunterkunft in Hereford lebten.

Dann betraten die beiden Männer, auf die wir gewartet hatten, das Büro. Ich war ziemlich überrascht, denn ich hatte beide schon gesehen. Wir waren uns im Lager gelegentlich über den Weg gelaufen. Sie gehörten nicht zu meiner Gruppe, hatten aber in einer anderen Einheit dieselbe Ausbildung erhalten wie ich.

Der erste, Benny, war etwa 1,70 m groß, hatte dunkles Haar, eine dunkle Gesichtsfarbe und trug einen schmalen, militärisch wirkenden Schnurrbart. Er war ein Mann Anfang zwanzig, stämmig, kräftig und fit, der mir sofort durch die Größe seiner Hände und Füße auffiel. Sie waren wirklich riesig und standen in keinem Verhältnis zu seinem übrigen Körper. Wo immer er später auftauchte, in Kneipen oder Clubs, die Frauen würden sich um ihn scharen. Sie glaubten an den alten Spruch, daß die Schwanzgröße eines Mannes an seinen Händen abzulesen sei. In Bennys Fall war das nur allzu richtig, denn die Größe seines Gliedes war bemerkenswert. Ihm gefiel die Aufmerksamkeit.

Bei ihm war JR, auch ein typischer SAS-Mann, etwa 1,73 m groß, stark, athletisch und leichtfüßig. Er hüpfte mehr, als daß er ging. Er war dunkelhaarig, hatte eine helle Gesichtsfarbe, graublaue Augen und wurde später der Spaßvogel der Gruppe. Er war Anfang zwanzig, wie Benny und ich, und er schien vor Energie zu platzen, konnte sich nie ruhig verhalten. Seine Reaktionen kamen wie ein geölter Blitz. Wir mußten JR immer sagen, er solle sich beruhigen, entspannen und die Dinge leichtnehmen, aber das konnte er nicht.

Wir sagten später oft, daß JR ein so geschickter Hund war, daß er eine Orange in seiner Hosentasche schälen, zerlegen und so leise würde essen können, daß niemand etwas merkte. Er kam aus dem Norden und hatte viel Sinn für Humor, mit ihm würden wir Spaß haben. Doch er hatte einen Fehler, den wir erst später entdeckten.

Der Hauptfeldwebel machte uns miteinander bekannt, wir gaben einander die Hand, nickten, sagten aber nichts. Er informierte uns: »Sie gehen bald rüber nach Ulster, denn da ist ein netter kleiner Job zu erledigen, und jemand möchte, daß Sie das tun.«

Natürlich machten wir lange Gesichter. Wir alle hatten gehofft, nach Nahost abkommandiert zu werden; Nordirland mit dem ungemütlichen kalten Wetter gefiel uns gar nicht. Im Fernsehen hatten wir in letzter Zeit schon genug von der Gegend gesehen.

Ohne eine Antwort von uns abzuwarten, redete der Hauptfeldwebel weiter: »Sie gehen zu einer einwöchigen Übung raus. Ihre Aufgabe ist es, auszuweichen, sich bedeckt zu halten und nicht aufgestöbert zu werden. Wir schicken ein paar Männer los, die Sie suchen und festnehmen sollen. Sie müssen verdammt aufpassen, daß Sie nicht in Gefangenschaft geraten. Wenn die Männer Sie kriegen, dürfen sie Sie verhören, und das wird verflucht hart, härter als neulich. Passen Sie also auf, daß Sie nicht erwischt werden.«

Er fuhr fort: »Don übernimmt den Befehl. Ab sofort sehen Sie in ihm nicht nur Ihren Kommandanten, sondern auch Ihre Mutter. Tun Sie alles, was er Ihnen sagt, und lernen Sie soviel wie möglich von ihm. Er hat alles schon gemacht und weiß, wie man Einsätze ausführt. Das ist eine Chance für Sie drei, zu erfahren, worum es beim SAS geht. Er kennt sich aus.«

Der Hauptfeldwebel hatte noch nicht zu Ende gesprochen: »Ab sofort müssen Sie sich daran gewöhnen, scharfe Munition und Ihre Waffen ständig bei sich zu tragen, nicht nur am Tag, sondern rund um die Uhr. Von hier aus gehen Sie in die Waffenkammer und holen sich jeder ein Selbstladegewehr und zwei Magazine 7,62 Millimeter. Sie müssen den Empfang quittieren, und wehe, Sie verlieren auch nur eine Kugel, von der Waffe ganz zu schweigen.«

Es war das übliche alte Armeegeschwätz, aber aus dem

Mund dieses Hauptfeldwebels klang alles viel intensiver, viel eindringlicher. Jetzt ging es endlich zur Sache.

»Danach gehen Sie in Ihre Unterkünfte und packen wie für eine Übung. Nehmen Sie möglichst wenig mit, denn in den kommenden sieben Tagen sind Sie auf der Flucht und werden sich schnell bewegen müssen. Packen Sie also nicht den gesamten Haushalt ein. Am wichtigsten sind Waffe und Munition; alles andere ist eigentlich ziemlich egal, bis auf den Kompaß natürlich.

Es handelt sich um einen Test. Wenn Sie diese Woche auf der Flucht durchstehen, müssen Sie noch zwei Wochen draußen bleiben und sich von dem ernähren, was Sie finden. Am Ende werden Sie sich gut kennen, sogar besser als Ihre Brüder. Da wo Sie hingehen, müssen Sie die Gedanken der Kameraden lesen und genau wissen, wie Sie alle unter wirklich stressigen Bedingungen reagieren. So lernen Sie sich selbst und die anderen am besten kennen.«

Er kam zum Ende. »Das war's. In den nächsten drei Wochen will ich Sie hier nicht mehr sehen.«

Er wünschte uns nicht viel Glück. Wir hatten bereits gelernt, daß kein SAS-Mitglied je die Worte »Viel Glück« benutzt. Der Grund: Sie glauben nicht daran; ihre Ausbildung, Professionalität, Ausdauer und natürliche Fähigkeiten gelten als weit wichtiger als jedes Glück.

Wir verließen gemeinsam den Raum und waren ziemlich durcheinander nach dem Erlebten. Außer Don waren wir alle keine Spezialisten, und wir hatten gedacht, daß unser Training noch mindestens sechs Monate dauerte, bevor wir zu einem Einsatz abkommandiert würden. Wir hätten es verstanden, wenn wir Spezialisten für Medizin, Nachrichtentechnik, Sprengstoff oder dergleichen gewesen wären, aber wir hatten keine Spezialausbildung.

Draußen vor dem Büro gab uns Don in Ergänzung zum Hauptfeldwebel ein paar kurze Anweisungen: »Nehmt nur euren Schlafsack, eine Plane, Kochgeschirr, Handschellen, einmal Kleidung zum Wechseln und ein Armeemesser mit. Ach, noch was, bringt eure Postsparbücher mit.«

Wir sahen ihn amüsiert an. Grinsend fügte er hinzu:

»Keine Angst. Wenn wir die erste Woche hinter uns haben, werden wir uns höllisch amüsieren.«

Wir mußten lächeln, auch wenn wir nicht ganz begriffen, was er da vorhatte. Aber es klang gut, und er war unser neuer »Kommandant«. Wir würden alles, was er sagte, akzeptieren.

Eine Stunde später verließen wir das Hauptquartier in Hereford und hielten uns Richtung Westen, auf die Black Mountains und Brecon Beacons zu. Waffen, Munition und Ausrüstung hatten wir bei uns. Wir benutzten erst die Hauptstraßen, dann Landstraßen, bis wir ins offene Gelände gingen.

Ich war aufgeregt. Auch wenn wir noch nicht in feindlichem Gelände waren, kam mir das hier viel realistischer vor als alles, was wir im Training erlebt hatten. Wir wußten, daß wir der Gefangennahme entgehen mußten, daß die Übung ein Ziel hatte. Wir wußten, daß das Bestehen dieser Prüfung bedeutete, daß wir zu einem richtigen Einsatz nach Ulster geschickt würden.

Am ersten Tag hatten wir wohl zwanzig Meilen geschafft, denn Don schlug ein strammes, schnelles Tempo an. In einer Bäckerei am Rand von Hereford machten wir eine Pause und ergänzten unsere Vorräte mit fleischgefüllten Pasteten, Wurstbrötchen und zwei Tüten Milch für jeden. So etwas war uns sonst im Training nie erlaubt worden, und instinktiv wußten wir, daß wir mit Don jemanden dabeihatten, der sich wirklich auskannte. Den Vorrat mit Pasteten aufzustocken, war vermutlich nicht der entscheidende Punkt, aber wir bekamen das Gefühl, daß wir ihm vertrauen konnten.

»Es ist viel besser, dieses Zeug zu essen«, witzelte er, »statt Stunden mit dem Versuch zu verbringen, irgendeinen schuppigen Fisch zu fangen, den wir dann sowieso nicht braten können.« Ich merkte schon jetzt, daß er ein Mann nach meinem Herzen war.

In der ersten Nacht waren wir einen Hügel am Rand der Black Mountains halb hinaufgestiegen, wo wir einen Unterschlupf mit Bruchsteinmauern fanden, in dem im Winter bei Schnee die Schafe zusammengetrieben wurden. Wir trafen die üblichen Vorsichtsmaßnahmen, standen abwechselnd Wache, obwohl wir auf dem Marsch unsere Augen offen gehalten und keine Spur von einem Soldaten entdeckt hatten. Dennoch wollten wir kein Risiko eingehen.

Das Wetter war nicht sonderlich schlecht, Schauer, Wind und Sonne wechselten sich ab. Da es Anfang September war, wurde es nachts kalt in den Bergen, aber unsere Schlafsäcke waren warm, und bei dem Essen, das wir mitgebracht hatten, waren wir einigermaßen zufrieden. Ich hätte einen schönen, heißen, dampfenden Rindfleischeintopf am Abend vorgezogen, aber die kalten Pasteten waren mit Sicherheit besser als kalter, schuppiger Fisch.

In den nächsten drei Tagen führte uns der Weg in einer Zickzacklinie nach oben in die Brecon Beacons, immer mit aufmerksamen Blicken, ob Soldaten uns nicht schon suchten. Wir wußten nicht, ob sie uns folgten oder vielleicht vor uns waren, deswegen konnten wir uns keine Entspannung leisten.

Alle paar Stunden entdeckten wir eine Erhebung, dann stieg Don allein auf einen erhöhten Punkt und suchte mit dem Fernglas die ganze Gegend ab. Wir waren auch so vorsichtig, zwei Bergflüsse zu nutzen; wir gingen ein paar hundert Meter direkt an ihnen entlang, falls Soldaten mit Spürhunden uns folgen sollten.

Um möglichen Verfolgern ihre Aufgabe noch zu erschweren, überquerten wir eine Straße nie an der Stelle, an der wir auf sie trafen, sondern wir gingen etwa zweihundert Meter an ihr entlang, bis wir auf die andere Seite wechselten.

Wenn wir Schafherden trafen, liefen wir ein paar hundert Meter mit ihnen. Zuerst gingen die Tiere automatisch davon aus, daß wir Heu dabeihatten, aber wenn sie dann merkten, daß es bei uns nichts zu holen gab, zogen sie allein ihres Weges. Das war in doppelter Hinsicht eine Hilfe. Es erschwerte potentiellen Spurensuchern, uns zu folgen, und auch für Spürhunde wurde es schwieriger, denn der Geruch von Schafen lenkte sie von unserem ab.

Langsam dachten wir, der Hauptfeldwebel hätte uns reingelegt. Wir hatten keinen Verfolger gesehen und glaubten, er hätte das nur gesagt, damit wir auf der Hut blieben und härter und länger marschierten, als wir es sonst getan hätten. Dann, am vierten Tag, ging Don auf eine weitere Erkundungstour und kam viel schneller als sonst zurück. »Vier Männer sind etwa eineinhalb Meilen hinter uns. Ich bin absolut sicher, daß sie losgeschickt wurden, um uns zu suchen. Gehen wir.«

Er entschied, daß wir die beste Chance zum Entkommen hatten, wenn wir uns um 180 Grad in einem weiten Bogen drehten und hinter ihnen auftauchten. Für diesen Marsch brauchten wir eine gute Stunde, und wir legten dabei einige Meilen zurück, obwohl wir die ganze Zeit vorsichtig bleiben mußten. Als wir ihre Spur entdeckten, waren die vier Männer nicht mehr zu sehen, aber Don schlug vor, in ihre Fußspuren zu treten; wenn sie es wirklich schafften, unserem 180-Grad-Bogen zu folgen, konnten sie nicht sicher sein, ob sie immer noch auf unserer Fährte waren.

Nachdem wir ihnen etwa eine halbe Meile gefolgt waren, stießen wir auf eine Schotterstraße, und die benutzten wir über vier oder fünf Meilen, dabei liefen wir etwa eine Meile, dann gingen wir wieder eine Meile usw. Wir hofften, sie von der Fährte abgelenkt zu haben.

Wir hatten keine Hubschrauber gesehen und waren überzeugt, daß die Verfolger keine Ahnung hatten, wo wir steckten. Wenn sie uns fanden, dann durch reinen Zufall. Don schlug vor, wir sollten versuchen, die andere Seite von Brecon Beacons zu erreichen, bevor die sieben Tage um waren, denn er hatte eine Idee, wo wir die folgenden zwei Wochen verbringen könnten. Er war ziemlich überzeugt, daß wir jetzt vor unseren Verfolgern sicher waren und daß die Einheit, die hinter uns her war, vermutlich noch in der entgegengesetzten Richtung suchte. Um das zu feiern, sagte er, würden wir am nächsten Tag die erste warme

Mahlzeit bekommen, seit wir vor einer Woche das Lager verlassen hatten. »Wir grillen«, tat er kund. Wir guckten ein wenig überrascht und fragten uns, woher er Steaks und Würstchen nehmen wollte.

JR meinte: »Ich kann hier draußen keine Würstchen sehen.«

Don antwortete: »Hier treiben sich doch genug Schafe rum, oder etwa nicht?«

Keiner von uns hatte je ein Schaf geschlachtet, und wir hatten keine Ahnung, wie man ihm das Fell abzog. Es schien nicht gerade eine glänzende Idee zu sein, aber wir hofften, daß Don nicht nur ein guter Jäger, sondern auch ein geschickter Küchenchef war.

Am folgenden Abend schlugen wir unser Lager am Rande eines Feldes auf, meilenweit entfernt von Häusern und Landstraßen. Don verschwand, um ein geeignetes Lamm zu suchen. Er nahm JR und mich mit. Benny blieb zurück, um ein Feuer in Gang zu bringen.

Zunächst versuchte Don, sich an ein Lamm heranzupirschen, um ihm die Kehle durchzuschneiden. Doch anscheinend wußten die Schafe, was er vorhatte. Sie ließen ihn auf ein paar Schritte herankommen, dann rannten sie weg und führten ihn in fröhlichem Tanz über das Feld. Zwanzig Minuten gelang es ihm nicht, eins zu fangen, und langsam wurde er stocksauer. Er fühlte sich uns gegenüber wie ein Trottel – ein geachteter, gut ausgebildeter, professioneller, erfahrener SAS-Offizier und unfähig, ein wehrloses Schaf zu fangen.

Als er von der wilden Jagerei genug hatte, beschloß Don, die Posse zu beenden. Er legte ein Magazin in sein Gewehr und sagte laut: »In Ordnung, ihr kleinen Mistviecher. Ich zeig' euch, was es heißt, einem Wüstenhelden den Schneid abzukaufen.« Er schoß aus kürzester Entfernung und erwischte sechs von ihnen, während die anderen auseinanderstoben.

JR und ich sahen einander sprachlos an. So etwas hatten wir noch nicht gesehen. Ich dachte: »Den möchte ich in einer Kneipe nicht verärgern.«

Als der Schock über das Erschießen vorbei war, brachen wir in Gelächter aus, auch Don. Ihm war klar, daß er zu weit gegangen war, und ich hielt ihn schon für ein bißchen bescheuert, daß er so auf Schafe reagierte. Ich fragte mich, wie er wohl reagieren würde, wenn ihm ein Feind den Schneid abzukaufen versuchte.

Wir sahen uns um, um zu prüfen, ob jemand die Schüsse gehört hatte, dann guckten wir uns die Schafe an und versuchten eins herauszusuchen, das nicht von Kugeln durchsiebt war. Wir hatten Glück: Eins von ihnen hatte nur einen Schuß abbekommen, direkt in den Kopf. Wir zogen die anderen fünf an den Feldrand, warfen sie in einen Graben und bedeckten sie mit Zweigen.

Wir nahmen unser Schaf mit zum Lager, hängten es mit den Hinterbeinen an einen Ast und trennten ihm den Kopf ab, damit das Blut ablief. Als das Tier nicht mehr blutete, zog Don ihm mit dem Messer das Fell ab. Vermutlich hatte er das schon mal gemacht, denn die ganze Angelegenheit dauerte nur eine Viertelstunde und wirkte sehr professionell.

Den größten Teil warfen wir weg, grillten nur die Beine an Spießen über dem Feuer. Es dauerte über zwei Stunden, bis sie richtig durch waren, dann griff sich jeder von uns ein Bein und hielt es direkt über das Feuer wie einen Spießbraten. Die meiste Zeit lachten wir über die ganze Geschichte. In den vergangenen vier Tagen hatten wir nicht viel zu lachen gehabt, und diese Episode trug dazu bei, die Atmosphäre aufzulockern. Das Schaf schmeckte phantastisch. Bis dahin war uns gar nicht bewußt geworden, wie groß unser Hunger war.

Ich fragte Don, wie er die fehlende Munition erklären wolle.

»Nie was von SPUSA gehört?« fragte er.

»Nein«, sagte ich, »was heißt das?«

»Saubere Planung unterbindet saudumme Ausführung«, sagte er langsam und betonte jeden Anfangsbuchstaben.

»Aha.«

»Und noch was«, fügte er hinzu. »Ich habe immer zusätzliche Munition bei mir. Merk dir das. Man weiß nie, wann man sie mal braucht.«

Nachdem wir das Essen verschlungen hatten, fühlten wir uns besser, erleichtert und zufrieden. Das Feuer brannte noch, und zum erstenmal seit unserem Aufbruch redeten wir ungezwungen miteinander. Wir erzählten von unserem bisherigen Leben, von unseren Familien, und Don nutzte die Gelegenheit, um uns zu beschreiben, wie er da unten in Oman Asiaten umgebracht hatte. »Kein großer Unterschied zu den Schafen«, sagte er und lachte.

Ich konnte mir nicht vorstellen, wie es sein würde, einen Menschen umzubringen oder auch nur ein Tier, und dann auf diese Weise. Ich hatte vor Lachen fast in die Hose gemacht, als Don sein Maschinengewehr nahm und das Feuer auf die Schafherde eröffnete, aber das Lachen verging mir, als mir bewußt wurde, daß ich solche Dinge eines Tages auch tun mußte. Ich dachte jedoch nicht weiter darüber nach, denn wir gingen nach Ulster, nicht nach Nahost, und in Irland gab es keine Asiaten.

Als wir früh am nächsten Morgen Wasser für unseren Kaffee kochten, gab Don bekannt, daß wir nach Milford Haven, dem Hafen an der walisischen Küste, gehen würden. »Scheiße«, dachte ich. »Das sind noch mehr als hundert Meilen. Dafür brauchen wir vier oder fünf Tage.«

Er erzählte uns, daß er dort eine Ecke kannte, wo wir uns friedlich für zwei Wochen eingraben konnten, um uns auszuruhen und das Leben zu genießen. Wir hatten überlegt, wie wir wohl drei Wochen ohne Proviant durchkommen sollten. Wir sollten ja im Freien leben, aber ob man von uns erwartete, daß wir uns die ganze Zeit von Insekten, Vögeln und Grünzeug ernährten? Dons Vorschlag, unsere Postsparbücher mitzunehmen, hatte sinnvoll geklungen, auch wenn es bedeutete, daß wir eigenes Geld ausgaben. Auf unserem Siebentagetreck hatten wir außer Schafen kaum etwas gesehen, was hungrige Männer glücklich machen konnte.

Doch wir hatten nicht mit Dons Initiative gerechnet.

»Scheiß aufs Marschieren«, sagte er nach einer Stunde auf der Straße. »Es wird Zeit, daß wir die Dinge ein bißchen leichter nehmen. Wir trampen.«

Wir sahen uns an. Wir wandten ein, das sei gegen die Regeln, aber wer sollte etwas sagen? Don hatte das Kommando.

Während wir auf ein Auto warteten, sagte Don: »Ich geb' euch mal einen Rat. Man lebt nicht im Freien, wenn es nicht nötig ist. Man marschiert nicht meilenweit, wenn man fahren kann. Man marschiert nur, wenn es unumgänglich ist.«

Weil wir Uniform trugen, hielten die Leute gern an, aber wir wollten nur mitfahren, wenn Platz für alle war. Alles in allem brauchten wir für die Fahrt etwa zwölf Stunden, und wir fuhren in acht verschiedenen Wagen. Es war wunderbar, mit 60 Meilen die Stunde zu fahren und die Landschaft vorbeiziehen zu sehen, viel besser, als unser Gepäck Stunde um Stunde über Stock und Stein zu schleppen.

Schließlich kamen wir abends gegen neun in einem Transporter in Milford Haven an. Wir bedankten uns bei dem Fahrer und gingen zu einem Haus außerhalb der Stadt, wo wir, wie Don sagte, in einem gewissen Komfort leben konnten. Eine Stunde später erreichten wir ein kleines, altes, alleinstehendes Landhaus, das wenige hundert Meter von der Straße entfernt an einem winzigen Pfad lag.

»Sieht nach stinkfeinem Luxus aus«, kommentierte JR.

Das Haus bestand aus einem großen Zimmer mit angeschlossener Küche und einer kleinen Eingangshalle, von der aus die Treppe nach oben zu zwei Schlafzimmern und einem Bad führte. In einem Schlafzimmer stand ein Doppelbett, das sich JR und Benny teilten, ich schlief in einem der Etagenbetten, Don in dem anderen. Nach sieben Nächten unter freiem Himmel war das hier ein Nobelhotel.

Es war klar, daß Don schon mal hiergewesen war. Wir nahmen alle ein heißes Bad, das erste seit einer Woche, rasierten uns und brachten uns ganz allgemein in Ordnung. Dann schliefen wir acht Stunden tief und fest, und keiner

stand Wache. Wir waren jetzt in Sicherheit, die Eingangstür war zugeschlossen und verriegelt.

Wir packten Waffen und Munition in Plastikbeutel und
vergruben sie im Garten hinter dem Haus an einem Ort,
der ursprünglich mal ein Vorratsschuppen gewesen sein
mußte. Obendrauf schaufelten wir noch Kompost. Unserer Meinung nach waren sie sicher genug vor zufällig vor-
beilaufenden Passanten versteckt.

Langsam vermutete ich, daß jemand wußte, daß wir uns
hier aufhalten würden, denn in Kühlschrank und Speise-
kammer fanden sich genügend Lebensmittel für eine
große Familie auf zweiwöchigem Urlaub. Das konnte kein
Zufall sein. Später fragten wir Don, ob das Häuschen extra
ausgestattet worden war, weil wir in Ulster lange Zeit unter freiem Himmel leben würden. Und ob dieses eine Art
Urlaub sein sollte, in dem wir zusammen lebten, aßen,
schliefen und entspannten, um einander besser kennenzu-
lernen.

Er antwortete: »Glaubt ihr etwa, der SAS würde uns
drei Wochen im Freien leben lassen und uns dann direkt
nach Ulster abkommandieren, wo man doch weiß, welche
Bedingungen uns dort erwarten?« Das klang sinnvoll.

Am nächsten Tag gingen wir als erstes in einen nahe gelegenen Waschsalon, um unsere Sachen zu reinigen. In den
zwei Wochen darauf fuhren wir an den meisten Tagen in
das etwa fünf Meilen entfernte Haverfordwest. Wir suchten uns die besten Kneipen, gingen in Discos, aßen gut und
hofften, einsame, gutaussehende Mädchen zu treffen. Tatsächlich hatten wir alle Erfolg.

Eines Abends beschlossen wir, in unserem Häuschen
eine Party steigen zu lassen. Wir luden einige Mädchen
ein, die wir inzwischen kennengelernt hatten, dazu ihre
Brüder und deren Freundinnen. Für ungefähr sechzehn
Leute wurde das ein riesiger Abend mit reichlich zu essen
und zu trinken, und alle tobten durch das ganze Haus. Es
ging fast die ganze Nacht hoch her. Die anderen glaubten
wohl, wir seien vier junge Männer auf Urlaub. Die Mädchen gaben uns ihre Adressen, und wir versprachen, in

Kontakt zu bleiben. Das kam natürlich gar nicht in Frage, aber wir hofften, sie hatten ihren Spaß gehabt.

Als wir nach Hereford zurückkehrten – den größten Teil der Strecke waren wir getrampt – , waren wir vier richtig gute Kumpel geworden. Wir hatten uns wirklich kennengelernt und akzeptierten Dons Autorität bereitwillig. Er war von Natur aus eine Führungspersönlichkeit, aber nie autoritär. Deswegen respektierten wir ihn, und es machte die Beziehung zwischen uns einfacher und angenehmer.

Als wir beim Hauptfeldwebel hereinmarschierten, sagte der mit einem Augenzwinkern: »Wie ich sehe, haben Sie wirklich im Freien gelebt.« Er wußte genau Bescheid. Und hatte vermutlich auch genaue Vorstellungen davon, wie die nächsten zwölf Monate aussehen würden, aber dazu sagte er nichts.

KAPITEL 5

In Zivilkleidung wurden wir zwei Tage später mit einem Landrover nach Liverpool gefahren, wo wir die Fähre nach Belfast nahmen. Die nächtliche Überfahrt hätte nicht schlimmer sein können. Bei orkanartigem Wind krachten die Wellen gegen das Schiff, und die Hälfte der Passagiere war fast die ganze Zeit seekrank. Unser Empfang in Nordirland hätte nicht unfreundlicher sein können.

Belfast wirkte trist, grau und naß. Die naiven Vorstellungen, die ich vom SAS-Dienst in Sonne und Sand eines nahöstlichen Landes gehabt hatte, verflogen im feuchten Nebel von Belfast, als wir bei dichtem Regen die Fähre verließen.

Vor der Abreise aus Hereford hatte uns ein Major mit Informationen versorgt. Er gab uns zuerst einen zusammengefaßten historischen Überblick über die politischen Auseinandersetzungen der vergangenen Jahre, und dann erklärte er ausführlicher, was in den letzten paar Monaten in Nordirland geschehen war. An der Wand hing eine große Irlandkarte. Unterschiedliche Farben kennzeichneten die katholischen, protestantischen und gemischten Gebiete in Belfast und Londonderry und zeigten die sechs Grafschaften mit ihren relevanten religiösen und politischen Bereichen.

Er berichtete von der Entscheidung der britischen Regierung unter Premierminister Edward Heath Ende Juli 1971, die Rolle der Armee in der Provinz Nordirland grundlegend zu verändern – aus einer nicht aktiven, defensiven Armee wurde eine aktive.

Während der letzten Monate war die IRA viel aktiver geworden, hatte an Glaubwürdigkeit und Kontrolle in den katholischen Gebieten gewonnen und sich als Beschützer der belagerten katholischen Minderheit erwiesen. Der Major sagte, daß der 23. Juli 1971, ein Freitag, der Wendepunkt in der Regierungspolitik im Umgang mit der IRA gewesen sei. Britische Streitkräfte in der Provinz hatten den Befehl bekommen, in die Offensive zu gehen, statt die passive Taktik beizubehalten, der sie seit Beginn der Unruhen 1969 gefolgt waren. An jenem Tag hatten 1800 britische Soldaten, unterstützt von Hunderten von Polizisten, Belfast, Londonderry und acht Städte in der Provinz förmlich überrollt, sie hatten die Häuser von bekannten IRA-Mitgliedern und Sympathisanten durchsucht und nach aktiven Unruhestiftern gefahndet.

Innenminister Reginald Maudling gab bekannt, daß jetzt 10 000 britische Soldaten in Nordirland stationiert seien, und erklärte an diesem Tag vor dem Unterhaus: »Der Einsatz der Armee in Nordirland an diesem Morgen markiert den Beginn einer neuen Phase im Kampf gegen die IRA. Es ist unsere Pflicht, nicht nur Chaos und Gewalt einzudämmen, sondern auch die verantwortlichen Männer und Organisationen ausfindig zu machen. In dieser neuen Phase werden die Sicherheitskräfte mit Nachdruck handeln.«

Doch auf die neue Taktik der Armee gab es eine schnelle, verheerende Antwort der IRA, die ihre Macht verdeutlichte, die katholische Minderheit zu elektrisieren und zum Handeln zu treiben. Innerhalb von Tagen gingen

Zehntausende von Anhängern und Sympathisanten der IRA auf die Straße und demonstrierten mit den gewalttätigsten Krawallen, die die Armee je erlebt hatte, gegen die britischen Truppen.

In den folgenden Wochen eskalierten die Angriffe auf Armeepatrouillen auf alarmierende Weise; dabei wurden Benzin- und Nagelbomben geworfen. Bombenexplosionen jagten auch Ziele in Belfast und Londonderry in die Luft.

Der Offizier erklärte, daß die beiden Flügel der IRA, der eher politisch agierende »offizielle« und der kompromißlose »provisorische«, offenbar ihren Streit begraben hatten und zusammenarbeiteten. Beide Flügel hatten Ende Juli eine gemeinsame Erklärung abgegeben, in der es hieß, die IRA werde ihren Feldzug mit Mord, Sabotage und Terror noch stärker führen in dem Bemühen, die militärischen Ziele zu erreichen, und in der Entschlossenheit, die Abschaffung von Stormont, dem nordirischen Parlament, voranzutreiben.

Auch die Auswirkungen der höchst umstrittenen Internierungspolitik in der Provinz wurden uns erklärt.

Der Major erläuterte uns, wie die Internierung am Montag, dem 9. August, nach einem chaotischen Wochenende eingeführt worden war. IRA-Schützen mit Megaphonen waren durch protestantische Gebiete in Ardoyne gefahren und hatten Familien aufgefordert: »Verlaßt eure Häuser, sonst treiben wir euch mit Feuer raus.«

Diese Schocktaktik hatte zur Folge, daß Hunderte von Familien voller Angst ihre Häuser verließen und Schutz in Polizeiwachen suchten; andere fanden Zuflucht in Schulen, die von Polizei und Armeepatrouillen bewacht wurden. Einige Protestanten, die sich den Drohungen und Einschüchterungen der IRA ausgesetzt sahen, waren wirklich von tiefster Furcht ergriffen.

Am Montag, dem 9. August, hatten Polizisten, unterstützt von Soldaten, vor der Morgendämmerung Hunderte von Häusern in Belfast und Londonderry gestürmt, sie hatten dreihundert IRA-Verdächtige und Sympathisanten festgenommen, dazu hatten sie umfassende neue Machtbefugnisse vom nordirischen Parlament erhalten, das britische Kabinett war informiert worden und hatte zugestimmt.

Bei der Bekanntgabe der neuen Internierungspolitik hatte der nordirische Premierminister Brian Faulkner gesagt: »Wir befinden uns ganz einfach im Krieg mit den Terroristen. Jetzt handeln wir, um den Schatten der Angst zu vertreiben, der über zu vielen Menschen schwebt.«

Während seiner Rede holten mehr als zweihundert protestantische Familien all ihr Hab und Gut aus ihren Häusern und zündeten sie dann an, um sie unbewohnbar für katholische Familien zu machen.

An dem Tag fand die erste größere Schießerei zwischen den Religionsgruppen in Coalisland statt, als sich hundert katholische Schützen ein Feuergefecht mit sechzig Protestanten lieferten.

Seit der Internierung, erklärte uns der Offizier, war das Maß an Gewalt, vor allem gegen britische Soldaten, alarmierend gestiegen, und jetzt waren verschiedene Taktiken notwendig, um die IRA zu destabilisieren und ihre Moral zu brechen. »Darum werden Sie nach Nordirland geschickt.«

Achtundvierzig Stunden nach der Massenverhaftung von IRA-Verdächtigen gab Stormont die Folge der Internierungspolitik bekannt; es hieß, siebzig Prozent der gesuchten Verdächtigen seien festgenommen und interniert worden, darunter ein hoher Anteil der IRA-Führungskräfte.

Für die Einführung der Internierung mußte jedoch ein hoher Preis gezahlt werden. Die IRA hatte diese Politik zwar vorausgesehen, dennoch wurde die große Mehrheit ihrer Führungspersönlichkeiten aus dem Verkehr gezogen. In den ersten achtundvierzig Stunden nach der Festnahme von Verdächtigen und Anhängern verloren zweiundzwanzig Menschen in der Provinz bei Bombenanschlägen und Schießereien ihr Leben.

Dann bekamen wir bestimmte Informationen, die wir

erst nach und nach verstanden. Der Major berichtete von Instruktionen, die Brigadekommandeur Marston Tickell, Chief of Staff Northern Ireland Command HQ (Oberkommandierender im Nordirland-Hauptquartier), vor kurzem weitergeleitet hatte. Danach vermuteten die Nachrichtendienste, daß nach der Internierung fliegende Kolonnen von Schützen und Aktivisten der IRA aus dem Süden den Norden infiltrierten, um weiterhin politischen Druck auszuüben und das Maß an Gewalt und Terror noch zu steigern.

Tickell sagte: »Um diese fliegenden Kolonnen zu stoppen, wollen wir einen großen Teil der britischen Armeeaktivitäten in Grenzgebiete verlegen. Britische Soldaten werden in nicht markierte Grenzbereiche abkommandiert, um dort aufzupassen.« Er gab auch eine Warnung weiter, die er von der Staatssicherheitspolizei erhalten hatte. Danach plante die IRA einen aufsehenerregenden politischen Akt; sie wollte eine kleine Grenzstadt einnehmen und das als großen Sieg herausstellen.

Unser Offizier fügte hinzu: »Sie und die anderen britischen Soldaten befinden sich in einem Zermürbungskrieg gegen diese Terroristen, die inzwischen über automatische Waffen und Revolver verfügen. Sie haben auch Kenntnisse zur Herstellung von Plastikbomben, und sie verteilen sie über die gesamte Provinz. Ich kann Ihnen jetzt schon sagen, daß Ihre Mission kein Picknick wird.«

Um unsere Informationen zu aktualisieren, erläuterte der Major, was in den vier Wochen seit der Internierung passiert war. Zweitausend Familien, rund zehntausend Männer, Frauen und Kinder, waren gezwungen worden, ihr Zuhause zu verlassen; die meisten Wohnviertel von Belfast waren zu konfessionellen Gettos geworden; zwischen den Konfessionen hatten zahlreiche Feuergefechte stattgefunden; tägliche Bombenanschläge zermürbten die breite Öffentlichkeit. Folglich, sagte er, hatten Angst und Verunsicherung in der gesamten Provinz immer schneller um sich gegriffen.

Wir wurden wegen der Grenzaktionen auch über die politischen Probleme informiert, die in der Gegend entstanden waren, in der wir operieren sollten.

Der Offizier berichtete von Treffen zwischen Premierminister Edward Heath und dem irischen Premierminister Jack Lynch. Dabei hatte Heath verlangt, daß Polizei und Armee der Irischen Republik mehr unternehmen sollten, um den Waffen- und Menschenschmuggel über die Grenze in den Norden zu unterbinden. Lynch hatte vorgeschlagen, UN-Truppen an der Grenze patrouillieren zu lassen, aber damit hatte er nicht die Zustimmung Heaths gefunden.

Wir bekamen keinerlei Hinweise auf unsere möglichen Aufgaben in Ulster. Wahrscheinlich hatte der Major selbst nicht die leiseste Ahnung von den Geheimoperationen, an denen wir beteiligt sein würden. Diese Anweisungen würden wir nach unserer Ankunft in Irland bekommen. Zuständig war die 39. Brigade Headquarters, also das Hauptquartier in der Thiepval Kaserne in Lisburn.

Wir hatten viel Stoff zum Nachdenken. Jetzt waren wir einsatzbereit.

In den Kneipen und Restaurants von Belfast redete man im Oktober 1971 immer noch von dem Bombenanschlag auf den »Four Steps Inn« in der Shankill Road. Dabei waren zwei Leute ums Leben gekommen und fünfundzwanzig schwer verletzt worden. Kneipen ins Visier zu nehmen, das war neu in der IRA-Taktik. An dem Abend waren Hunderte von Fans des Linfield Football Club in der Kneipe versammelt gewesen, nachdem ihre Mannschaft im Windsor Park beim Europapokalspiel ein Unentschieden gegen Standard Lüttich erreicht hatte. Wie ein Polizeisprecher damals sagte: »Hunderte von Menschen hielten sich zu der Zeit rund um die Kneipe auf. Es ist ein Wunder, daß nicht mehr Leute ums Leben gekommen sind.«

Am Hafen von Belfast holte uns ein Fahrer des Royal Transport Corps mit einem Landrover ab und fuhr uns mit unserem Gepäck zu den Sydenham Docks, wo das

Gefängnisschiff HMS Maidstone vor Anker lag. Die Wachen winkten uns durch das Tor, und der Landrover fuhr zu einem sandfarbenen Wohncontainer, in dem wir in den nächsten Wochen leben sollten.

Wir stellten erfreut fest, daß in einer Ecke ein Fernsehapparat stand. Es gab zwei Etagenbetten an zwei Seiten, einen Schreibtisch, vier Stühle, einen Propangaskocher, einen großen Kleiderschrank aus Holz und an einem Ende einen winzigen Raum mit nur einem Waschbecken, Dusche und Klo. Mitten auf dem Schreibtisch stand ein modernes, graues Telefon, über das wir unsere Instruktionen aus dem Hauptquartier in Lisburn bekommen würden. An den Fenstern hingen dünne grüne Baumwollvorhänge, die aber eher wie Säcke aussahen.

Wir waren erst einige Minuten im Container, als Don sagte: »Macht es euch nicht zu bequem. Hier bleiben wir nicht lange.«

»Wie meinst du das?« fragte einer.

»Paß auf«, sagte Don, »das da drüben ist das Haupttor, nicht einmal fünfzig Meter entfernt. Jeder Blödmann könnte bis zum Tor fahren und einfach losballern.« Wir lernten dazu.

Wir beschlossen, in der REME-Kantine am Ende eines großen Schuppens, etwa fünfzig Meter entfernt, zu essen. Das Essen war gut und weit besser, als wir es in unserem Container selbst zustande gebracht hätten.

Die REME-Jungs kommentierten bissig, daß das Essen so gut war, weil die Köche Stunden damit verbrachten, wirklich schmackhafte Mahlzeiten zuzubereiten, damit sie keine Zeit hatten, mit den anderen auf Straßenpatrouille zu gehen. Es funktionierte: Die Verpflegung war gut, und sie mußten nicht auf die Straße.

Zwei Stunden später kam ein Einsatzauto – ein normal aussehender blauer Morris Marina mit nordirischem Nummernschild und einem Soldaten vom Ulster Defence Regiment in Zivil als Fahrer –, um uns vier zum Hauptquartier nach Lisburn zu bringen.

Wir waren in Zivil, trugen Jacken über den Jeans, um

die im Hosenbund steckenden 9-mm-Brownings zu verbergen. Das waren die einzigen Waffen, die wir mitgebracht hatten. In den nächsten zwölf Monaten waren sie immer dabei.

»Ich komm' mir vor wie James Bond«, witzelte JR auf der Fahrt zum Hauptquartier der 39. Brigade. Die anderen schwiegen.

Wir wurden durch das Haupttor gewinkt und hielten vor dem Hauptquartier, das von bewaffneten Soldaten des Ulster Defence Regiment bewacht wurde. »Ihr werdet mit Brigadekommandant Kitson der 39. Infantry Brigade zusammenkommen«, sagte man uns. »Er möchte vielleicht ein paar Worte mit euch wechseln.«

Wir hatten viel von dem legendären Brigadekommandanten Frank Kitson gehört, der in Kenia, Malaya und Zypern gedient hatte. Während seiner zwei Jahre in Kenia in den Fünfzigern hatte sich sein Name in der gesamten Armee herumgesprochen. Grund war seine radikale Methode, gefangengenommene Terroristen »umzudrehen« und sie als »Kontrabanden« gegen die gefürchteten Mau-Mau einzusetzen.

Man ging davon aus, daß Brigadekommandant Kitson, der zweimal mit höchsten militärischen Orden ausgezeichnet worden war, das 39th Infantry Regiment übernommen hatte, weil er ein anerkannter Fachmann für Gegenrebellion war. Kitsons berufliches Merkmal war seine Methode, Feldoperationen und Geheimdiensterkenntnisse als eine untrennbare Einheit zu betrachten. Er versuchte, einige seiner Kenia-Erfahrungen auf Nordirland zu übertragen.

Irgend jemand sagte einmal, daß Kitson unter seiner Mütze wie ein Gauleiter wirkte – mit seinen kalten, starren Augen, seiner blassen, winterlichen Gesichtsfarbe und seiner erstickten Stimme. In den zwei Jahren seines Dienstes in Ulster war Kitson, ein ehrgeiziger, tüchtiger, gründlicher, eigensinniger Mann, zum meistgehaßten und meistgefürchteten militärischen Ziel der IRA geworden.

Vor seiner Abkommandierung nach Ulster hatte Kitson ein umstrittenes Buch, Low Intensity Operations (dt.: Im

Vorfeld des Krieges. Abwehr von Subversion und Aufruhr), publiziert, durch das er bei den ganz Linken zur kulthaft verhaßten Figur geworden war. Zu Kitsons Theorien gehörte die Auffassung, einst gebilligt von Premierminister Edward Heath, daß interne Subversion und bürgerliche Anarchie eher die Gefahren der Zukunft seien als ein konventioneller Krieg. In der Folge wurde, vor allem in irisch republikanischen Politkreisen, beträchtliche Mühe darauf verwendet, Kitson als systematischen, rohen Antidemokraten zu karikieren. Dieser Vorwurf war natürlich nicht zu halten, denn Kitson, ein honoriger und sensibler Offizier, war ein Mann, dessen Respekt vor der Demokratie vermutlich tiefer verwurzelt war als bei den meisten seiner Kritiker.

Kitson, der immer leidenschaftlich an die Britische Armee glaubte, erwarb sich unter seinen Offizieren in Ulster bald einen Ruf wegen seiner rücksichtslosen, sogar brutalen Einsätze, die er befahl, wenn er glaubte, sie seien moralisch zu rechtfertigen. Die IRA haßte und fürchtete Brigadekommandant Kitson wegen seiner erfolgreichen Methoden im Kampf gegen sie, denn oft hatte er sie schon außer Gefecht gesetzt, bevor sie zuschlagen konnte.

Als Stabsoffizier in Malaya, Zypern, Kenia und Deutschland hatte Kitson den Respekt und die Zuneigung seiner Männer gewonnen. Manche Offiziere fanden ihn bedrohlich, andere beteten ihn und seine militärischen Tugenden fast an.

Kitson, Sohn eines Admirals, diente zwei Jahre in Ulster, bevor er im Juni 1972 in die herausragende Position des Kommandanten der School of Infantry in Warminster, Wiltshire, berufen wurde. Nächste Stationen waren 1976 Offizier im Generalsrang bei der 2. Armoured Division und 1982 Oberbefehlshaber der Landstreitkräfte des Vereinigten Königreichs. Er wurde zum General befördert und zum Ritter geschlagen. Wegen seines harten Vorgehens gegen die IRA-Schützen stand er auch noch an der Spitze der IRA-Tötungsliste, als er Ulster längst verlassen hatte.

Als wir kamen, war der ranghöchste Armeekommandant General Sir Harry Tuzo, der 1971 zum Offizier im Generalsrang und Einsatzleiter in Nordirland berufen wurde. Als wir im Oktober 1972 Ulster verließen, war er immer noch in dieser Position. Doch wir sollten ihn nie kennenlernen.

Nachdem wir zum Hauptquartier eskortiert worden waren, begrüßte Brigadekommandant Kitson uns persönlich. Er schüttelte jedem die Hand und bat uns dann nach oben in einen Unterrichtssaal, dessen Wände mit Landkarten bedeckt waren.

»Ihre Jungs sind da«, sagte Kitson, als er uns an den Fernmeldeoffizier übergab, der zur Begrüßung hereinkam. »Er wird sich um Sie kümmern«, sagte Kitson und ging. Wir sahen den umstrittenen Brigadekommandanten während unserer Dienstzeit nie wieder, aber wir waren überzeugt, daß er der Verantwortliche für den Zermürbungskrieg war, der seit kurzem gegen die IRA geführt wurde. Kitson wußte, daß die Männer, die diesen Krieg am besten führen konnten, Mitglieder des SAS waren.

An diesem Morgen waren außerdem zwei Männer in Zivil in dem Raum, beide etwa vierzig Jahre alt. Mit Interesse hörten sie sich an, was der Fernmeldeoffizier sagte. Wir glaubten, daß es sich um ranghohe Geheimdienstoffiziere handelte.

Wie bekamen eine Tasse Tee und eine Zigarette, während der Offizier mit uns sprach, aber die meiste Zeit gab er seine Instruktionen an Don weiter.

»Zu diesem Zeitpunkt«, sagte er, »sind drei SAS-Einheiten im aktiven Einsatz draußen, eine in Südirland und zwei patrouillieren an der Grenze. Sie sollen Informationen nach Lisburn durchgeben, dem Geheimdienst Waffen-, Munitions- und Menschenbewegungen der IRA vom Süden über die Grenze in den Norden melden.«

Nach zehn Minuten übergab der Fernmeldeoffizier an den Stabsfeldwebel, der inzwischen den Saal betreten hatte. Ich wußte nicht, zu welcher Einheit er gehörte, denn er trug keine Mütze, sondern nur ein Lederband mit der Krone des Stabsfeldwebels am rechten Handgelenk.

Der Fernmeldeoffizier verließ den Saal, die beiden Männer in Zivil wirkten jetzt entspannter und setzten sich zu uns an den Tisch. Auch der Stabsfeldwebel setzte sich, und jemand brachte frischen Tee.

In der folgenden Stunde instruierten uns die drei abwechselnd, wie wir uns in die SAS-Operationen einfügten. Nach den letzten Geheimdienstberichten, so ihre Information, seien die meisten der höheren IRA-Ränge ausgehoben und in Long Kesh interniert worden, so daß vermutlich nur noch sechzig höhere IRA-Profis in Belfast und Londonderry waren. Sie glaubten, daß der Rest der IRA-Streitkräfte aus unprofessionellen Sympathisanten und ganz jungen Leuten bestand, die kaum wußten, wie man mit einem Gewehr umging.

Uns hatte man geholt, weil wir versuchen sollten, die Situation unter Kontrolle zu bekommen und sicherzustellen, daß die IRA nicht weitere professionelle Schützen und Bombenbauer zusammenzog und ausbildete. Von SAS-Einheiten und anderen Stellen gesammelte Informationen wurden jetzt benutzt, um für eine gewisse Unsicherheit und Nervosität zwischen den beiden Flügeln der IRA, den »Offiziellen« und den »Provisorischen«, zu sorgen.

Der Geheimdienst glaubte, wenn der Druck anhielte, bestünden gute Aussichten, daß die IRA nicht über eine ausreichende Anzahl ausgebildeter Leute verfügte, um das Bombenwerfen und Schießen im Norden fortzusetzen. Und wenn die Gewalt und die Bombenwerferei erst einmal eingedämmt seien, dann hätten die Politiker Gelegenheit, eine Lösung zu erarbeiten.

Er berichtete, daß der SAS schon 1969 beim Ausbruch der Unruhen nach Ulster geholt worden war, aber, so unglaublich es auch klingt, die Einheiten durften in Uniform in die Einsätze gehen, was inzwischen als schwerer Fehler erkannt worden war. Es bedeutete auch, daß die SAS-Gruppen, die in Nordirland gedient hatten, nicht mehr zurückkehren und verdeckt operieren konnten. Damit war, wie er sagte, alles versaut.

Er fuhr fort: »Deshalb werden Sie hier in Nordirland die ganze Zeit in Zivil im Einsatz sein. Lassen Sie die Haare schulterlang wachsen, und tragen Sie vorwiegend Jeans und Pullover. Solange Sie hier im Dienst sind, werden Sie niemals Uniform tragen. Und Sie dürfen unter keinen Umständen irgend etwas tragen, das darauf hinweist, daß Sie zu den bewaffneten Streitkräften gehören, nicht einmal Unterwäsche.«

Er erklärte uns die Spezialaufgabe für unsere Einheit in allen Einzelheiten. »Sie nehmen teil an einer Entführungs- und Mordoperation«, sagte er.

Ich zuckte nicht einmal mit der Wimper. Es überraschte mich nicht. Mein Herz klopfte, aber irgendwie hatte ich geahnt, daß das auf uns zukam, obwohl ich immer noch nicht wußte, was genau man von uns erwartete.

Weiter erklärte er: »Es ist zu hoffen, daß Sie nur in die Arbeit an der Grenze einbezogen werden. Sie bekommen Anweisungen, an einen bestimmten Punkt zu gehen und IRA-Schützen abzufangen, die versuchen, sich vom Süden her einzuschleichen. Wir wissen, daß die IRA augenblicklich möglichst viele junge Schützen und Bombenwerfer ausbildet, und es ist Teil Ihrer Aufgabe, diese Killer daran zu hindern, nach Ulster einzudringen.«

Don fragte: »Und wenn wir sie haben, was machen wir mit ihnen?«

Der Stabsfeldwebel antwortete: »Später bekommen Sie eine Landkarte mit einer Markierung. An der Stelle werden Sie sie los. Alles ist vorbereitet, bevor Sie dort hinkommen. Es wird für alles gesorgt sein. Sie müssen sie nur abliefern.«

»Was genau meinen Sie?« fragte Don. Er wollte wissen, ob er die Worte des Offiziers richtig verstanden hatte.

Ohne auch nur den Versuch zu machen, unsere Rolle zu beschönigen, sagte der Offizier klar und deutlich: »Es wird Ihre Pflicht sein, sie zu töten. Sie werden sie tot übergeben.«

Mein Mund wurde trocken, und meine Hände waren schweißnaß. Ich hatte nicht gedacht, daß wir tatsächlich kaltblütig Leute töten mußten und sie dann bei jemandem abgaben, der sie beseitigte. Ich hatte keine Ahnung, daß dies zu einer SAS-Mission gehörte. Das kam mir unwirklich vor, wie ein böser Traum. Ich konnte mir nicht vorstellen, daß der SAS angefordert wurde, um einfach so Menschen zu töten. Feinde im Krieg zu erschießen, konnte ich verstehen, aber das hier. . .

Ich wußte, daß etwas geschehen mußte mit diesen IRA-Strolchen, daß die blutigen Feldzüge mit Bomben und Schießen um jeden Preis beendet werden mußten. Aber auch um diesen? »Scheiße!« dachte ich.

Der Stabsfeldwebel hatte offenbar begriffen, was wir dachten, denn er fügte mit Nachdruck hinzu: »Wenn Sie irgendwelche Skrupel bei diesem Auftrag haben, vergessen Sie sie. Wenn einer von Ihnen diesen Kerlen in die Finger fallen sollte, dann würden die Sie nicht einfach umbringen. Ihr Sterben würde verdammt viel schlimmer sein als alles, was Sie sich vorstellen können.«

Er war noch nicht am Ende. »Leider operieren wir nicht unabhängig. Für uns ist die Geheimdienstabteilung für gemeinsame Einsätze zuständig, deshalb haben wir auch mit den Spitzeln zu tun, mit der militärischen Aufklärungsgruppe. Das sind IRA-Mitglieder, die es vorziehen, für uns zu arbeiten, statt die nächsten zwanzig Jahre hinter Gittern zu verbringen. Manchmal müssen Sie aufgrund ihrer Informationen handeln, und vergessen Sie nie, daß einige dieser Kerle Doppelagenten sind. Und das kann für alle gefährlich werden.«

Von dem Stabsfeldwebel erfuhren wir auch unser Codewort, »Nemesis«. Er erläuterte: »Sollten Sie verhaftet werden, an eine Straßensperre der Polizei geraten oder von einer Armeepatrouille festgenommen werden, tun Sie, was die Offiziere Ihnen sagen, und verlangen Sie dann, mit ihrem Kommandanten zu sprechen. Ihm sagen Sie dann dieses eine Wort ›Nemesis‹ und bitten ihn, Kontakt zum Hauptquartier der 39. Brigade aufzunehmen und nach dem diensthabenden Geheimdienstoffizier zu fragen. Den Rest erledigen wir. Und nicht vergessen, das Wort lautet ›Nemesis‹.« Und dann buchstabierte er es: »N-E-M-E-S-I-S«.

Zu dem Zeitpunkt wußten wir gar nicht, was das Wort bedeutete. Als ich später im Lexikon nachschlug, mußte ich lächeln. Nemesis war die mythologische griechische Göttin der gerechten Strafe und Vergeltung, oft interpretiert als Urheberin von Strafe und Vergeltung. Ich fand die Kerle ganz schön schlau, so einen Namen zu wählen. Er war perfekt.

Er sagte, das Auto, mit dem wir gekommen seien, würde unseres sein, aber wir müßten es von Zeit zu Zeit wechseln.

»Noch Fragen?« wollte der Stabsfeldwebel wissen.

»Ja«, sagte Don.

»Ich höre.«

»Wir bleiben nicht in dem Wohncontainer in Sydenham. Er ist nicht sicher.«

Don stellte keine Frage, er sprach es direkt aus. Der Stabsfeldwebel und die beiden in Zivil sahen sich an.

»Wir finden eine Lösung«, sagte der Stabsfeldwebel.

Am Ende der Instruktionen hatte er jedoch noch eine gute Nachricht für uns. Für die Dauer unserer Mission wurden wir in den Rang eines Sergeants erhoben, so daß wir einen anständigen Sold bekamen. Wir quittierten das mit einem Lächeln.

JR fragte grinsend: »Kann ich bitte drei Streifen bekommen, ich will sie auf meine Lederjacke nähen.«

Der Stabsfeldwebel antwortete: »Diese Frage will ich nicht gehört haben.« Aber er machte nur Spaß.

Die Instruktion war beendet. »Wollen wir was essen?« fragte Don auf dem Weg zum Auto. Wir nickten.

Beim Essen in einem kleinen Restaurant in Lisburn griffen wir nach einer Zeitung, die auf der Titelseite berichtete, daß das Büro für Öffentlichkeitsarbeit des offiziellen IRA-Flügels eine Erklärung abgegeben hatte. Darin ging es um angebliche SAS-Operationen in Belfast und anderen Teilen Nordirlands. In der Erklärung wurde behauptet, der SAS schiebe unschuldigen Zivilisten Waffen und Munition unter, um die Brutalität der Britischen Armee zu vertuschen.

Achselzuckend sahen wir einander an. Wir wußten nicht, ob es stimmte oder nicht, aber es bedeutete auf jeden Fall, daß wir keine Gnade erwarten konnten, wenn wie je der IRA in die Hände fielen.

Bei unserem lauwarmen Essen in dem Restaurant sagten wir kein Wort zu den Instruktionen oder dem Zeitungsbericht, aber wir konnten es kaum erwarten, wieder an unserem sicheren Standort zu sein, um alles, was an diesem Vormittag passiert war, zu diskutieren. Uns war eigentlich nicht klar, wie die Operation funktionieren sollte, wir hofften aber, daß Don es wußte. Benny stellte die Frage, auf die wir alle eine Antwort haben wollten. »Wie viele Kerle müssen wir umbringen?«

»Kann man nicht sagen«, antwortete Don. »Kann sein, nur einen oder zwei. Oder aber jede Woche einen. Vielleicht noch mehr. Wir wissen es einfach nicht. Und die auch nicht.« Dabei zeigte er mit dem Daumen in Richtung Lisburn.

Und dann: »Also, hört mal zu. Wir werden das nicht an uns persönlich heranlassen. Wir müssen einen Job erledigen. Da können wir uns keine Gefühle leisten. Diese Kerle sind Killer, sie sind entschlossen, euch und mich und möglichst viele Soldaten und Polizisten umzubringen. Es wird unser Job sein, sie loszuwerden, und sonst nichts.«

Bevor wir Lisburn verließen, hatte Don in einem Einzelgespräch erfahren, daß man so schnell wie möglich ein Treffen zwischen uns vier und drei IRA-Informanten arrangieren würde. Wir beschlossen, sie »Smerfs« zu nennen, offiziell hießen sie Militärischer Aufklärungstrupp. Don gefiel der Gedanke nicht, mit ihnen zusammenzuarbeiten, aber wir hatten keine Wahl.

»Wir müssen diese Kerle treffen«, sagte er, »aber es gefällt mir nicht. Wir können und dürfen ihnen nicht trauen. Es darf nie einen Hinweis darauf geben, daß wir SAS sind, denn wir sind das Ziel Nummer eins für die IRA. Wir wissen, daß die IRA eine Scheißangst vor uns hat, aber ·wir können kein Risiko eingehen.« Wir nickten. Ich war erleichtert, daß wir Don als Anführer der Einheit hatten – einen, der herumgekommen war und Bescheid wußte.

An diesem Abend gingen wir gemeinsam etwas trinken. Man hatte uns die protestantischen Gebiete gezeigt, in denen wir ohne Risiko in eine Kneipe gehen konnten. Doch wir wußten, daß sich manchmal auch Protestanten aus unterschiedlichen Gründen gegen uns stellen konnten. Wir wußten, daß wir niemandem vollkommen trauen konnten, denn wir hatten im Fernsehen ein paar protestantische Rowdys gesehen, wie sie, mit britischen Fahnen drapiert, Ziegel und Steine auf patrouillierende britische Soldaten schleuderten. Für uns ergab das keinen Sinn, aber es machte uns bewußt, daß die einzigen, denen wir in Nordirland trauen konnten, wir selbst waren.

Benny fragte Don, wie viele weitere SAS-Einheiten an der Operation beteiligt waren. »Es sind immer nur zwei Einheiten draußen an der Grenze«, erklärte Don.

»Heißt das, daß sie die ganze Zeit im Freien leben?« wollte Benny wissen.

»Nein«, antwortete Don, »es gibt ein Rotationssystem. Zwei Einheiten leben ständig im Freien. Jede einzelne Einheit bleibt einen Monat draußen, kann sich dann zwei Wochen in Belfast in der Palace Kaserne ausruhen.«

Bevor wir ausgingen, mußten wir einen Weg finden, unsere 9-mm-Brownings zu verstecken. Sie in den Hosenbund der Jeans zu stecken, war sinnlos, denn beim Ein- und Aussteigen aus dem Auto konnten sie leicht herunterfallen und entdeckt werden.

Wir entschieden uns für einen Schultergurt. Wir schnitten Schlitze in unsere T-Shirts und Pullover und ließen ein bequemes Loch unter der linken Achselhöhle. So konnten wir unter den T-Shirts einen Gurt tragen, waren aber in der Lage, im Notfall die »Millie« – wie wir die Browning nannten – schnell zu ziehen. Es funktionierte gut, niemand konnte erkennen, daß wir Waffen unter den Lederjacken trugen.

Nach allem, was wir an diesem Tag gehört hatten, brauchten wir etwas zu trinken. Wir waren heiß darauf, unseren Job zu machen, fürchteten uns aber auch vor dem, was wir zu tun hatten. Es war besser, sich zu entspannen, etwas zu trinken und über andere Dinge zu reden.

Während Don noch einmal zum Hauptquartier ging, blieben wir im Container und lasen Zeitung. Die IRA prahlte damit, in den ersten sieben Oktobertagen zwei britische Soldaten getötet und mindestens sechzehn verwundet zu haben. Wir waren überzeugt, daß das Quatsch war.

Benny witzelte herum. »Die können sagen, was sie wollen. Aber wehe, wenn wir loslegen.«

Don kehrte mit einer Aktentasche voller Überraschungen zurück. Als er sie öffnete, sahen wir sechzehn Magazine, Hülsenauswerfer und Schlagbolzen für unsere Brownings, alle auf blauem Samt und alle Teile passend. So etwas hatten wir noch nie im Leben gesehen. Es wirkte eher wie die Ausrüstung für einen Profikiller.

Er erklärte uns, daß alle Teile in der Tasche seit langem als gebrauchsunfähig erklärt und offiziell vernichtet worden seien. Tatsächlich waren sie aus dem Verkehr genommen und absichtlich für Sonderfälle beiseite gelegt worden. Don sagte, wir brauchten Waffen, deren Spur man nicht würde verfolgen können. Alle Browning-Teile waren so präpariert, daß man sie nie als Teile unserer persönlichen Waffen identifizieren würde.

»Paßt auf«, sagte er und guckte nacheinander jeden von uns an, »daß ihr sie nie mit Teilen eurer eigenen Waffen zusammentut.« (Nach etwa vier Monaten trennten wir uns von vier der sechzehn zusätzlichen Teile und warfen sie irgendwo südlich von Larne ins Meer. Wir hatten sie zu oft benutzt.)

Nach einem Tag, den wir faul mit Fernsehen in unserer Unterkunft verbracht hatten, fuhren wir in den nordwestlichen Teil von Belfast, um uns mit den »Smerfs« zu treffen. Bevor wir die Kneipe betraten, zog Don ein Foto aus der

Tasche und sah es sich genau an. Es war offenbar ein Automatenfoto und zeigte eine Frau von Ende zwanzig mit schulterlangem, blondem Haar.

Als wir die Kneipe betraten, sahen wir sie sofort in einer Nische weiter hinten, im ruhigsten Teil, sitzen. Wir bestellten alle ein Bier, und Don ging zu ihr, um zu prüfen, ob sie die richtige Person war. Er gab uns ein Zeichen, rüberzukommen.

Obwohl es eine gemischt protestantisch-katholische Gegend war, fühlte ich mich unbehaglich. Zum ersten Mal in meinem Leben wurde ich hier mit dem Feind konfrontiert, und ich fühlte mich verwundbar, wie ich da saß, ein perfektes Ziel für jeden Schützen. Die Browning unter dem Arm gab mir etwas Sicherheit, während ich überlegte, ob man uns in eine Falle gelockt hatte. Ich sah mich um, prüfte, ob mögliche Schützen herumsaßen, aber ich wußte es nicht. Benny, JR und ich waren nervös, und wir behielten die Türen im Auge, während Don weiter mit der Frau redete. Ich überlegte, daß wir ja alle mit unseren Waffen umzugehen wußten, und wenn jemand versuchen sollte, uns zu erschießen, dann hatten wir eine gute Chance, uns den Weg nach draußen freizukämpfen. Ich versuchte mich zu entspannen, mich lässig zu geben, aber das fiel mir sehr schwer.

Die Frau, die eigentlich wie eine Dreißigerin aussah, hatte blondiertes Haar und eine fahle Gesichtsfarbe. Sie stellte sich als Yvonne vor und sprach mit einem starken, harten Ulster-Akzent. Sie sagte, die beiden anderen würden bald kommen, und so beschlossen wir, uns zu trennen, falls wir in eine Falle geraten waren.

Don und JR blieben bei Yvonne; Benny und ich gingen an die Theke und tranken etwas. Zehn Minuten später kamen zwei Männer herein und gingen direkt auf Yvonne, Don und JR zu. Benny und ich blieben, wo wir waren, deswegen erfuhren wir erst nach unserer Rückkehr gegen zehn Uhr in unserem Container, worüber sie geredet hatten.

Die ganze Stunde, in der sie miteinander sprachen, fühlte ich mich unbehaglich. Viele Leute, die kamen und gingen, schienen sie zu beobachten und mitzuhören, was da in der Ecke vor sich ging. Später erzählte ich das Don, und wir kamen überein, eine Kneipe außerhalb von Belfast als Treffpunkt zu wählen, wenn wir noch einmal mit diesen Informanten zusammenkommen sollten.

Anscheinend hatten die drei über unseren ersten Job diskutiert. Sie präsentierten Fotos von zwei Männern, die angeblich hohe IRA-Offiziere waren, bekannte Killer, die in Belfast immer noch auf freiem Fuß waren. Nach ihrer Auskunft wohnten die beiden in der Nähe der vorwiegend katholischen Gegend Ardoyne.

Don sagte, wir müßten versuchen, sie zu finden, ihre Bewegungen beobachten und prüfen, ob es eine Gelegenheit gab, sie abzufangen, ohne allzuviel Aufmerksamkeit zu erregen.

Als erstes überprüften wir die Kneipe, in der sie nach Auskunft der Informanten herumhingen, und natürlich fanden wir sie, wie sie in aller Ruhe am Sonntagmittag ihr Guinness tranken. Wir überließen sie ihrem Bier, überwachten sie aber während der nächsten zwei Tage. Es war bald zu erkennen, daß sie an den meisten Tagen nichts weiter taten, als mittags und abends in der Kneipe zu essen und zu trinken. Eines Abends, nach der Sperrstunde, folgten wir ihnen, aber als sie nach Ardoyne hineingingen, wußten wir, daß es dumm wäre, an ihnen dranzubleiben, also kehrten wir nach Sydenham zurück.

Jeden Morgen tauchten sie gegen elf Uhr auf, kauften beim Zeitungshändler in der Nähe der Kneipe eine Schachtel Zigaretten, dann gingen sie auf das erste Bier des Tages in die Kneipe. Zu dieser Zeit war kaum jemand da.

Am nächsten Mittwochabend sagte Don: »Ich denke, es ist Zeit, daß wir mit dem Herumscharwenzeln aufhören und die Sache hinter uns bringen. Wir müssen nur noch unter uns klären, wer abdrückt.«

Ich wollte bei der freiwilligen Meldung nicht zweiter sein, deswegen sagte ich ohne nachzudenken: »Ich mach' das.«

»Gut«, sagte er. »Ich glaube, am besten erwischen wir sie am Morgen, wenn sie ihre Lullen kaufen gehen. Wahrscheinlich sind sie ein bißchen verkatert, dann sind ihre Reaktionen langsam.«

An diesem Abend übte ich immer wieder, meine Pistole zu ziehen. Ich lud und entlud sie immer wieder, übte das Ziehen und fragte mich, ob ich nicht doch alles versauen würde. Meine Handflächen waren ständig schweißnaß, bis ich mir selbst befahl, mich in den Griff zu bekommen. Danach übte ich weiter. In der Nacht lag ich wach, wälzte mich im Bett herum und überlegte, was schiefgehen konnte. Ich glaube, ich habe keine Sekunde geschlafen, soviel Angst hatte ich, alles zu verpfuschen.

Am nächsten Morgen war ich immer noch nervös. Ich konnte mich kaum anziehen. Frühstücken wollte ich auch nicht, ich trank nur eine Tasse Kaffee und rauchte eine Zigarette. Ich übte noch ein bißchen und merkte, daß ich vor lauter Zittern die Pistole nicht ruhig halten konnte. Ich fürchtete, daß ich im entscheidenden Augenblick den Finger nicht am Abzug haben würde.

Don klinkte sich aus, um noch ein oder zwei Telefonate zu erledigen. Nach seiner Rückkehr stiegen wir alle ins Auto und fuhren los; JR saß am Steuer. Wir parkten etwa eine halbe Meile von der Kneipe entfernt. Don sagte: »Keine Angst, das funktioniert wie ein Uhrwerk. Das versprech' ich dir.«

Ich sah ihn kurz an, stieg aus und ging allein zum Zeitungsladen. Mein Mund war trocken, meine Hände schweißnaß. Don folgte im Abstand von etwa dreißig Metern, im selben Abstand ging Benny ihm nach. JR blieb im Auto.

Auf dem Weg zum Zeitungsladen sah ich dauernd auf die Uhr, um sicherzugehen, daß ich zum richtigen Zeitpunkt ankam. Dabei hoffte ich inständig, daß die beiden Männer ihren üblichen Zeitplan einhielten. Als ich an der Ecke gegenüber vom Laden ankam, setzte mein Herz einen Schlag lang aus. Ich sah, wie sie wie jeden Tag plaudernd auf das Geschäft zuschlenderten. Sie bemerkten mich nicht einmal.

Als sie den Laden betraten, war ich knapp achtzig Meter

entfernt. Ich ging schneller, weil ich nicht wußte, wie lange sie dort bleiben würden. Ich wollte sie nicht verpassen. Ich hatte den Plan, sie beim Verlassen des Geschäfts umzulegen. Durch die Glastür erkannte ich, daß sie noch bedient wurden, deswegen tat ich so, als ob mich eine Auslage im Schaufenster interessierte. Ich sah mich um, aber es war niemand da.

Als ich ungeduldig wartend dastand, merkte ich, daß ich Gummiknie bekam. Ich dachte, ich würde zusammenbrechen. Mein Herz klopfte, und meine Hände waren heiß und verschwitzt. Ich konnte sie nicht stillhalten. Ich spürte Schweißperlen auf der Stirn, und ich war überzeugt, daß man mir ansah, daß ich gleich jemanden erschießen würde. Für den Bruchteil einer Sekunde verfiel ich Panik und überlegte, ob ich die Sache nicht einfach vergessen und zum Wagen zurückgehen sollte.

Während mir diese Gedanken durch den Kopf schossen, sah ich, wie sich die Ladentür öffnete und die Männer herauskamen. Einer machte sein Zigarettenpäckchen auf. In diesem Moment war meine Panik verflogen. Ich dachte nur noch daran, was ich zu tun hatte, und behielt die Nerven. Jetzt handelte ich, ohne nachzudenken.

Der Abzug war bereits gespannt. Ich griff unter meine Lederjacke, zog die Browning und schoß aus wenigen Schritten Entfernung dem Mann links von mir direkt ins Gesicht. Sofort darauf gab ich zwei Schüsse auf den anderen Kerl ab, einen ins Herz, einen ins Gesicht.

Ich zielte noch einmal auf den ersten und schoß ihm in die Brust, während er langsam zusammensank. Das Türglas klirrte, und aus der Brust des Mannes, auf den ich zuerst gezielt hatte, schoß das Blut und strömte über seinen Körper.

Ich stand einfach so da, versuchte zu begreifen, was ich getan hatte, und überlegte, ob ich nachsehen sollte, ob sie auch wirklich tot waren. Aber ich wußte, daß sie es waren. Plötzlich zog mich jemand am Arm. Es war Don. »Was zum Teufel machst du? Willst du Autogramme geben? Komm!«

Wir gingen sehr schnell, dabei sah Don sich um, als ob er erwartete, daß etwas passierte. Auch ich schaute mich um, hatte Angst, daß Hunderte von Leuten die Schüsse gehört hatten und angerannt kamen. Aber zum Glück war niemand da, die Straßen waren völlig verlassen. Nicht einmal aus dem Laden kam jemand heraus.

Dann sah ich einen dunkelblauen Lieferwagen auf uns zukommen. »Das ist gut«, sagte Don.

Der Wagen fuhr weiter, hielt, zwei Männer stiegen aus und liefen zu den Männern, die ich erschossen hatte. Wir kümmerten uns nicht weiter um sie und gingen zurück zu unserem Auto. JR fuhr ganz langsam los, weil er keine Aufmerksamkeit erregen wollte.

Ich saß hinten und zitterte wie Espenlaub. Aber gleichzeitig war ich auch erleichtert. Ich war so froh und dankbar, daß der Einsatz so glatt verlaufen war. Und ich hatte, entgegen meinen Befürchtungen, nichts versaut.

Auf der Rückfahrt nach Sydenham gingen mir zwei Gedanken immer wieder durch den Kopf. Zum einen, daß es so einfach war, jemanden kaltblütig zu ermorden; zum anderen, wie leicht es für irgendeinen anderen wäre, mich auf dieselbe Weise umzubringen.

Don holte mich zurück in den Gegenwart. Er drehte sich um und sagte lächelnd: »Siehst du, ich hab' dir doch gesagt, daß es pisseinfach ist.« Er machte eine kurze Pause und sagte dann zu allen im Auto: »Solange ihr sie nicht als Menschen seht, läuft alles bestens. Verstanden?« Wir nickten.

Ich fragte ihn, wer die Typen in dem blauen Lieferwagen waren. »Mach dir keine Gedanken. Das war das Reinigungspersonal. Die machen sauber.«

KAPITEL 6

Auf der Rückfahrt zum Quartier sprach keiner ein Wort. Ich sah mir meine Kumpel an, wollte herausfinden, wie sie auf das reagierten, was gerade passiert war. Ich hatte geschossen, aber wir steckten alle mit drin. Es war Teamarbeit gewesen. Ich dachte über meine Tat nach, aber noch mehr beschäftigte mich, wie ich es geschafft hatte, sie auszuführen. Ich hatte keine Schuldgefühle; ich hatte das getan, wofür ich ausgebildet worden war, und diese Männer hätten das gleiche mit mir gemacht, wenn sie auch nur den Hauch einer Chance gehabt hätten. Sie waren vermutlich verantwortlich für den Tod anderer Soldaten, vielleicht auch unschuldiger Zivilisten. Ich redete mir ein, daß sie keine Gnade verdient hatten.

Mein Verstand verarbeitete das Geschehen, und langsam entspannte ich mich auf der rund fünfzehnminütigen Rückfahrt. Ich schob den Anblick der beiden Männer, wie sie da in ihrem Blut vor dem Geschäft lagen, beiseite – ich wollte mich nicht weiter mit ihnen beschäftigen, wollte nicht wissen, ob sie verheiratet waren und Kinder hatten. Ich hoffte, sie waren Junggesellen ohne Anhang. So wurde

137

meine Tat weniger brutal, mein schlechtes Gewissen beruhigt.

»Seht sie nicht als Menschen«, hatte Don gesagt. Ich wußte, daß sein Rat vernünftig war, und ich versuchte ihn auch zu befolgen. Aber es war schwierig. Ich spürte Erleichterung, daß die Morde hinter mir lagen; ich war zuversichtlich, daß ich so etwas nie wieder tun mußte. Jetzt waren die anderen an der Reihe, sich dem Augenblick der Wahrheit zu stellen. Ich hatte meine Aufgabe ausgeführt, wie ich es gelernt hatte, und es war gutgegangen. In zwei Monaten, sagte ich mir, wären wir wieder in England, weg von diesem Scheißplatz, den ich zu hassen begann.

In unserer Unterkunft in Sydenham schaltete Benny den elektrischen Kessel ein, und eine Tasse mit heißem, starkem, süßem Kaffee wirkte wahre Wunder. Seit dem frühen Morgen hatte ich einen merkwürdigen Geschmack im Mund gehabt, und der Kaffee half dagegen. »Eine Partie Rommé gefällig?« fragte Don. Wir nahmen seine Anregung begeistert auf, weil wir wußten, daß er uns von den Ereignissen ablenken wollte.

Beim Spielen hatte ich immer wieder Bilder von den Ereignissen dieses Morgens vor Augen, und ich konnte mich nur schwer auf die Karten konzentrieren. Immer wieder dachte ich an den Gang zum Laden, an meine blankliegenden Nerven, an den Schweiß auf der Stirn und an meine feuchten Hände; ich hatte schreckliche Angst, daß ich nicht abdrücken würde. Dann die Schüsse. Ich versuchte mich an sie zu erinnern, aber die Bilder waren verwischt, als hätte ich auf Automatik umgeschaltet – ich tat, was zu tun war, hatte aber keine Gewalt mehr über mich.

An diesem Tag spielte ich lausig. Ich verlor fast jedesmal, weil meine Gedanken dauernd zu dem Geschehen zurückwanderten, zurück zu meiner Tat. Ich sagte mir immer wieder, daß ich nur meine Pflicht erfüllt hatte. Doch dieser Gedanke konnte die Zweifel in meinem Kopf nicht beiseite schieben.

Die Mittagszeit kam. Die anderen gingen hinüber zur Kantine, aber ich wollte nicht mit. Ich konnte die Vorstellung von Essen einfach nicht ertragen; es drehte mir den Magen um. Natürlich kannte ich den Grund, wollte ihn aber nicht wahrhaben. Ich wußte, daß ich meine schlechten Gefühle bald überwinden würde. Ich hämmerte mir ein, daß ich Soldat war, Mitglied der Elitetruppe SAS, und hier benahm ich mich wie ein jämmerlicher Trottel.

Am Mittwochabend war Disco in Sydenham. Dazu wurden Mädchen aus protestantischen Wohngebieten mit Bussen in den Freizeitblock der REME, der auch als Disco diente, gebracht. Ich freute mich auf den Abend, darauf, ein paar Bierchen zu trinken. Das würde es mir leichter machen, zu vergessen.

Aber das Bier schmeckte nicht an diesem Abend, es machte mich nur hungrig. Ich aß bestimmt acht oder neun Tüten Chips, während ich das Bier in mich hineinzwang. Ich sah mich auf der Tanzfläche um, aber kein Mädchen interessierte mich sonderlich, deswegen ging ich früh zurück in die Unterkunft. Schlaf, dachte ich, würde mir helfen. Das war ein Irrtum. Ich konnte nicht einschlafen. Ich hörte die anderen hereinkommen und geräuschvoll und ein bißchen mitgenommen in ihre Betten klettern. Schließlich döste ich gegen zwei Uhr ein, aber nicht lange.

Eine Stunde später schreckte ich hoch und zitterte am ganzen Körper. Mir brach der kalte Schweiß aus. Ich hatte geträumt, daß wir vier durch die Straßen von Belfast rannten, überall standen Häuser in Flammen, Männer und Frauen liefen in alle Richtungen. Immer wieder schoß ein Heckenschütze auf uns, aber wir wußten nicht, wo er steckte. Wir feuerten blindlings zurück und hofften, alle bewaffneten Männer zu erwischen. Plötzlich renne ich eine Allee mit sehr hohen Ziegelsteinmauern auf beiden Seiten hinunter. Ich bin allein, kein Mensch ist zu sehen. Am Ende der Allee erkenne ich den Laden, vor dem ich die Männer erschossen habe. Dann erlebe ich alles noch einmal, aber diesmal ist es anders. Meine Pistole versagt den Dienst. Verzweifelt versuche ich, sie zu entsichern, dabei ist sie entsichert, aber kein Schuß löst sich. Die beiden Männer sehen mich an und merken, daß ich die Waffe auf sie gerichtet habe und sie erschießen will. Sie erkennen meine mißliche Lage und greifen nach ihren eigenen Waffen. Der Schweiß fließt in Strömen, meine Hände zittern, als mir bewußt wird, daß sie mich gleich umbringen werden. Ich sehe ihre Pistolen, dennoch stehe ich wie angewurzelt da, unfähig, mich umzudrehen und wegzurennen. Irgend etwas läßt mich versteinert und bewegungsunfähig auf der Stelle verharren, und doch glaube ich zu wissen, daß ich gleich sterben werde. Sie halten die Pistolen in der Hand und lachen mich aus, als sie die Waffen entsichern und auf den Abzug drücken. Ich weiß, daß ich jetzt sterbe. In dem Augenblick wachte ich auf.

Das war das erstemal, daß ich diesen Alptraum hatte, aber nicht das letztemal. Jedesmal, wenn ich daraus erwachte, fror, schwitzte und zitterte ich gleichzeitig.

Am Morgen danach war ich entschlossen, das Geschehen hinter mir zu lassen, nicht nur das Töten, auch den Alptraum. Ich fand es einfach blöd, die ganze Sache so dicht an mich herankommen zu lassen. Ich hatte den Vorfall einfach aufgeblasen, und jetzt mußte ich in die Wirklichkeit zurückkehren. Ich warf mir vor, mich wie ein Versager zu benehmen.

Ich merkte auch, daß ich verdammt hungrig war, und verputzte einen ganzen Teller mit Speck, Eiern, Würstchen, Tomaten und geröstetem Brot. Danach aß ich zwei Schalen Cornflakes und trank zwei Becher Tee. Ich fühlte mich besser, fast wieder wie der alte; das Grauen des vergangenen Tages schien zu schwinden.

JR wollte mit mir über die Schüsse reden. Im Wagen zu sitzen und auf die Rückkehr von Don und mir zu warten, sei entsetzlich gewesen, erzählte er; er habe Angst gehabt, daß man uns erschießen würde, daß der Einsatz schiefgehen würde; daß er wartend im Auto saß und IRA-Schützen ihn entdeckten und einstiegen, um ihn zu ermorden. Ich erklärte, es sei dumm gewesen, die Phantasie so mit sich durchgehen zu lassen, aber er wollte jede Einzelheit wissen, die sich vor dem Zeitungsladen abgespielt hatte.

Ich versuchte ihm alles zu erzählen, wie ich mich gefühlt

hatte, als ich auf die beiden Männer vor dem Geschäft wartete. Er stellte haufenweise Fragen, kehrte aber immer
wieder zu der einen zurück. Immer wieder fragte JR: »Wie
ist das, wenn man jemanden tötet?«

Es gab tausend Gründe für mich, ihm das nicht zu erzählen. Ich wußte, eines Tages würde er das gleiche durchma-
chen wie ich, wenn er an der Reihe war, jemanden umzubringen. Wenn er Glück hatte, würde das irgendwo bei
einer Schießerei passieren, vielleicht an der Grenze. Wenn
er weniger Glück hatte, würde er genau wie ich jemanden
eiskalt ermorden müssen. Deshalb ließ ich alle Einzelheiten der eigentlichen Tat aus, stattdessen erzählte ich von
meinen Gefühlen vorher und unmittelbar danach. So,
dachte ich, würde er sich besser mit dem abfinden, was
demnächst wohl jeder von uns würde tun müssen.

Don kam von einer Instruktion aus dem Hauptquartier
zurück und kündigte an, daß wir am nächsten Tag auf eine
Expedition gehen würden. Zunächst hatte er jedoch
Neuigkeiten für uns. Er erklärte, die Einsätze dieser Woche seien keine einmalige Angelegenheit gewesen. Von
Zeit zu Zeit würde man uns mit weiteren beauftragen. Unsere Ziele würden IRA-Schützen sein, die die Staatssicherheitspolizei und andere Nachrichtendienste wie MI 5 iden-
tifiziert hatten. Er informierte uns auch, daß der MI 6, der
für das Ausland zuständige Geheimdienst, einige Zeit in
der Republik Irland tätig gewesen sei; und auch der MI 6
sei dafür zuständig, IRA-Ersatzleute zu identifizieren, die
sich aus der Republik auf den Weg nach Ulster machten.
Alle Befehle würden wir über ihn aus dem Hauptquartier
erhalten, in dem wir nach unserer Ankunft in Belfast unsere ersten Instruktionen erhalten hatten.

Don sagte uns, er habe keine Ahnung, wie viele Schützen wir uns vornehmen müßten; er wußte auch nicht, wie
lange wir in Belfast bleiben würden. »Es ist ein Job, der
erledigt werden muß, und man hat uns diese Aufgabe aufgetragen«, sagte er, »je eher wir diese Arschlöcher los sind,
desto eher können wir nach Hause.«

Zu der Zeit hatten wir das Gefühl, daß der Ärger innerhalb von ein paar Monaten vorbei sein würde. Man hatte uns gesagt, daß es seit der Internierung nur sechzig oder siebzig IRA-Schützen im Norden gab, und mit ihnen würde sich eine unserer Kampfgruppen befassen.

Don informierte uns weiter: »Heute habe ich den Lageplan einer unserer Entsorgungspunkte bekommen. In Zukunft werden wir anders vorgehen als in Belfast. Reinigungspersonal zum Saubermachen wird es nicht mehr geben. Wir müssen die Kerle, die wir umbringen, selbst abtransportieren und beseitigen. Von einem hohen Tier der Brigade hab' ich den Lageplan einer Stelle bekommen, an der wir die Leichen beseitigen. Morgen fahren wir hin und sehen sie uns mal an.«

Bei strömendem Regen machten wir vier uns in unserem blauen Auto auf den Weg, wobei die wenig leistungsfähigen Scheibenwischer das Fahren erschwerten. Die Stelle lag nicht weit entfernt von der Hauptstraße nach Lurgan.

Als wir Belfast verließen, klärte es sich auf, und die Sonne durchbrach stellenweise die Wolken. Ich hatte noch nie gesehen, wie schön Nordirland ist, hatte die Landschaft noch nicht bewundert, die streckenweise so karg wie Brecon Beacons, dann wieder wie das von der Landwirtschaft geprägte Hampshire ist. »Gute Gegend für die Vogelbeobachtung«, dachte ich.

Nachdem wir die Hauptstraße verlassen hatten, überquerten wir eine Steinbrücke über einen schnellfließenden Fluß. Ich blickte auf das wilde Wasser und überlegte, ob hier wohl Flußuferläufer lebten. Ruhig und friedlich und mitten im Land gelegen, war das hier ein idealer Lebensraum für diese Vögel.

Langsam fuhren wir nach Angabe auf der Karte über die Schotterstraße und entdeckten links den auf der Karte markierten Wald. Er bestand vorwiegend aus Laubbäumen, Eichen, Buchen, Ulmen und ein paar Birken. Am Rand standen einige Nadelbäume, aber die meisten waren noch nicht ausgewachsen, nur wenige Fuß hoch. Zwischen der Straße und dem Wald lagen knapp fünfzig Meter Gestrüpp, das gerade von einem Arbeiter beseitigt wurde.

Nach einem weiteren prüfenden Blick auf die Karte sagte Don zu JR: »Fahr da rein, hier ist es. Markierung fünf-drei-vier-eins-sechs-null.« JR fuhr den Wagen vorsichtig von der schmalen Straße herunter auf das Gelände mit dem Gestrüpp. Der Boden war naß und schwer, aber die Sonne schien, die Wolken waren verflogen und hatten einen strahlendblauen Himmel hinterlassen.

Als wir zu dem Arbeiter gingen, hörte ich die Vögel zwitschern, und hoch in den Bäumen krächzten Krähen. Ich schaute nach oben und sah, daß es sich um große, schwarzgraue Nebelkrähen handelte, die einen ziemlichen Lärm machten.

Der Arbeiter stellte seine Maschine ab und kam auf uns zu. Ganz offensichtlich wußte er, daß wir seinetwegen kamen. Wir gaben einander nicht die Hand. Don stellte den Mann vor: »Er ist einer von uns. Er möchte die IRA-Kerle genauso gern beseitigen wie wir. Er gräbt die Löcher, in denen wir den Abschaum der Menschheit loswerden.«

Der Mann wirkte wie ein typischer irischer Landarbeiter, der die meiste Zeit seines Arbeitslebens unter freiem Himmel verbracht hatte. Er mochte etwa dreißig sein, war fast 1,80 m groß und hatte dunkles, welliges, schulterlanges Haar. Seine Wangen waren rot, und er sprach mit starkem nordirischen Akzent.

Ich sah zu der Stelle hinüber, an der der Mann gearbeitet hatte, und entdeckte einen etwa 3,60 m langen, 1,20 breiten und gut 2 m tiefen Graben. Wir gingen hinüber zu diesem Graben, der in knapp 60 m Entfernung parallel zur Straße verlief.

»Guckt ihn euch an«, sagte der Mann, »ich glaube, er entspricht euren Vorstellungen.«

»Wird wohl reichen«, meinte Don. Wir schwiegen.

Ich begriff, daß er uns hier ein Grab zeigte, das groß genug für mehrere Leichen war. Mir drehte sich der Magen um, als mir schlagartig klarwurde, daß man von mir höchstwahrscheinlich weitere Exekutionen erwartete; daß die beiden in Belfast erschossenen Männer nur der Anfang waren. Ich hatte Angst, schon bald wieder an der Reihe zu sein. Ich fragte mich, ob ich dazu fähig sein würde, eine weitere Hinrichtung auszuführen, ob ich genug Mumm in den Knochen hatte.

Auf dem Rückweg zum Auto warf JR mit Steinen.

»Was machst du da?« fragte Don gereizt.

»Ich hab' da drüben gerade eine Ratte gesehen und versuche, sie zu treffen«, antwortete er.

»Laß das«, forderte Don kurz und knapp, »du benimmst dich wie ein dämliches Kleinkind. Steig ins Auto.«

Als wir im Wagen saßen, erklärte Don: »Falls ihr noch nicht dahintergekommen seid, hier werden wir unsere Kunden ablegen, die wir demnächst einfangen.«

Wir sahen einander an und fragten uns, welche Rolle wir dabei spielten. Wir wußten nicht, ob wir diese Leute umbringen sollten oder ob sie in amerikanischen Leichensäkken bei uns abgeliefert würden. Ich hoffte, unsere Aufgabe bestünde nur darin, einfach alles zu begraben, was man uns hinlegte, und dabei keine Fragen zu stellen. »Keine Fragen, kein Strafexerzieren in voller Marschausrüstung – der alte Spruch bei der Armee«, dachte ich, als JR das Auto rückwärts auf die Straße fuhr.

Benny fragte ganz allgemein: »Wer organisiert das alles – die Scheiß-Mafia?«

»Das höre ich zum erstenmal, daß jemand die britische Regierung als Mafia bezeichnet«, lautete Dons Kommentar.

Wir lachten, aber nicht besonders laut.

Benny gab noch nicht auf: »Ehrlich, hinter all dem muß doch eine richtige Organisation stecken. Ich hätte nicht gedacht, daß man von uns erwartet, Leute umzubringen und ihre Leichen dann fernab jeder Zivilisation in Wäldern abzulegen. Das kann's doch nicht sein.«

»Ist aber so«, antwortete Don.

Einige Sekunden später wandte sich Don an Benny: »Hast du etwa eine Augenbinde getragen, als du in diese Firma eingetreten bist? Wir sind schließlich keine Ritter in glänzenden Rüstungen. Wir töten und entledigen uns der schlimmen Burschen. Das ist unser Job.«

Nach einem Augenblick des Schweigens korrigierte Don sich kichernd. »Wenn man richtig darüber nachdenkt, dann sind wir tatsächlich Ritter in glänzender Rüstung.« Er erinnerte uns daran, daß das SAS-Emblem, ein Dolch mit Flügeln, für König Artus' Schwert Excalibur stand. So wurde aus jedem SAS-Mann ein Ritter der Artusrunde. Die Vorstellung gefiel uns. Wir fühlten uns gut, richtig privilegiert sogar.

Don machte den Vorschlag, ein wenig in der Gegend herumzufahren, um einen Eindruck zu gewinnen, verschiedene Orientierungspunkte zu überprüfen, uns jede markante Einzelheit der Landschaft einzuprägen und herauszufinden, wie einsam es hier wirklich war.

Nach einer halbstündigen Rundfahrt fuhren wir nach Süden in Richtung Grenze. Wir hatten die Absicht, die Gegend zu erkunden, und Don wollte uns die Probleme vorführen, vor denen die Britische Armee bei dem Versuch stand, irische Schützen am Grenzübergang nach Norden zu hindern. Es war auch schon vorgekommen, daß sie nicht den Landweg gewählt, sondern kleine Boote benutzt hatten.

Auf unserer Fahrt entdeckten wir einen typisch nordirischen Landgasthof und hielten an. Wir ließen uns ein Bier und einen deftigen Imbiß – ein großes Stück kräftiger, reifer Cheddarkäse, Brot und Pickles – schmecken. Wir hatten das Gefühl, als machten wir Ferien irgendwo auf dem Land in Großbritannien. Wenig erinnerte an unser wirkliches Leben, und wir waren erst eine gute Woche in Nordirland.

Über enge heckenbestandene Nebenstraßen fuhren wir zur Grenze. Dabei sahen wir nach jeder Meile auf unsere Karte. Wir wollten nicht aus purem Zufall die Grenze überqueren, sondern wir fuhren mehrfach und ganz absichtlich nach Südirland hinein. Don wollte uns zeigen, daß wirkungsvolle Grenzpatrouillen fast unmöglich waren, denn es gab keine Grenzsteine oder sonstige Anzeichen, die dem unvorsichtigen Reisenden anzeigten, ob er in Nord- oder Südirland war.

Noch ungewöhnlicher war das völlige Fehlen von Polizei oder Armee auf beiden Seiten der Grenze. In der Tat war es unmöglich zu sagen, in welchem Land wir waren, dazu mußten wir ganz genau auf die Karte gucken. Selbst auf dem Meßtischblatt war die schwarze Grenzlinie gut einen halben Zentimeter dick eingezeichnet, und das bedeutete, daß sie in Wirklichkeit fast hundert Meter breit war. Offenbar hatten auch die Kartographen die Grenze nicht genau ausmachen können.

Durch unser Training in Wales wußten wir, daß sich im Grenzland eine sechzigköpfige SAS-Truppe verbergen konnte, ohne daß sie mit bloßem Auge auszumachen wäre. Das zeigte uns, wie leicht es für IRA-Schützen war, die Grenze mit Hilfe von kundigen Ortsansässigen nach Norden unentdeckt zu überqueren.

Aus der Gegend von Armagh fuhren wir nach Dundalk im Süden. Wir achteten jedoch sorgfältig darauf, auf südirischem Gebiet nicht zu halten. Wir brauchten uns nur das Gelände anzusehen, um uns der Probleme bewußt zu werden, die vor uns lagen; und wir entdeckten einige markante Punkte, die wir auf unseren Karten überprüfen konnten.

Sehr hilfreich auf unserer Fahrt war die irische Trikolore, denn die Fahne der Republik flatterte auf Bauernhöfen und kleinen Landhäusern zu beiden Seiten der Grenze. Solche Gebäude, das wußten wir, mußten wir unbedingt meiden.

Als wir durch das ›Banditenland‹, wie wir es nannten, fuhren, sagte Don: »Wenn uns in diesem Teil der Welt irgendwelche Leute anhalten wollen, die keine britische Armeeuniform tragen, schießt die Kerle über den Haufen.« Das war kein Scherz. Wir trugen alle eine Handfeuerwaffe im Schulterhalfter, das Magazin war mit zehn Kugeln gefüllt, zusätzlich hatten wir noch drei weitere Magazine in den Taschen.

Seine Bemerkung versetzte uns in Aufregung, denn genau dafür waren wir ja seit Eintritt in den SAS ausgebildet worden. Ein Teil von mir wünschte sich wirklich, jemand hielte uns an und stellte Fragen.

Wieder in Sydenham, saßen wir an dem Abend zusammen, tranken Tee und diskutierten die Probleme von Patrouillen im Banditenland. Don erklärte uns unsere Lage: »Wir sind jetzt in Bereitschaft, warten auf Befehle aus Lisburn. Man wird uns wissen lassen, wohin wir gehen und was wir tun sollen. Es ist vielleicht langweilig, hier rumzuhängen und nichts zu tun, aber ich sag' euch, wir werden gebraucht, und das schon bald. Ich weiß nicht, wann. Deswegen schlage ich vor, wir konzentrieren uns darauf, fit zu bleiben.«

Am nächsten Tag gingen wir, bekleidet mit Trainingshose, T-Shirt und Baseballstiefeln, auf einen Achtmeilenlauf. Wir überanstrengten uns nicht, pausierten öfter, aber wenn wir liefen, machten wir Tempo. Auf dem Rückweg rannten wir durch einen Park in Belfast und sahen ein paar Jungs Fußball spielen. Zum Spaß spielten wir mit.

JR und ich waren sehr gute Fußballspieler, und einige Jungen fragten uns, ob wir für sie antreten würden. Später erfuhren wir, daß junge Männer aus katholischen und protestantischen Familien für die örtliche Kneipe spielten. In letzter Zeit waren sie nicht allzu erfolgreich gewesen und meinten, wir könnten ihnen helfen, ein paar Spiele zu gewinnen. Sie spielten jeden Sonntag und fragten, ob wir Zeit hätten. »Wenn wir an dem Sonntag nicht arbeiten, treten wir gern mit euch an«, antworteten wir.

Ein paar Tage nach unserem Ausflug ins Banditenland lasen wir in der Zeitung, daß Pioniere der Britischen Armee damit begonnen hatten, grenzüberschreitende Straßen zu zerstören, um so die Einschleusungen in den Norden zu unterbinden. Die Pioniere benutzten Plastikbomben, die riesige Krater, etwa 3,5 m breit und fast 2 m tief, hinterließen. Sie begannen mit ihrem Einsatz in der Gegend von Newry, Grafschaft Armagh, und in Monaghan, Grafschaft Tyrone.

Die Operation dauerte zehn Tage und sorgte für viel Ärger vor Ort. Wenige Stunden nachdem die Pioniere von der zerstörten Straße abgezogen waren, kamen die Anwohner und reparierten sie mit Hilfe der Farmer, so daß

sie wieder befahrbar war. Schon Tage nachdem die Soldaten einen Krater hineingesprengt hatten, waren die Straßen von den Einheimischen so gut repariert worden, daß
Autos sie langsam befahren konnten. Wir waren gespannt,
zu welcher Taktik Lisburn als nächstes greifen würde.

Es kam schlimmer. Nach den ersten beiden Tagen entschloß sich die IRA zum Eingreifen und nahm die Pioniere
unter Beschuß, wenn sie anfingen, die Straßen für die
Sprengungen vorzubereiten. Einmal, Anfang Oktober,
wurde ein Armeehubschrauber, der über dem Einsatzort
schwebte, getroffen, konnte aber zur Basis zurückkehren.
Niemand wurde verletzt.

Mitte Oktober 1971 wurde der Krieg auf den Straßen
unerbittlich. Auf Patrouille in Short Strand, einem protestantischen Gebiet, wurden drei britische Soldaten tödlich
getroffen und zwei IRA-Schützen verwundet.

Bei anderen Vorfällen wurden eines Nachts in Belfast
sieben Stadtbusse gestohlen und in Brand gesetzt, britische Soldaten fanden am katholischen Markt Waffen und
Munition, was zu schweren Straßenkrawallen führte. In
Londonderry feuerten Truppen auf vier IRA-Männer und
verletzten sie.

Am Samstag, dem 16. Oktober 1971, berichteten die
Zeitungen, wie weit sich die Krise innerhalb von Wochen
ausgeweitet hatte.

Am Tag zuvor waren zwei Offiziere der nordirischen
Polizei erschossen worden, als sie im katholischen Ar-
doyne-Gebiet von Belfast in einem privaten, nicht als Poli-
zeifahrzeug gekennzeichneten Wagen saßen; ein Soldat
wurde in Belfast von dreißig Kugeln getroffen und schwer
verletzt; in Belfast fanden drei bewaffnete Überfälle statt;
in Londonderry und Belfast kam es zu Explosionen; in
Greenhills Road, Londonderry, wurden Bomben in eine
Bank geworfen; und in Drumaney, Grafschaft Londonderry, stoppten maskierte Männer einen Bus und feuerten
ziellos in die Menge.

In dieser Woche hatte die Britische Armee in den katholischen Gebieten von Belfast zum großen Aufräumen aus-

geholt; sie hatte achtzehn Leute festgenommen und Waffen- und Munitionsverstecke entdeckt. Daraufhin gingen Hunderte von katholischen Frauen auf die Straße, sie protestierten gegen die britische Internierungspolitik und gegen die Durchsuchungen. Einmal belagerten sie die Polizeistation Mount Pottinger. Die Offiziere wurden von Soldaten, die zur Verstärkung gekommen waren, befreit.

Seit Ausbruch der Unruhen 1969 war die Zahl der Toten in Nordirland stetig angestiegen. Im ersten Jahr waren dreizehn Menschen gestorben; 1970 waren es neunzehn gewesen; seit Einführung der Internierung am 9. August, erst vor drei Monaten, waren weitere 57 ums Leben gekommen.

Da die IRA zu ungewöhnlich gewalttätigen Aktivitäten übergegangen war, die viele Tote und grausame Verletzungen zur Folge hatten, ahnten wir schon, daß wir den Befehl bekommen würden, unseren Beitrag zum Kampf gegen diese Organisation zu leisten. Doch in den nächsten Tagen hatten wir noch ein faules Leben, hielten uns am Tag mit Läufen und Training in der Sporthalle fit, hingen in der Unterkunft herum, sahen fern, spielten Karten und gingen abends in die Kneipen in den protestantischen Vierteln von Belfast.

Ein REME-Feldwebel arrangierte für uns eine Einladung in einen Club der Unionisten zwischen Belfast und Carrickfergus. Das Clubhaus aus Holz stand auf einer Mole in Belfast Lough, und bot einen wunderbaren Blick weit über die See. Innen an den Wänden hingen dicht an dicht Urkunden von Segelwettbewerben, Plaketten und Regimentsabzeichen. An dem Ehrenplatz über der Bar hing das Wappen von Ulster.

Die Mitglieder, meist ehrbare Geschäftsleute mittleren Alters mit großen und kleinen Unternehmen, begegneten uns ausnahmslos freundschaftlich und großzügig. Sie wußten natürlich, daß wir zu den britischen Sicherheitskräften gehörten, aber sie fragten nie nach dem Namen unseres Regiments oder nach den Aufgaben, die wir in Ulster ausführten. Oft schienen sie uns sogar beschützen zu wollen, denn sie ermahnten uns: »Haltet auf jeden Fall Abstand zu diesen schlimmen Strolchen.«

Ein oder zwei Mitglieder mußten sehr wohlhabend sein, denn die in der Nähe vertäuten Motorjachten waren prachtvoll und teuer. Manchmal wurden wir von den Unionisten nach Hause zum traditionellen Sonntagsessen eingeladen.

Im Club unterhielt ich mich oft mit einem freundlichen, zurückhaltenden Mann, der mit nordirischem Akzent sprach, aber ein englischer Geschäftsmann war, der sich vor kurzem in den Ruhestand zurückgezogen hatte. Er hatte in Carrickfergus einen Bungalow gekauft, und es war sein Hobby, dieses Haus zu renovieren. Seine blaue, dreißig Fuß lange, hochseetaugliche Jacht mit vier Kojen war vertäut und gesichert. Er war ein Mann, der immer eine Runde Biere ausgab, und in den nächsten Monaten lernte ich ihn noch viel besser kennen.

Während der ersten beiden Wochen in Belfast wurden wir nachts oft durch lautes Gewehrfeuer geweckt. Manchmal klang es, als sei es ganz in der Nähe, aber soweit wir wußten, waren die Sydenham Docks nie Ziel direkten Beschusses gewesen. Manchmal hörten wir auch das unverwechselbare Krachen einer explodierenden Bombe, und wir versuchten zu schätzen, wieviel Plastiksprengstoff benutzt worden war.

Wir hatten den Eindruck, daß wir nie den Befehl bekommen würden, unseren Beitrag zum Plan zu leisten und die Schützen auszulöschen. Jeden Morgen warteten wir darauf, daß Don ins Hauptquartier Lisburn gerufen wurde, um Befehle für uns entgegenzunehmen. Wir warteten vergeblich.

Am Montag, dem 18. Oktober, erfuhren wir zu unserer Überraschung, daß wir uns noch einmal mit Yvonne treffen sollten, der Informantin, mit der wir zwei Tage nach unserer Ankunft zusammengekommen waren. Diesmal unterhielten wir uns in einer Kneipe in Lisburn, und die Frau erzählte uns von einem IRA-Schützen, der sich in einem sicheren Haus in der Nähe der Malone Street, Süd-

Belfast, aufhielt. Yvonne sagte ohne Umschweife: »Der muß umgebracht werden. Er hat schreckliche Grausamkeiten begangen.«

Was in Yvonne wohl vorging? Man hatte uns gesagt, daß sie einst eine glühende IRA-Anhängerin gewesen war, jetzt aber für den britischen Geheimdienst arbeitete. Warum war sie zur Verräterin geworden, warum sprach sie jetzt mit soviel Gehässigkeit von ihrer eigenen Seite? Sie war informiert worden, so sagte sie, daß dieser Schütze sich im Haus von bekannten IRA-Sympathisanten aufhielt. Sie meinte, wir sollten das Haus nachts oder gegen Morgen stürmen, aber Don gefiel der Plan nicht, und das sprach er auch offen aus. »Wenn wir das Haus überfallen, müssen wir alle Anwesenden beseitigen. Wir könnten es nicht riskieren, den einen gesuchten Verdächtigen herauszusuchen. Das wäre dumm.«

Yvonne schien den Schützen wirklich gut zu kennen, denn sie gab zu, daß er sie mochte und mit ihr ins Bett wollte. Sie schlug vor, am Mittwoch – in zwei Tagen – mit ihm in eine Kneipe zu gehen, ihn sturzbesoffen zu machen, dann konnten wir ihn uns greifen, wenn sie zusammen auf dem Heimweg waren.

Wir stimmten ihrem Plan im Prinzip zu, änderten aber die Taktik, ohne Yvonne zu informieren. Kurz nach elf Uhr abends, wenn die Kneipen sich leerten, waren die Straßen von Belfast voller Menschen, und auch Soldaten und Polizei waren unterwegs, um Ärger zu verhindern. Mitten in eine Schießerei zu geraten, ohne daß Polizei und Soldaten von unserer wahren Identität wußten, das wollten wir vermeiden.

Kurz nach sieben Uhr abends kamen wir mit unserem blauen Auto an und parkten in der Malone Road, etwa hundert Meter von dem Reihenhaus entfernt. Wir sahen, wie Yvonne und der Mann die Straße betraten und, etwa zweihundert Meter entfernt, in Richtung Kneipe gingen. Ich fuhr, Don saß auf dem Beifahrersitz, Benny und JR waren hinten.

Ich fuhr vorbei und hielt etwa zwanzig Meter vor ihnen.

Als sie auf gleicher Höhe mit dem Wagen waren, sprangen JR und Benny hinaus, Benny zog seine Pistole, schlug sie dem Schützen ins Gesicht und rief Yvonne zu: »Verpiß dich. Halt dich raus.«

Schnell durchsuchte JR den Kerl, der keinen Versuch zur Gegenwehr oder zur Flucht machte. Im Hosenbund des Mannes fand JR eine Smith and Wesson, die alte britische Armeewaffe. Sie zwangen ihn auf den Rücksitz des Wagens, und wir fuhren davon.

Wir kannten unser Ziel – die Stelle, an der wir vor zwei Wochen unseren Totengräber getroffen hatten. Wir waren erst ein paar hundert Meter gefahren, als unser Mann sich von dem Schock der Entführung erholt hatte und sagte: »Was macht ihr protestantischen Scheißkerle mit mir?«

Auf dem Beifahrersitz drehte Don sich um und sah ihm direkt ins Gesicht. »Hör mal, du kleines republikanisches Miststück. Wir sind keine protestantischen Scheißkerle. Wir machen nur eine kleine Autofahrt mit dir.«

Während der halbstündigen Fahrt versuchte der Mann mehrmals, ein Gespräch anzufangen, aber wenn er zu sprechen begann, sagten wir, er solle das Maul halten und ruhig sein. In dem Bemühen, ihm keine Angst einzujagen, erklärte Don beiläufig, daß wir ihn zu jemandem brachten, der ihm ein paar Fragen stellen wollte. Das beruhigte ihn ein wenig, und während des größten Teils der Fahrt hielt er den Mund.

Die Abenddämmerung war hereingebrochen, als wir unsere Position an der Straße Lurgan-Dromore erreichten. Wir fuhren den schmalen Weg entlang und parkten daneben auf dem verwahrlosten Gelände. Er sah uns mit vor Angst geweiteten Augen an.

Wir befahlen ihm auszusteigen, aber er weigerte sich. »Ich steig' nirgends aus«, sagte er, »schon gar nicht meilenweit entfernt von jeder Zivilisation.«

JR und Benny sahen sich an. Benny wußte, was er zu tun hatte, und befahl dem Mann: »Du steigst hier und jetzt aus, sonst erschieß' ich dich im Wagen.«

Der Mann war vollkommen verunsichert. Er machte

Anstalten auszusteigen, setzte sich dann aber wieder hin. Am Ende zerrte Benny ihn heraus. Er klammerte sich entschlossen an die Autotür, wollte sie einfach nicht loslassen.

Benny trat ihn hart vors Schienbein und zerrte ihn so heftig von der Autotür weg, daß er zu Boden ging. Als JR den Mann hochriß und wieder auf die Füße stellte, sah er im Umdrehen, daß Benny eine Pistole in der Hand hatte. Dann wandte er sich JR zu, der jetzt mit zwei Schußwaffen neben ihm stand, eine Pistole in der einen Hand, in der anderen einen Revolver.

Der Mann mußte gewußt haben, daß er umgebracht werden sollte, denn er weigerte sich strikt, einen Schritt zu gehen. Benny trat ihm mehrmals in die Beine und brüllte ihn an: »Lauf, du Miststück, lauf. Sonst bring' ich dich hier auf der Stelle um.«

Doch der Mann weigerte sich, fiel zu Boden und schrie um Hilfe. Benny trat weiter auf ihn ein, damit er aufstand und dahinging, wo wir ihn haben wollten. »Ich geh' nicht«, rief er, »Scheiße, ich beweg' mich nicht von der Stelle. Ich bleib' hier.«

Benny wurde wütend und schrie und fluchte wie ein Verrückter, war regelrecht außer sich. Er hatte völlig die Beherrschung verloren und war nicht in der Stimmung, sich auf eine Diskussion einzulassen. Offensichtlich wollte der Mann trotz der Tritte nicht weitergehen. Benny wußte, was zu tun war.

In demselben Sekundenbruchteil richteten Benny und JR ihre Waffen auf den Mann und feuerten. Sie trafen ihn in den Rücken. Benny gab drei Schüsse in den Rükken und in den Kopf ab. Der Körper richtete sich ruckartig auf, sank dann auf dem Boden zusammen.

Ich sah mich um und war sicher, daß jemand den Krach wahrgenommen hatte. Damals hatten unsere Waffen keine Schalldämpfer, und Benny und JR hatten insgesamt vier Schüsse abgegeben. Vor Schreck fingen die Vögel in den Bäumen an zu krakeelen und zu kreischen. Ich wußte, daß wir uns am Waldrand und weit weg von irgendwelchen Häusern befanden, aber ich fürchtete, daß die gesamte Nachbarschaft über Meilen hinweg alles gehört hatte.

Nach all dem Krach, Gebrüll und Geschrei wurde es im Wald schlagartig still. Wir sahen uns an, unsicher, wie wir reagieren sollten. Einer sagte: »Los, bringen wir diesen Mist so schnell wie möglich hinter uns.«

Jeder von uns ergriff einen Arm oder ein Bein, und wir trugen die Leiche in aller Eile zum Graben. Ohne viel Aufhebens warfen wir sie hinein, drehten uns um und gingen zum Auto.

Auf der Rückfahrt nach Belfast wandte sich Don an JR.

»Wo ist die Waffe?«

»Welche Waffe?« fragte JR.

»Seine. Die Waffe, die du ihm abgenommen hast.«

»Die hab' ich hier. Ich will sie als Souvenir behalten.«

»Zum Teufel, das wirst du nicht«, sagte Don. »Mach sie sauber, wisch alle Fingerabdrücke ab und schmeiß sie weg.«

Fünf Minuten später hielten wir am Straßenrand, und JR schleuderte die Waffe in eine Hecke. Der Einsatz war beendet.

Am nächsten Morgen redeten wir über den Einsatz der vergangenen Nacht. Wir wußten alle, daß er ein Reinfall gewesen war. Es war nicht gut gelaufen, wir hatten zuviel Krach gemacht, als wir den Mann aus dem Wagen geholt und durch die Gegend gezerrt hatten, bevor wir ihn erschossen. Wenn wir weiter Leute töteten und beseitigten, mußten wir uns eine bessere Methode einfallen lassen, wie wir sie ruhig hielten, bevor wir sie umbrachten.

Wir hofften, daß wir nicht aufgefordert wurden, weiterhin IRA-Schützen von der Straße zu holen. Eigentlich hatten wir gedacht, unsere Arbeit mehr im Verborgenen zu tun. Das hier war eher so, als ob Bullen irgendeinen armen Dummkopf einfingen. Es war nicht das, was wir uns unter SAS-Arbeit vorstellten.

Benny war untröstlich. Den ganzen Tag lief er herum wie ein Bär mit Kopfschmerzen, machte sich Vorwürfe wegen der Pleite und wollte keinen Rat von uns hören. Wir wußten, es war nicht Bennys Schuld; das Verhalten des Mannes hatte den Verlauf bestimmt. Es war einfach Pech für Benny, daß der Mann verrückt gespielt und damit die Aufgabe erschwert hatte.

Später am Tag fuhr Don ins Hauptquartier in Lisburn. Er war entschlossen, uns aus Sydenham herauszuholen und sicherer unterzubringen. Außerdem wußte er, daß wir ein neues Auto brauchten. Den Marina hatten wir jetzt bei zwei Einsätzen benutzt, und wir waren damit in der Stadt herumgefahren – vier Männer in demselben blauen Marina. Er mußte weg.

Ein paar Stunden später kehrte er mit einem dunkelblauen Ford Cortina Mark II zurück und erklärte, wir würden am Samstag umziehen. »Ihr werdet es nicht glauben, aber wir ziehen nach Silver City.«

»Silver City?« fragten wir unisono. Wir konnten nicht glauben, daß wir in Nordirlands größtem Hochsicherheitsgefängnis unterkommen sollten. Silver City, so wurde das berüchtigte Gefängnis Long Kesh genannt, in dem alle ranghohen IRA-Offiziere saßen, außerdem die große Mehrheit der Männer, die nach dem Notstandsgesetz gefangengenommen und interniert worden waren. Long Kesh hatte seinen Namen verdient, denn Anfang der siebziger Jahre glänzten die Wellblechmauern wie Silber in der Sonne.

Wir waren neugierig auf das Leben dort. Sicherlich würde uns das gute Essen aus der REME-Kantine fehlen.

Nach einem Abschiedstrunk mit ein paar REME-Kameraden am Freitag zogen wir am nächsten Morgen um, schafften es sogar, unsere gesamte Ausrüstung im Kofferraum des Cortina unterzubringen. Natürlich hatten wir keine Personalausweise dabei, aber der diensthabende Wachoffizier in Long Kesh erwartete uns.

Wir fuhren durch das Tor und rund 120 Meter die Straße entlang, dann bogen wir nach rechts ab in eine Straße mit einer Reihe von Wohncontainern. Das Ganze wirkte mehr wie ein Campingplatz, aber nicht wie Irlands größtes Gefängnis.

Dieser Container war geräumiger und besser ausgestattet als der in Sydenham Docks. Wir hatten jetzt zwar mehr Platz und vier Einzelbetten, aber wir mußten immer noch vom Container zu den Duschen und Klos in etwa fünf Meter Entfernung gehen. Bei bitterer Kälte im Winter kam uns das wie eine halbe Meile vor.

Zu der Zeit schien Long Kesh Soldaten aus allen Regimentern der Britischen Armee zu beherbergen. Da waren ein oder zwei Infanterieregimenter, Abteilungen der REME, die Pioniere, Militärpolizei, Köche und medizinische Mitarbeiter, und natürlich Gefängnisoffiziere.

Es war fast Ironie, daß wir jetzt nach Long Kesh gezogen waren, wo Hunderte von IRA-Verdächtigen eingesperrt waren. Am Anfang der Woche hatte Premierminister Edward Heath nach Gesprächen mit Oppositionsführer Harold Wilson einer Untersuchung unter Leitung von Sir Edmund Compton zugestimmt; man wollte den Vorwürfen nachgehen, Internierte und andere nach den Notstandsgesetzen Inhaftierte würden brutal behandelt und gefoltert. Der Bekanntgabe der Untersuchungsergebnisse folgten scharfe Debatten im britischen Unterhaus, im nordirischen Parlament Stormont und im Parlament der Irischen Republik; Kritiker machten Großbritannien für die Situation in Nordirland verantwortlich – weil es der Situation seit fünfzig Jahren nicht genug Beachtung geschenkt hatte, weil es die Internierung eingeführt hatte, weil es Grenzstraßen sprengte, und weil es die Folterung der Internierten zuließ.

Gleichzeitig warf Kardinal Conway, Erzbischof von Armagh, der britischen und der irischen Regierung vor, Folterungen vorzunehmen, um Informationen zu erhalten. All diese Vorwürfe erfuhren wir aus den Zeitungen und fragten uns, was geschehen würde, wenn unsere Rolle in den Auseinandersetzungen je bekannt würde – daß wir insgeheim IRA-Schützen umbrachten und daß der Befehl dazu von hochrangigen Offizieren der Britischen Armee im nordirischen Hauptquartier kam. Wir waren überzeugt, daß diese Offiziere ihre Befehle wiederum aus dem Verteidigungsministerium in London erhielten.

Wir erkannten auch, daß die uns befohlenen Aktionen von höchster Stelle abgesegnet sein mußten. Es war unwahrscheinlich, daß hohe Beamte und Minister im Verteidigungsministerium keine Ahnung von unseren Missionen hatten. Wir waren überzeugt, daß die Politik, IRA-Schützen aufzuspüren und kaltblütig zu erschießen, nur mit Billigung durch London möglich war.

Wir fragten uns, wieviele Leute wir noch beseitigen mußten.

KAPITEL 7

An diesem Wochenende kam es in Newry zum gewaltsamen Gegenschlag der Katholiken. Noch nie seit Beginn der Internierungspolitik vor drei Monaten im August hatte die Masse der katholischen Bevölkerung ihre Gefühle so brutal zum Ausdruck gebracht.

Ein Funke setzte die ganze Stadt in Brand: Ein ortsansässiger Geschäftsmann ging zur Bank im Stadtzentrum, um seine Tageseinnahmen im Nachttresor zu deponieren. Als er sich der Bank näherte, stürmten drei Männer auf ihn zu und versuchten, ihm die Geldtasche zu entreißen.

Der Mann rief um Hilfe, weigerte sich, das Geld herzugeben. Mit viel Entschlossenheit und Mut hielt er die Tasche fest, während die drei Männer ihn schlugen und traten, um ihm die Tasche zu entreißen.

Doch ein britischer Scharfschütze der Armee war mit Blick auf die Bank postiert, um eben solche Überfälle zu verhindern. Von dem um Hilfe rufenden Mann alarmiert, sah er, was passierte, und als die drei Männer vom Tatort wegrannten, forderte er sie auf, stehen zu bleiben. Sie liefen weiter, der Soldat eröffnete das Feuer und erschoß alle drei.

Innerhalb von einer Stunde waren Scharen wütender Katholiken ins Zentrum von Newry geströmt und verlangten, der Soldat solle aufgehängt werden, weil er unschuldige Männer umgebracht hatte. Zwei Stunden später ließen sich die Sprechchöre von zehntausend wütenden, randalierenden Katholiken durch die Lautsprecher der Armee und die Ordnungsanweisungen nicht mehr übertönen.

Entschlossen, ihre toten Freunde zu rächen und es ihren protestantischen Feinden heimzuzahlen, zündeten Katholiken in der Stadt und Umgebung Geschäfte, Privathäuser und Regierungsgebäude an. Im Umkreis von zwanzig Meilen wurden alle Feuerwehrtruppen herbeigeholt, denn an einer Stelle drohten die Flammen durch das gesamte Zentrum von Newry zu rasen. Aus Belfast wurden Soldaten zur Verstärkung angefordert, als die Aufständischen bis in die Nacht hinein durch die Stadt zogen.

Noch nie seit Ausbruch der Unruhen hatte die katholische Minderheit einer einzigen Stadt mit soviel Bitterkeit reagiert und soviel Entschlossenheit gezeigt, jedes feindliche Gebäude niederzubrennen. Die Intensität der Gefühle wurde noch drei Tage später sichtbar, als fünfzehntausend Menschen am Begräbnis der drei Männer teilnahmen.

Für uns in unserem Wohncontainer in Long Kesh sah es so aus, daß die IRA von einer Niederlage weit entfernt war. Nach diesem Vorfall schien es wahrscheinlich, daß sie mehrere tausend neue Anhänger für ihre Sache gewinnen konnte. Was, wie wir gehofft hatten, eine schnelle Pflichterfüllung in Nordirland sein sollte, drohte nun, Monate oder noch länger zu dauern. Wir fragten uns, wie viele Leute wir wohl noch umbringen mußten.

An demselben Wochenende vom 23./24. Oktober lasen wir mit Erstaunen, daß die Sicherheitskräfte in Belfast vier Männer und zwei Frauen beim Bombenlegen erschossen hatten. Die sechs bildeten eine IRA-Einheit, die das erste Hotel im Zentrum, The Europe, und den berühmten Celebrity Club am Donegall Place bombardieren sollte. Auch diese Erschießungen wurden allgemein verurteilt, denn nicht einer der Toten trug eine Waffe.

Zum erstenmal lasen wir, daß Frauen bei den Terroranschlägen eine aktive Rolle spielten. Bis dahin hatten wir geglaubt, daß Frauen, die die IRA aktiv unterstützten, sich in den hinteren Reihen aufhielten, während sie den Männern das Schießen, Prügeln und Bombenlegen überließen. Ob ich je in der Lage sein würde, eine Frau umzubringen, wenn ich den Befehl dazu bekam? Das bezweifelte ich.

Am Montag, dem 25. Oktober 1971, erklärte Don uns morgens, daß nun die nächste Phase unserer Aufgabe bevorstand. Er müßte nach Lisburn ins Hauptquartier, um eine neue Schußwaffe zu holen, welche mit einem raffinierten Schalldämpfer ausgestattet wäre.

Während er unterwegs war, brach im Gefängnis Long Kesh die Hölle los. Wegen einer drei Meter hohen Wellblechwand konnten wir es nicht sehen, aber es spielte sich nur wenige hundert Meter von unserer Unterkunft entfernt ab. Ein über dem Gefängnis schwebender Hubschrauber hatte uns alarmiert, und wir sahen, wie Flammen aus dem Gefängnis schlugen und Rauchwolken in den Himmel stiegen, während am Boden hektische Aktivität herrschte und Befehle gerufen wurden.

In den Fernsehnachrichten erfuhren wir später den Grund für die Revolte. Zwei Stunden vor Ausbruch hatte die britische Regierung ihre Entscheidung bekannt gegeben, keine Untersuchungskommission einzusetzen, die die Vorwürfe überprüfen sollte, Sicherheitskräfte würden die Internierten in Long Kesh foltern. Diese Kommission sollte ursprünglich auch Vorwürfen nachgehen, britische Soldaten hätten Zivilpersonen erschossen. Wir verfolgten in unserer Unterkunft die BBC-Nachrichten und schwiegen.

Später hörten wir, daß vier Gefängniswärter als Geiseln genommen und zwei Stunden festgehalten worden waren; der Freizeitsaal war angezündet worden, und die Insassen hatten ihre Zellen kurz und klein geschlagen und sich mit ihren Geiseln verbarrikadiert.

Truppen wurden geholt, um die Ordnung wieder herzustellen; sie waren mit Spitzhacken und CS-Gas ausgerüstet.

Zwei Tage später berichteten die irischen Zeitungen, daß die IRA einen Kassiber mit einer genauen Beschreibung der Ereignisse während der Revolte aus Long Kesh herausgeschmuggelt hatte. Demnach hatten Internierte die Gefängniskantine in Brand gesteckt und sich in einem Teil des Gefängnisses verbarrikadiert, britische Soldaten hatten eine Viertelstunde lang den Block mit CS-Gas beschossen und sich dann den Weg freigekämpft.

Im Kassiber hieß es auch, daß die dreihundert Soldaten mit ihren Spitzhacken das Gebäude erst gestürmt hatten, als sich schon alles beruhigt hatte und einige Internierte kaum noch bei Bewußtsein waren. Die IRA behauptete, daß Gefangene auf den Kopf, ins Gesicht, auf Arme und Schultern geschlagen und einige schwer verletzt worden waren. Eine Reihe von ihnen wurde mit Arm-, Kiefer- und Nasenbeinbrüchen auf den militärischen Flügel des Musgrove Hospital verlegt, siebzehn wurden ins Gefängnis gesteckt. Nachdem der Aufstand niedergeschlagen war, so die Vorwürfe, hatte man eine Reihe von Häftlingen zum Verhör weggebracht. Doch bevor das Verhör überhaupt begann, hätten die Soldaten sie geschlagen. Zwei Tage lang, so wurde behauptet, plünderten und zerstörten die Soldaten die Hütten in Block H und nahmen sich, was sie wollten.

Das Nordirland-Büro gab eine Erklärung ab, daß Soldaten sich ihren Weg freigekämpft hätten und einige Aufrührer leicht verwundet worden wären. Aber die Vorwürfe der nordirischen Katholiken an die Adresse der Britischen Armee und der nordirischen Polizei gewannen an Glaubwürdigkeit. Zum erstenmal gab eine Gruppe katholischer Priester der Diözese Armagh eine Erklärung ab, in der sie »den Zynismus des Nordirland-Büros verurteilte, mit dem festgestellt wurde, daß bei dem Aufruhr nur eine kleine Anzahl Insassen leicht verletzt worden sei«.

Als er mit der neuen 9-mm-Browning und dem Schall-

dämpfer zurückkehrte, fragten wir Don, warum er immer
allein ins Hauptquartier nach Lisburn fuhr, und wir meinten, er sei sicherer, wenn ihn einer von uns begleitete.

Don erklärte es uns gern. »Da gibt es zwei Gründe. Ihr
braucht nur das zu wissen, was ich euch erzähle. Je weniger
ihr wißt, desto besser. Und eines Tages könnte es sogar für
euch sicherer sein, wenn ihr die Leute nicht kennt, die das
Kommando bei unserem kleinen Einsatz haben. Der
zweite Grund ist, daß Lisburn im Augenblick von Mitglie-
dern des Verteidigungsregiments von Ulster bewacht
wird. Ganz ehrlich, einigen von den Kerlen trau' ich nicht.
Schlimm genug, daß sie mich kennen. Aber es ist besser,
wenn sie den Rest unserer Mannschaft nicht kennenlernen.«

Dons Mißtrauen sollte sich leider als berechtigt erweisen. Nur wenige Monate später erfuhren wir, daß zwei
IRA-Mitglieder die Bravour besessen hatten, sich eben
diesem Verteidigungsregiment von Ulster anzuschließen.
Eines Abends hatten sie die Waffenkammer ausgeraubt
und waren mit einer reichen Beute von Maschinengewehren und Selbstladegewehren entkommen. Die Polizei
hatte nicht lange gebraucht, die Täter herausfinden, aber
es war zu spät. Die beiden IRA-Männer waren verschwunden.

An dem Abend beschlossen wir, in der kleinen Kneipe
hinter dem Gefängnis was zu trinken. Sie lag zwischen dem
Gefängnis, dem alten Flugplatz und der Rennbahn, etwa
zweihundert Meter entfernt vom Sicherheitstor am hinteren Gefängnisteil. Damit wir beim Kommen und Gehen
nicht am Haupttor beobachtet wurden, hatten wir einen eigenen Schlüssel für das hintere Tor, und wir benutzten ihn
auch regelmäßig. Die Kneipe wurde zu unserer Stammkneipe. Sie gefiel uns nicht nur, weil sie eine Dartscheibe
hatte, sondern auch, weil sie sehr englisch war und genau
das bot, was uns schmeckte – typisch englisches Kneipen-
futter.

Am nächsten Tag mußten wir verschiedene Teile unserer Brownings beseitigen, die wir bei unseren drei Opfern

benutzt hatten. Läufe, Patronenauswerfer und Schlagbolzen mußten verschwinden. Wir wußten nur allzu gut, daß bei einer forensischen Untersuchung unsere Beteiligung an den Erschießungen herauskommen würde, wenn je Experten die Teile in die Finger bekamen.

Also fuhren wir nach Lough Neagh und warfen einige Teile so weit wie möglich ins Wasser. Sie flogen etwa fünfzig Meter weit. Dann fuhren wir ans Meer, dort versenkten wir die restlichen Teile, zerkleinerten die mit dunkelrotem Samt ausgelegte Holzkiste und warfen auch sie ins Wasser. Wir sahen zu, wie die Reste aufs Meer hinausschaukelten.

Bei der Rückkehr am Spätnachmittag bestand Don darauf, daß wir alle in die Kantine gingen und eine ordentliche Mahlzeit zu uns nahmen. Später, in unserem Wohncontainer, erklärte er ganz ruhig: »Gut, jetzt haben wir etwas Ordentliches gegessen, und nun fangt an, euch zu konzentrieren. In einer Stunde fahren wir los. Wir müssen einen kleinen Auftrag erledigen.«

In der nächsten Stunde bereiteten wir uns vor, ölten, entluden und luden unsere Pistolen. Wir polierten die Munition sehr sorgfältig, bevor wir sie ins Magazin schoben. Alles mußte blitzsauber sein, damit nichts schiefgehen konnte. Don kontrollierte unsere Waffen nie, das wäre eine Beleidigung gewesen. Wir waren beim SAS ausgebildet worden und stolz darauf, Vollprofis zu sein.

Wir nahmen unsere eigenen Waffen wie immer, aber die neue Browning mit dem Schalldämpfer sollte im Handschuhfach des Cortina liegen. Der für die Ausführung der Tat an diesem Tag Verantwortliche war auch zuständig für das Reinigen und Laden der »Killerwaffe«. Diesesmal hatte Don beschlossen, daß er schießen würde. Er meinte, er sei für das Ausprobieren der neuen Waffe verantwortlich.

Don erklärte uns, dieser Job würde ein Kinderspiel sein, weil die Aufgabe viel einfacher war als die bisherigen. Zum erstenmal führten wir einen Auftrag aus, für den wir auch ausgebildet worden waren.

Er informierte uns, daß wir an eine Stelle fahren würden, die Lisburn morgens auf der Karte angegeben hatte. Dann sollten wir im Auto warten, bis eine zweite SAS-Einheit Kontakt zu uns aufnahm. Sie würde einen IRA-Schützen dabeihaben, der ins Visier geraten war, und sie würde ihn an uns überstellen. Seinen Namen würden wir nie erfahren, auch nicht, welche Verbrechen er begangen hatte. Wir mußten einfach glauben, daß der Mann schuldig war. Wir gingen davon aus, daß er für Schießereien oder Bombardierungen verantwortlich war.

Don sagte uns, daß die Männer, mit denen wir es zu tun bekamen, ein langes Sündenregister mit IRA-Aktivitäten hatten, die zum Teil Monate und Jahre zurückreichten. Einige waren in den Süden geflohen und kehrten jetzt in den Norden zurück, um IRA-Einheiten aufzubauen und Morde auszuführen. Geheimdienstleute vom MI 6 hatten sie im Süden ausfindig gemacht und das Hauptquartier in Lisburn informiert, daß diese Männer auf dem Weg über die Grenze nach Norden waren.

An der Grenze patroullierten mindestens zwei SAS-Vierergruppen; sie lebten in Kampfausrüstung im Freien, wie wir es alle gelernt hatten. Sie blieben vier volle Wochen mit Funkkontakt draußen und fingen aus dem Hinterhalt IRA-Verdächtige auf ihrem Weg nach Norden ein. Danach leitete die SAS-Einheit sie weiter. Diejenigen, die beseitigt werden sollten, brachte die Einheit zu uns an die vereinbarte Stelle. Andere wurden zum Verhör nach Long Kesh gebracht, wieder andere zur Staatssicherheitspolizei.

Als die Abenddämmerung hereinbrach, kletterten wir in unseren Cortina und fuhren nach Süden. Ich saß am Steuer, Don neben mir, Benny und JR lasen auf den Rücksitzen die Karten und gaben Hinweise, wie wir fahren mußten. Diesesmal wirkten wir alle entspannter, auch weil Don den Auftrag ausführen wollte. So konnten wir anderen freier atmen.

Es gab noch einen bedeutsamen Unterschied. Die beiden anderen Aufträge hatten wir bei Tageslicht erledigen müssen, und die Opfer wußten nicht, was passierte. In diesem Fall war das Opfer schon ein paar Stunden zuvor festgenommen worden, man hatte ihm gesagt, daß es zum Verhör gebracht wurde, und daher, glaubten wir, war es auch entspannter. Der Verhaftete hatte keine Ahnung, daß seine Hinrichtung bevorstand. Uns war nur allzu bewußt, daß diese Fehlinformation uns die Aufgabe sehr erleichtern würde.

Fünf Meilen von der Grenze entfernt fuhren wir an einer zwölfköpfigen Fußstreife der Britischen Armee vorbei, einem Infanterietrupp mit Selbstladern, in Kampfausrüstung und getarnten Helmen. Sie guckten kurz zu uns herüber, schenkten uns aber keine Beachtung und machten auch keinen Versuch, uns anzuhalten. Ich sah mir ihre Gesichter an, die meisten von ihnen schienen die Schnauze vollzuhaben vom Dienst an der Grenze. Sie fühlten sich vermutlich als Zielscheiben und fürchteten, die IRA würde sie aus dem Hinterhalt erschießen.

In der Nähe der auf der Karte markierten Stelle fuhren wir an den Straßenrand. Ich schaltete das Licht aus. Don forderte JR auf, auszusteigen und sich zur Absicherung etwa zehn Meter hinter uns aufzubauen, falls wir aus dem Hinterhalt angegriffen wurden. Kurz darauf sah ich etwa dreißig Meter vor uns in der Hecke ein rotes Licht aufblitzen. Das war das Signal, auf das wir gewartet hatten.

»Da sind sie«, sagte Don und stieg aus, um auf sie zuzugehen. Ich blieb mit Benny im Auto sitzen.

Ich sah zwei Männer auf der Straße auf Don zukommen, einer in voller Kampfausrüstung mit getarntem Helm, der andere in Jeans, dicker Jacke und Stiefeln. Der SAS-Mann hatte eine Hand auf die Schulter des anderen gelegt und führte ihn in Dons Richtung.

Don ging zu den beiden und kontrollierte den Mann. Der SAS-Mann drehte sich um und ging die Straße entlang, bis er nicht mehr zu sehen war. Der IRA-Mann, etwa 1,78 Meter groß und kräftig gebaut, wirkte beunruhigt, ein wenig ängstlich, aber nicht aufgeregt.

Don rief JR zu sich und trug ihm auf, den Mann zwischen sich und Benny auf den Rücksitz zu setzen. Wortlos stieg der Mann ein.

»Auf geht's«, sagte Don, und ich fuhr los.

Don drehte sich zu dem Mann um. »Entspann dich einfach. Wir machen eine kleine Fahrt mit dir und übergeben dich der nordirischen Polizei.«

Ich mußte noch knapp 150 Meter weiterfahren, bis ich auf der schmalen Straße einen Wendeplatz fand. Dann fuhren wir zurück zum Wald. Nach etwa einer halben Stunde waren wir am Ziel.

Während der Fahrt fing der IRA-Mann an zu reden, erzählte uns, daß er keiner terroristischen Organisation angehöre, daß er nichts über die IRA wisse und gar nicht verstehe, warum zum Teufel man ihn festgenommen habe. Don antwortete: »Bei uns bist du an der falschen Adresse... Uns interessiert das nicht... Das kannst du alles der Polizei erzählen.«

Als wir die Stelle erreicht hatten, verließ ich die Straße, parkte und schaltete das Licht aus. Don wandte sich an Benny: »Spring raus und guck nach, ob die Polizei unten an der Straße auf uns wartet.«

Benny zögerte, weil er nicht sofort merkte, daß Don bluffte. Dann kapierte er, stieg aus und ging die Straße hinunter. Fünf Minuten später war er wieder da und sagte, die Polizei warte am Ende der Straße.

Don befahl dem Kerl, den Wagen zu verlassen, er selbst stieg auch aus. Der Mann hatte erst zwei Schritte gemacht, als ich zweimal das dumpfe Geräusch der Browning hörte, selbst in der Stille der Nacht kaum wahrnehmbar. Ich sah den Mann zu Boden stürzen, von zwei Schüssen in Kopf und Rücken getroffen.

JR sagte: »Ich dachte, wir würden warten, bis wir näher dran sind. Jetzt müssen wir den Arsch schleppen.«

Ich fand, daß JR ganz schön abgestumpft war, und es überraschte mich.

Bevor wir den Schauplatz verließen, bückte Don sich und hob die leeren Hülsen auf. Wir wollten nichts hinterlassen, das je Verdacht erregen könnte oder – was noch schlimmer wäre – eine Untersuchung in Gang brachte, die dann direkt zu uns führte. Immer wenn wir den Tatort nach einer Erschießung verließen, sammelten wir alle Hülsen ein.

Wieder einmal packten wir Arme und Beine und trugen ihn zum Graben. Mir fiel auf, daß nur noch der halbe Graben offen war, der Rest war zugeschüttet. Mir fiel auch auf, daß genau an der Stelle, wo wir die andere Leiche abgelegt hatten, kleine Koniferen gepflanzt worden waren. Wir warfen den Toten in den tiefen Graben und gingen zum Auto zurück. Wir machten keinerlei Anstalten, Sand auf die Leiche zu werfen oder sie irgendwie zu bedecken.

Ich fragte mich, wann der für das Vergraben der Leichen verantwortliche Mann seine Arbeit tat. Ich dachte daran, daß ein toter Körper Raubtiere anlockt, vor allem Füchse und Krähen, Ratten und anderes Geschmeiß. Die Sache mußte schnell erledigt werden, vermutlich noch vor Tagesanbruch. Ich schaute mich um, sah aber nichts. Ich dachte mir, daß man ihm gesagt hatte, sich von der Stelle fernzuhalten und seine grauenhafte Arbeit gegen Morgen zu erledigen.

Mich fröstelte in der Nachtluft, und ich merkte, daß mir die Nackenhaare zu Berge standen, als ob jemand über mein Grab marschiert wäre. War die kalte Nachtluft dafür verantwortlich oder die Exekution, die wir gerade ausgeführt hatten? Tief in meinem Inneren wußte ich, daß es die Exekution war.

Auf der Rückfahrt nach Long Kesh spürten wir alle ein Gefühl der Erleichterung. Dieser Auftrag war gelaufen wie geplant; es gab keine Schwierigkeiten in letzter Minute; es bestand kein Grund, dem Mann ins Gesicht zu sehen, bevor er erschossen wurde; die Operation war kalt, sauber und geradezu klinisch verlaufen.

Wir waren vor Mitternacht wieder im Lager, setzten uns zusammen, tranken Kaffee und diskutierten ausführlich den Verlauf des Einsatzes. Don wies auf einige Punkte hin, von denen er meinte, sie müßten zur Sprache gebracht werden, damit die Dinge bei künftigen Einsätzen besser liefen. Er schlug vor, aber es war in Wirklichkeit ein Befehl, daß in Zukunft der Mann hinter dem Fahrer immer ausstieg und uns nach hinten absicherte, wie JR es an diesem Tag getan hatte.

Während unseres Gesprächs nahm JR die Browning und den Schalldämpfer auseinander, reinigte und ölte jedes Einzelteil und setzte dann alles wieder zusammen. Zwei Stunden später gingen wir ins Bett. Ich döste sofort weg und schlief die Nacht ohne die Spur eines Alptraums durch.

Beim Aufwachen am nächsten Morgen kam die Erinnerung an die Exekution am Vorabend sofort zurück, aber ich wußte, ich mußte alles vergessen, es in meinem Kopf ganz nach hinten verdrängen und weiterleben. Ich hatte bereits bemerkt, daß dies die einzige Methode war, die Gedanken auszulöschen, die mich gelegentlich beherrschten und wie ein böser Traum verfolgten. Meistens gelang es mir, die Erinnerungen zu begraben, indem ich mich auf das konzentrierte, was ich gerade tat, ob ich nun die Zähne putzte, duschte oder ein gutes Essen genoß. Ich wußte, daß ich alles vergessen mußte, was wir taten, oder ich würde mit dem Leben nicht zurechtkommen. Immer wieder erinnerte ich mich selbst daran, daß ein SAS-Mann Befehle nicht in Frage stellt. Er führt das, was man ihm befiehlt, mit absoluter Professionalität aus. Und ich war entschlossen, ein verdammt guter SAS-Mann zu sein.

Zum Glück ging es in Nordirland nicht nur um das Töten.

Am nächsten Tag hingen wir faul herum, gingen in einen Waschsalon in Lisburn, um unsere Kleidung zu reinigen, sahen fern und lasen Zeitung. An diesem Abend besuchten wir den Union Club in Carrickfergus, um etwas zu trinken.

Wir redeten fast nie über unseren persönlichen Hintergrund, unsere Familien oder das Leben vor dem Eintritt in den SAS. Natürlich sprachen wir als junge Soldaten über Frauen, erwähnten aber nie ihre Namen. Ein ganzes Jahr lang hockten wir aufeinander, lebten enger beieinander als jede Familie. Die meiste Zeit in Ulster gingen wir gemeinsam als Gruppe aus und arbeiteten immer zusammen, nie allein.

Ich erfuhr, daß JR, ein Junge aus Yorkshire, den größten Teil seines Lebens in einem Waisenhaus verbracht hatte, sehr früh zur Armee gegangen war, bevor er sich den Pionieren angeschlossen hatte. Benny kam aus Enfield, Middlesex, und sein früheres soziales Umfeld schien wie bei mir ganz normal zu sein. Er hatte einen älteren Bruder und eine ältere Schwester. Don kam aus Devon, war aber in Übersee geboren, wo sein Vater als Berufssoldat zu der Zeit stationiert war.

Weil wir soviel Zeit zusammen verbrachten, fanden wir, wir sollten uns trennen und eigene Wege gehen, wenn wir in eine Kneipe, einen Club oder eine Disco gingen. Aber vorsichtshalber behielten wir uns immer gegenseitig im Auge. Wir waren natürlich Freunde, aber wir merkten, daß diese Trennungen das Leben erleichterten, wenn wir zusammensein mußten, wenn wir mit unserem Wagen herumfuhren oder in unserer Unterkunft herumsaßen und redeten. Dort verbrachten wir natürlich die meiste Zeit.

Wenn wir überzeugt waren, uns in eine sichere Gegend zu begeben, beispielsweise zum Fußballspielen oder in den Union Club, ließen wir bis zur Rückkehr unsere Waffen immer im Wachraum von Long Kesh. Wir holten sie jedoch stets unmittelbar nach der Rückkehr ab, weil man nie wissen konnte, wie schnell wir zum nächsten Einsatz geschickt wurden.

Als wir in den Union Club kamen, ging ich zu John, dem Engländer, den ich hier schon ein paarmal getroffen hatte. Wir redeten bei einigen Bieren, und er lud mich zum Essen am Sonntag ein, damit ich seine Frau und seine Familie kennenlernte. Er wußte, daß ich jung war, gerade eben 23, und weit weg von zu Hause, und er wollte einfach nur nett und freundlich sein. Ich freute mich wirklich auf diesen Sonntagsbraten; es schien eine Ewigkeit her zu sein, daß ich ein selbstgekochtes Essen bekommen hatte.

Am folgenden Abend beschlossen wir, in die Armee-Disco in Sydenham Docks zu gehen. Der Saal war am Kochen, als wir kurz nach neun kamen. Es waren viele Soldaten da, aber wichtiger noch: auf jeweils zwei Männer schienen drei Frauen zu kommen. Wir sahen uns an und wußten, daß wir uns königlich amüsieren würden, mit allem Drum und Dran.

Irgendwie schien es mein Glückstag zu sein. Ich hatte an der Theke gestanden, in Ruhe ein Bier getrunken und mich umgesehen, als ich eine attraktive, junge, gutgebaute, recht offenherzig wirkende Blondine entdeckte, die mit einer Freundin tanzte. Sie kam an die Theke, bestellte etwas zu trinken und fing an, mit mir zu reden. Sie hatte mich sofort an der Angel.

Sie sagte, sie heiße Alison, aber das glaubte ich nicht. Sie sah einfach nicht wie eine Alison aus, bei dem Namen dachte ich an eine zarte Alice und behütete junge Mädchen. Instinktiv war mir klar, daß dieser Alison nichts im Leben fremd war, denn sie zeigte ihre Wünsche ganz offen. Sie war genau die Sorte Frau, die ich an diesem Abend brauchte, um alles zu vergessen.

Ich fragte Alison, ob sie tanzen wolle, aber sie zog es vor, an der Theke zu bleiben und zu trinken. Erst als die Musik langsam wurde, wollte sie tanzen. Gleich bei den ersten Schritten wußte ich, daß sie mich haben wollte. Ihre Hände wanderten überall herum, und sie drängte sich so eng an mich, als ob sie mich schon seit Ewigkeiten kannte.

Sie schlug vor, nach draußen zu gehen und frische Luft zu schnappen, und ich war richtig froh, aus dem verräucherten Raum herauszukommen und Gelegenheit zum Knutschen zu haben. Davon wollte sie nichts wissen. Sie führte mich zu einem halben Dutzend nebeneinander stehender Armee-Dreitonner, deren hintere Planen praktischerweise heruntergelassen waren. »Los, komm«, sagte sie, »heb mich rauf.«

Ich packte sie am Hintern und schob sie in den Lkw, dann kletterte ich hinein. Auf dem Weg nach draußen hatte sie ihren Mantel mitgenommen, jetzt warf sie ihn auf den kalten Boden und legte sich hin. »Worauf wartest du?« fragte sie, »ich hab' keine Unterhose an.«

Das ließ ich mir nicht zweimal sagen, und ich hatte mich nicht geirrt. Alison war Dynamit. Sie wollte zweimal von mir gebumst werden, bevor ich aufhören durfte. Als wir zur Disco zurückgingen, sagte sie: »Wir sehen uns wieder. Ich liebe gute Nummern.«

In jener Nacht der Ausschweifungen kümmerten sich mindestens zwei Mädchen um Bennys bestes Stück, und das brachte ihm einen Ruf ein, der ihm während unseres zwölfmonatigen Aufenthalts in Nordirland erhalten blieb. Um es milde auszudrücken: Benny war gut bestückt.

Er ging mit dem Mädchen, das er an dem Abend kennengelernt hatte, ziemlich lange nach draußen. Als sie in die Disco zurückkam, sang sie ein Loblied auf Benny. Glücklich erklärte sie ihren Freundinnen: »Den müßt ihr ausprobieren, der ist phantastisch. Der ist der größte, den ich je gesehen habe. Ich kann kaum noch gehen, und sitzen kann ich schon gar nicht.«

Irgendwann nach Mitternacht kehrten wir alle vier grinsend nach Long Kesh zurück. Wir hatten ordentlich was zu trinken und was zu vögeln gebraucht, um uns zu entspannen und für eine Nacht alles zu vergessen, was seit unserer Ankunft in Nordirland passiert war. Es ging uns besser.

Geschniegelt und gebügelt traf ich John auf ein Bier im Club vor dem ersehnten Sonntagsessen. Wir fuhren zu seinem etwa drei Meilen entfernten Bungalow. In dem Moment, in dem ich seine Tochter Lizzie sah, wußte ich, daß zwischen uns was sein würde. Später gestand sie mir, daß sie es genauso empfunden hatte.

Während des Essens schauten Lizzie und ich einander immer mal wieder an und lächelten. Hinterher fragte sie mich, ob ich mit ihr den Hund auf den Feldern hinter dem Haus ausführen wollte. Bereitwillig stimmte ich zu.

Wir waren mehr als eine Stunde mit dem Hund unterwegs, redeten, lachten und neckten uns gegenseitig. Es machte Spaß, mit Lizzie zusammenzusein. Ihre Eltern stammten aus England und lebten erst seit ein paar Jahren in Nordirland. Sie war knapp 1,65 Meter groß, hatte braunes Haar und braune Augen und wunderbar gerundete Formen. Lizzie war Verkäuferin und gerade zwanzig geworden.

Als wir spazierengingen und redeten, wurde mir klar, daß Lizzie während meiner Dienstzeit in der nordirischen Provinz eine wunderbare Gefährtin sein könnte und ich so hoffentlich auch noch Interessen fernab vom Soldatenleben hätte. Mir war auch klar, je mehr Zeit ich mit Lizzie verbrachte, desto mehr Atempausen bekam ich weit weg von meinen drei Kameraden.

Dafür, daß wir so eng zusammenleben mußten, kamen wir vier verdammt gut miteinander aus. Doch die Beziehung beruhte auch auf der Erkenntnis, daß wir Teil einer SAS-Einheit waren, die wußte, daß alle miteinander auskommen mußten, egal, was passierte. Das half. Manchmal sehnte ich mich jedoch danach, allein draußen auf dem Land zu sein, Vögel zu beobachten oder einfach allein spazierenzugehen, ohne eine Waffe tragen oder mich sicherheitshalber umgucken zu müssen.

Ich hatte ein schlechtes Gewissen, weil Lizzie mir gefiel. Ich war sicher, etwas für sie zu empfinden, nicht nur sinnliches Verlangen, und doch fragte ich mich, ob ihre Anziehungkraft nicht auf der Tatsache beruhte, daß sie Eltern hatte, die in einem schönen Haus wohnten, mir gegenüber großzügig waren, mir etwas zu essen gaben und mir auf eine Weise das Gefühl von einem Zuhause vermittelten, wie ich es noch nie im Leben erfahren hatte. Sie gaben mir das Gefühl, mehr als willkommen zu sein.

Nachdem sie darauf bestanden hatte, daß ich auch zum Tee blieb, bot Lizzie mir an, mich nach Long Kesh zurückzufahren. Als wir uns im Auto verabschiedeten, beugte sie sich zu mir herüber und küßte mich auf den Mund. Ich fing an, sie zu küssen, aber sie wandte sich ab. Das gefiel mir.

Als ich lächelnd ins Lager ging, war ich sicher, daß wir einander öfter sehen würden. Innerlich wußte ich, daß ich sie brauchte.

KAPITEL 8

Nach seinem morgendlichen Anruf im Hauptquartier Lisburn sagte Don uns, daß er etwa zwei Stunden weg sein und uns beim Mittagessen sehen würde. Er telefonierte nie von Long Kesh aus, denn er hatte Angst, die Gespräche könnten abgehört oder mitgeschnitten werden. Trotz der Tatsache, daß wir angeblich alle auf derselben Seite standen, wollte Don nicht, daß andere Leute die Möglichkeit hatten, seine Gespräche mit den Geheimdiensten in Lisburn mitzuhören.

Er rief aus unterschiedlichen Telefonzellen zu unterschiedlichen Zeiten an, so daß kein festes Muster zu erkennen war. Er ging immer zu Fuß zum Telefonieren, dabei wählte er nicht nur immer einen anderen Weg, sondern er erledigte seine tägliche Arbeit auch fast unbeobachtet.

Wenn er nach Lisburn beordert wurde, nahm er den Wagen, verließ das Lager aber durch das hintere Tor.

Bei seiner Rückkehr an diesem speziellen Mittwoch, dem 3. November, forderte er uns auf: »Macht fix! Wir haben heute abend wieder einen Job.« Und dann fügte er hinzu: »Wir sollten hellwach sein.«

Wir waren bereit. An diesem Wochenende waren in Belfast zwei britische Soldaten getötet worden, einer wurde aus nächster Entfernung in einem Auto erschossen, der andere war ums Leben gekommen, als in seiner Unterkunft in der Cupar Street in der Nähe der Springfield Road eine Bombe explodierte.

Außer diesen Morden hatte uns noch etwas wütend gemacht. In den Fernsehnachrichten dieses Wochenendes hatten wir gesehen, wie 15 000 Menschen durch das Londoner West End nach Whitehall marschiert waren, um gegen die Praxis der Internierung ohne Gerichtsverhandlung in Nordirland zu protestieren. Wir hatten die endlosen Sprechchöre der Marschierer gehört: »Sieg für die IRA!« Ständig wiederholten die Protestierenden sie, und viele von ihnen trugen nationalistische Fahnen.

Nur wenige Tage vor dem Marsch hatte die Regierung bekanntgegeben, daß die IRA im Monat Oktober 225 Bomben mit insgesamt 1080 Kilo Sprengstoff gezündet hatte. Viele dieser Bomben sollten britische Soldaten töten oder zu Krüppeln machen. Der IRA schien es egal zu sein, daß manche Bomben auch unschuldige Frauen und Kinder töteten.

Uns wurde auch klar, daß die IRA nicht nur den Propagandakrieg auf der britischen Hauptinsel gewann, sie hatte auch erfolgreich um immer mehr Unterstützung für ihre Sache innerhalb der gesamten katholischen Bevölkerung Nordirlands geworben. Eine Frau in Ardoyne, die die IRA nie unterstützt hatte, gab damals folgenden Kommentar ab: »Wir wollten die IRA nie, aber jetzt scheint sie unser einziger Schutz zu sein.«

Es sah aus, als ob die Informationen, die wir bei unserer Ankunft vor fünf Wochen aus den vereinten geheimen Nachrichtenquellen der Britischen Armee, des britischen Geheimdienstes, der Staatssicherheitspolizei und der nordirischen Polizei erfahren hatten, entweder vollkommen am Ziel vorbeigegangen oder absichtlich frisiert waren, um uns den Eindruck zu vermitteln, der Krieg gegen die IRA sei fast vorbei.

In diesen fünf Wochen war die Zahl der Bombenanschläge und Schießereien in der ganzen Provinz, vor allem aber in Belfast und Londonderry, alarmierend angestiegen. An jedem Abend, ohne jede Ausnahme, waren die Nordirland-Nachrichten der BBC voll mit Berichten über Tote, Verletzte, Bomben, Schießereien und Brände. Die ausgewählten Ziele sagten uns, daß die IRA für alle Anschläge, bis auf wenige Ausnahmen, verantwortlich war. Weit entfernt davon, im Norden fast ausgelöscht zu sein, schien die IRA täglich neue Kraft zu gewinnen.

Wir hatten das Gefühl, man hätte uns weit sinnvoller an der Grenze mit den anderen SAS-Einheiten beschäftigen können, um in den Norden eindringende IRA-Leute abzufangen, statt uns einfach als Exekutionskommando zu benutzen. Wir alle hätten lieber Kampfausrüstung getragen, um hinauszugehen und diese Strolche nach der Methode gefangenzunehmen, die wir gelernt hatten, statt Jeans, Pullover und Lederjacken anzuziehen, als wären wir auf dem Weg in die Stammkneipe. Uns war aber auch durchaus klar, daß jeder Mann, den wir beseitigten, ein Killer weniger auf den Straßen Nordirlands war. Das war eine gewisse Rechtfertigung für uns.

Wie immer, wenn wir darauf warteten, zum Einsatz hinauszugehen, liefen wir ungeduldig in der Unterkunft hin und her. Ich ging zu Don, der gerade den Schalldämpfer und die Browning reinigte. »Ich übernehme die Grenz-Sonderanfertigung heute abend«, sagte ich und nahm ihm die Waffe weg.

»Wie nennst du das?« fragte er.

»Die Grenz-Sonderanfertigung. Irgendeinen Namen muß das Ding doch haben. Das ist alles«, antwortete ich.

»He«, sagte JR, »das gefällt mir. Grenz-Sonderanfertigung. . .« Und er lachte. Aber sein Lachen klang eher nach Erleichterung, denn eigentlich hätte JR heute abend schießen müssen.

Nachdem ich die Waffe an mich genommen hatte, zerlegte ich sie noch einmal, überprüfte und reinigte die Kugeln. Ich legte sie vorsichtig ins Magazin und ließ es in den

Kolben gleiten. Ich wartete darauf, das Klicken zu hören, denn dann war es an seinem richtigen Platz. Ich wollte nichts mehr schmutzig machen.

Wieder einmal fuhren wir zur Grenze, JR am Steuer und Don und Benny auf den Rücksitzen. Sie dirigierten uns nach der Karte, die Don an diesem Morgen bekommen hatte. Wir fuhren nicht zu langsam und nicht zu schnell, hielten uns an Tempolimits und versuchten, keine Aufmerksamkeit zu erregen.

Kurz nach acht bogen wir in eine enge, einsame Straße in der Nähe der Grenze ein und warteten in der Dunkelheit auf das Treffen. Wie würde unser Mann wohl diesmal sein? Don stieg aus und ging, wie besprochen, etwa zehn Meter nach hinten. Wir wußten, daß das Gebiet gesichert war, denn mindestens eine weitere SAS-Einheit hatte sich vor unserem Eintreffen darum gekümmert. Das Aufstellen des Wachpostens war für uns nur eine zusätzliche Sicherheitsmaßnahme.

Ich wartete, bis ich das rote Licht aufblitzen sah. JR betätigte einmal die Lichthupe, ich stieg aus und ging die Straße hinunter. Ich sah einen SAS-Soldaten in voller Tarnung, eine Pistole in der rechten Hand, das Gewehr geschultert. Er hielt sein Opfer viel fester als letztesmal, hatte den Mann am Nacken gepackt und schob ihn auf mich zu. »Paßt gut auf den auf«, warnte er mich. »Er ist ein munteres Kerlchen.«

Der Mann, etwa 1,68 Meter groß, schlank und mit einem Gesicht, das ich nur als frettchenähnlich bezeichnen kann, wirkte selbstbewußt, fast großspurig. Mit Blick auf mich sagte er höhnisch mit südirischem Akzent: »Wen haben wir denn da? Staatssicherheitspolizei?«

»Ich kümmer' mich um die kleine Ratte«, sagte ich, griff ihn beim Nacken, schleppte ihn die knapp zehn Meter zum Auto und schob ihn auf den Rücksitz. Don stieg nach ihm ein, und wir fuhren los.

Nachdem wir eine Weile schweigend gefahren waren, sagte unser Mann sarkastisch: »Und wohin wollt ihr Bubis mich bringen?«

»Wir bringen dich zu jemandem, der mit dir reden will«, sagte Don.

»Ich vermute, ihr seid der Scheiß-SAS, genau wie die Wichser, die mich eingefangen haben«, antwortete er.

»Wenn wir der SAS wären«, sagte Don, »dann wärst du schon scheißtot, mein Sonnenscheinchen. Und jetzt halt das Maul, lehn dich zurück und entspann dich.«

Als wir am Wald ankamen, griff Don ihn an der Jacke und zerrte ihn aus dem Wagen. »Raus! Raus!« Mehr sagte er nicht.

JR parkte abseits der Straße, und wir gingen über das Gras zu den Bäumen. Der Mond schien hell vom wolkenlosen Himmel. Wir fröstelten in der Kälte; der Winter kündigte sich an.

Wir gingen rund hundert Meter zu dem alten Graben, sahen aber, daß er zugeschüttet war. Dahinter war ein neuer ausgehoben. Unser Mann erkannte das auch.

»Was zur Hölle ist das?« fragte er und wandte sich mir zu. Ich wollte gerade abdrücken, als er sich umdrehte. Ich drückte einfach weiter und traf ihn voll im Gesicht. Sofort zielte ich auf seine Brust und schoß noch zweimal, um sicher zu sein, daß er wirklich und wahrhaftig tot war.

Als er zu Boden fiel, sah ich die kleine, rote Stelle in seinem Gesicht, wo die Kugel eingedrungen war. Auf der Brust konnte ich nichts erkennen, aber ich wußte, daß ich getroffen hatte. Don beugte sich herab, um den Puls zu prüfen. »Der ist hin«, sagte er.

Don griff nach den Schultern, ich nahm die Beine, und wir hoben ihn hoch und warfen ihn in den Graben. Ich sammelte die drei leeren Hülsen ein, dann gingen wir wortlos zum Wagen zurück.

Es ging mir gut, als wir zurückfuhren. Vom ersten Augenblick an hatte ich den miesen Zwerg nicht leiden können. Mir gefiel sein Sarkasmus genauso wenig wie sein Versuch, den SAS madig zu machen. Wie viele Soldaten hatte er wohl zu töten versucht, und wie viele hatte er tatsächlich umgebracht? Ich hatte das Gefühl, meinen kleinen Beitrag dazu geleistet zu haben, das Land von einem weiteren Unruhestifter zu befreien, der bereit war, aufs Ganze zu gehen, um seine politischen Ziele durchzusetzen.

In Long Kesh machte Benny Kaffee, und ich saß auf dem Bett und säuberte und ölte die Pistole. Zwei Stunden später schliefen wir alle tief und fest und freuten uns auf den nächsten Abend. Donnerstag, Disco-Zeit in Sydenham. Lizzie wollte dasein.

Als wir die Disco betraten, pfiffen und jubelten einige Mädchen hinter Benny her, denn sein Ruhm hatte sich schnell herumgesprochen.

Benny wurde knallrot, senkte den Kopf, steckte die Hände in die Taschen und versuchte, seine Verlegenheit zu verbergen.

»Man erwartet von dir, daß du in unserem Haufen unauffällig bleibst«, zog JR ihn auf, »und hier bist du schon nach einem verdammten Abend eine Berühmtheit.«

»Nicht meine Schuld«, sagte Benny, »ich hab' doch nicht gedacht, daß sie es überall rumposaunt.«

»Wenn du schuld bist an der ganzen Aufregung hier«, sagte ich, »dann mußt du entweder zum Arzt gehen und dir ein paar Zentimeter abschneiden lassen, oder du mußt dafür sorgen, daß du für den Rest der Zeit hier das Ding in der Hose behältst.«

»Laßt mich in Ruhe«, knurrte Benny und stürzte sein erstes Bier in einem Zug runter.

Es war nur eine Frage von Minuten, bis ein Mädchen zu Benny kam und ihn, trotz seiner Verlegenheit, auf die Tanzfläche zog. Don und JR gingen wieder zu den Mädchen, die sie in der vergangenen Woche kennengelernt hatten, und dann kam Lizzie. Gut sah sie aus und glücklich, und sie lächelte. »Schön, dich wiederzusehen«, sagte sie und hauchte mir einen leichten Kuß auf die Wange. Es war, als wären wir schon ein paar Jahre verheiratet, aber sie schien über das Wiedersehen glücklich zu sein. Ich versuchte natürlich, mich lässig zu geben, aber ich war wirklich froh, sie zu sehen.

Lizzie sah hinreißend aus, und ich war stolz und glücklich, mit ihr zusammenzusein. Es war ein gutes Gefühl, jemanden zu haben, mit dem ich, wie ich hoffte, eine richtige Beziehung aufbauen konnte. Im Herzen wußte ich, daß ich viel lieber eine feste Freundin haben wollte als ein Mädchen für eine Nacht.

Der Abend war schön, und wir tanzten, tranken und redeten die meiste Zeit. Bei allen langsamen Tänzen küßten wir uns und schmusten, und es war ein gutes Gefühl. Lizzie lud mich für Sonntag wieder zum Essen ein und versprach, mich in Long Kesh abzuholen und mit mir auf ein Glas in den Club zu gehen, bevor wir zu ihr nach Hause fuhren.

Die Jungs genossen den freien Abend, und kurz nach Mitternacht fuhren wir alle gemeinsam zurück zu unserer Unterkunft. Wir achteten darauf, daß unser Weg von Sydenham nach Long Kesh nur durch sichere Gebiete führte, denn genau an diesem Tag hatte die Armee die größte Hausdurchsuchungsaktion, die es je gegeben hatte, durchgeführt. Morgens um sieben war es im katholischen Bereich Andersonstown losgegangen und hatte sich bis mittags über den größten Teil der Lower Falls erstreckt. Sie suchten nach IRA-Verdächtigen, Waffen und Material für Bomben.

Auf der Rückfahrt sahen wir ungewöhnlich viele nordirische Polizisten auf der Straße, und wir hatten Mitleid mit ihnen. Wir fühlten uns sicher, weil wir, außer an Discoabenden, stets und ständig unsere Pistolen trugen. Die Polizei dagegen wurde immer mehr zur Zielscheibe der IRA, und ihr Zorn wuchs. Allein im Oktober 1971 hatte es 155 Einzelüberfälle auf Polizeiwachen und Polizisten gegeben, und dennoch waren sie immer noch mit den altmodischen Revolvern aus dem Ersten Weltkrieg ausgerüstet.

In dieser Woche hatten zwei Polizeidivisionen dem Polizeipräsidenten Graham Skillington einen gemeinsamen Brief geschrieben und mit Massenrücktritten gedroht, falls sie keine neuen Waffen bekämen. Einige verlangten automatische Waffen wie Maschinengewehre, andere forderten gepanzerte Autos.

Zwei Tage zuvor war Belfast durch eine große Bombe erschüttert worden, die den Red Lion in Einzelteile zerlegt hatte. Der Red Lion war eine protestantische Kneipe in der Ormeau Road in Ballnafeigh, zwei Meilen vom Stadtzentrum entfernt. Bei der Detonation waren zwei Zivilisten getötet und 36 Leute schwer verletzt worden, und die Zündung war so eingestellt, daß sie mittags, wenn dort viel los war, hochging. Minuten später war eine Bombe in einem Modegeschäft explodiert und hatte es zerstört. Die Geschäfte lagen links und rechts neben einer Wache der nordirischen Polizei, doch die hatte von beiden Detonationen nichts abbekommen. Eine Vorwarnung hatte es nicht gegeben. Das war für uns der Beweis, daß der IRA die Leute, die sie angeblich unterstützte und schützte, völlig gleichgültig waren.

Um fit zu bleiben, machten wir von Zeit zu Zeit harte Läufe auf dem stillgelegten Flugplatz, oder wir hoben Gewichte, die einer der Armeeköche in einer behelfsmäßigen Sporthalle in der Nähe unseres Containers deponiert hatte. Diese Gewichte stellten sich als wirklich nützlich heraus, weil wir dadurch etwas zu tun hatten und nicht den ganzen Tag herumhingen, während wir auf den nächsten Einsatz warteten.

In der Zwischenzeit war der Sonntag gekommen. Ich verbrachte die meiste Zeit mit Lizzie, führte ihren Hund aus, ging auf ein Glas in den Club und genoß dann den Sonntagsbraten genauso wie den Tee. Abends um zehn setzte Lizzie mich in Long Kesh ab, verabschiedete sich mit einem Kuß und dem Versprechen, mich am Donnerstag in der Disco zu treffen.

Wir wußten, daß ein neuer Einsatz auf uns zukam, nachdem Don nach Lisburn fahren mußte, um neue Instruktionen abzuholen. »Wir haben wieder einen verdammten Job in Belfast zu erledigen«, erklärte er nach seiner Rückkehr. Er informierte uns, was schiefgegangen war und warum wir die Sache in Ordnung bringen mußten.

Zwei früheren IRA-Sympathisanten, die inzwischen für die Geheimpolizei arbeiteten, war es gelungen, einen bekannten IRA-Schützen, einen Ex-Kollegen also, zu kidnappen. Sie hatten ihn in einem Haus in der Ballysillan

Road im Nordwesten von Belfast an ein Bett gekettet. Dann waren die beiden ehemaligen IRA-Männer Mick und John in Panik geraten, daß ihr Opfer entdeckt würde und ihre Deckung aufflog. Sie hatten Kontakt zur Geheimpolizei aufgenommen, die dann entschied, daß wir den Mann umlegen sollten. Sie verlangten, daß die Sache sofort erledigt wurde, weil sie nicht das Risiko eingehen wollten, ihre Informanten zu verlieren.

Trotz der Dringlichkeit zogen wir es vor, den Einsatz im Schutz der Dunkelheit auszuführen, und kamen kurz nach Einbruch der Dämmerung am Schauplatz an. Zwei Minuten nachdem wir vorgefahren waren, kamen Mick und John mit dem Mann aus dem Haus; seine Hände waren auf dem Rücken gefesselt. Ganz offensichtlich hatten sie ihn fürchterlich verprügelt, denn seine Lippen waren geplatzt, die Augen blau, das Gesicht völlig verschwollen.

Don stieg aus, und die beiden irischen Informanten stießen ihren Gefangenen neben mich. »Hört mal zu, ihr beiden«, sagte Don zu Mick und John, »solche Scheißjobs wie diesen wollen wir nicht mehr. Habt ihr das verstanden?«

»Es war nötig«, sagte einer von ihnen, »wir haben ihn gesehen, also haben wir ihn uns gegriffen. Wir hatten keine Wahl.«

»Verdammte Schwachköpfe«, murmelte Don, als er sich neben den Gefangenen ins Auto setzte.

Auf der Fahrt löste Don die Fesseln des Mannes und sagte, um ihn zu beruhigen: »Wenn du kooperativ bist und die Fragen beantwortest, übergibt man dich vielleicht den Sanitätern, und die kümmern sich dann um dich.«

Seine beruhigenden Worte zeigten die gewünschte Wirkung. Der Mann blieb ruhig und rieb sich die Handgelenke. Während der Fahrt schauten wir hin und wieder in sein Gesicht. Um Augen und Nase klebten Unmengen von geronnenem Blut, und alles war voller Blutergüsse. Obwohl er so schlimm aussah, schien er von den Schlägen, die er eingefangen hatte, kaum Notiz zu nehmen.

Während Benny wieder zu dem Wald fuhr, wo die Exekution stattfinden sollte, sagte niemand ein Wort. Diesesmal war ich verärgert, daß wir anderer Leute Drecksarbeit zu Ende bringen mußten. Es machte mir nicht soviel aus, wenn wir IRA-Schützen, die der SAS an der Grenze gefangengenommen hatte, beseitigen mußten. Aber das hier, fand ich, hatte mit uns nichts zu tun.

Es sollte JRs erste Exekution sein, und ich fragte mich, wie er damit umgehen würde. Aus bitterer Erfahrung wußte ich, daß die Wirkung weit größer war, wenn ich selbst den Finger am Abzug hatte, als wenn ein anderer die Hinrichtung ausführte.

Ich hätte vorher wissen müssen, daß JR sich verkrampfen würde, und so war es dann auch. Wir dachten, er würde, wie sonst auch, den Kerl erst erschießen, wenn wir alle zum Graben gegangen waren. Als wir nur wenige Schritte vom Auto entfernt waren, hörte ich den dumpfen Knall. Mit einem Genickschuß fiel der Mann zu Boden.

Wir sahen uns an und waren wütend auf JR, weil wir jetzt die Leiche fast hundert Meter bis zum Graben tragen mußten. Der Mann in den 30ern war über 1,80 m groß und wog mindestens 95 Kilo. Wir vier hatten zu kämpfen, als wir ihn wegschleppten.

»Danke, JR. Warum zur Hölle hast du ihn nicht gehen lassen?« wollte Benny wissen.

»Ich dachte, euch würde die sportliche Betätigung gefallen«, antwortete JR. »Das tut euch gut.«

»Halt's Maul«, schimpfte Don.

Als Benny wieder losfahren wollte, sagte JR plötzlich: »Himmel, ich hab' vergessen, die blöde Hülse aufzusammeln.«

»Nun mach mal halblang, JR«, knurrte Don. »Du benimmst dich wie ein blutiger Anfänger. Steig aus und such sie. Aber beeil dich.«

Ich stieg mit aus und half beim Suchen, als JR den Boden in der Dunkelheit abtastete, um eine einzelne Hülse zu finden. Es wirkte wie eine Ewigkeit, aber nach fünf Minuten hatte JR sie gefunden. »Gott sei Dank«, sagte er. »Da ist sie. Komm.«

»Wird aber auch Zeit«, meinte Don unwirsch, als wir ins

Auto stiegen. Er brachte JR absichtlich in noch größere Verlegenheit, weil er hoffte, daß der sich nach dieser Kritik zusammenreißen würde.

Ich sah, daß Don über die ganze Angelegenheit verärgert war. Darüber, daß wir einen Job zu Ende bringen mußten, der nichts mit uns zu tun hatte, und natürlich über den Mangel an Professionalität bei JR. Don wußte, daß JR vorzeitig gefeuert hatte, weil seine Nerven bis zum Zerreißen gespannt waren. Don wußte auch, daß er vergessen hatte, die Hülse aufzusammeln, weil er nicht mehr klar denken konnte. Für Don waren diese Dinge, wenn es sich auch nur um Kleinigkeiten handelte, ein Beweis, daß JR nicht über ausreichende Selbstdisziplin verfügte, daß er mit Streß nicht fertig wurde und daß er noch nicht gezeigt hatte, als Soldat so gut zu sein, daß er einer SAS-Einheit angehören konnte. Don war stolz darauf, ein skrupelloser Profi zu sein, und er war der Meinung, daß jeder, der den Dolch mit Flügeln trug, vom selben Kaliber sein mußte.

Kurz nach Verlassen des Waldes erfaßten unsere Scheinwerfer für den Bruchteil einer Sekunde ein altes kleines Holzschild mit schwarzen Buchstaben, die kaum noch zu lesen waren. »Blackskull Lane« stand drauf (Blackskull: schwarzer Schädel). Ich sah Don an und konnte nicht an einen reinen Zufall glauben. Dann schauten wir auf unsere Karte und sahen, daß einige Meilen entfernt das Dorf Blackskull markiert war.

»Irgend jemand hat einen kranken Sinn für Humor«, sagte Benny leise.

In dieser Woche veröffentlichte Amnesty International einen Bericht mit schweren und offensichtlich begründeten Vorwürfen, daß Internierte in Long Kesh mißhandelt wurden. AI drängte darauf, eine unabhängige internationale Untersuchungskommission einzusetzen, die den Vorwürfen nachgehen sollte. Es waren einige Fälle dabei, die, so Amnesty, auf massive Folterungen an Gefangenen hinwiesen.

Nach diesem Bericht wurden Internierte schwer geschlagen, oft nackt ausgezogen, mußten barfuß über Glasscherben laufen und eine besonders grausame Tortur über sich ergehen lassen, die in Long Kesh auf der Tagesordnung stand.

Die Gefangenen bekamen eine undurchsichtige Kapuze ohne Ventilation über den Kopf gestülpt, dann zog man ihnen einen einteiligen Overall an, und sie wurden in die Durchsuchungsposition mit gespreizten Beinen gezwungen. Dann ließ man sie bis zu sechs Stunden ununterbrochen in einem Raum zurück, der von einem dauerhaften, hohen Schrillton erfüllt war. Manche Gefangene, so der Bericht, wurden an den Rand des Wahnsinns getrieben, andere beteten, sterben zu dürfen, um dem Leiden ein Ende zu setzen.

Begleitet wurde der Bericht von einer Erklärung, unterschrieben von 387 katholischen Priestern in Nordirland – das waren 80 Prozent des katholischen Klerus –, in der der Vorwurf erhoben wurde, daß Männer, die nach den Notstandsgesetzen ins Gefängnis gekommen waren, brutal behandelt und gefoltert wurden.

Wir waren überzeugt, daß die britische Regierung einer solchen Untersuchung nicht zustimmen konnte aus Angst, die Kommissionsmitglieder könnten über unsere Aktivitäten stolpern. Wir wußten, daß sich die ganze Welt empören würde, wenn die Nachricht durchsickerte, daß die britische Regierung eigene Elite-Einheiten vom SAS als Erschießungskommandos in Nordirland eingesetzt hatte.

Dann zeigte die IRA, wie tief zu sinken sie bereit war, und daß sie selbst auf ihre eigenen Leute keine Rücksicht nahm. Sie wählte vollkommen unschuldige katholische Mädchen im Teenageralter aus, um sie zu schikanieren und zu bestrafen.

Am Dienstag, dem 9. November 1971, wurde Martha Docherty, ein 19jähriges katholisches Mädchen aus der Creggan-Siedlung in Londonderry, von Frauen aus dem Stadtteil festgenommen. In drei Tagen wollte sie einen jungen Briten, den 18jährigen Berufssoldaten John Larter aus Suffolk in England, heiraten. Der Soldat des Royal Anglian Regiment wollte einen Tag vor der Hochzeit Katholik werden. Einen Monat zuvor war er von Jugendlichen aus Creggan gekidnappt, durch die Hand geschossen und aufgefordert worden, die Finger von Martha zu lassen.

Die Frauen banden Martha Docherty mit einem Drahtseil an einen Laternenpfahl, schoren sie kahl und teerten und federten sie. Um den Hals hängten sie ihr ein Schild mit der Aufschrift »Soldatenliebchen«. Fünfzehn Minuten standen fünfzig oder mehr Frauen um das Mädchen herum und verfluchten und verhöhnten es.

Doch trotz der Bestrafung trat der Soldat Larter zwei Tage später zum katholischen Glauben über, und das Paar heiratete am Tag darauf in der Kaserne Elbrington in Londonderry.

Martha war nicht das einzige Mädchen, das leiden mußte. Am folgenden Abend wurde die erst 17jährige Deirdre Duffy bei einem Spaziergang durch Londonderry von sieben Frauen gekidnappt. Sie stießen sie auf den Rücksitz eines Autos und fuhren mit ihr nach Bogside. Dort wurde sie herausgezerrt, mit Draht an einen Laternenpfahl gebunden und geteert und gefedert. Ihr Vergehen war, daß sie sich regelmäßig mit einem britischen Soldaten traf.

Zu der Zeit waren insgesamt 27 britische Soldaten, die in Londonderry Dienst taten, mit einheimischen Mädchen verlobt. Die IRA war damit nicht einverstanden und gab strikte Order, daß Mädchen keine Discos oder Tanzveranstaltungen besuchen durften, wenn britische Soldaten anwesend waren. Jedes Mädchen, das sich nicht daran hielt, wurde bestraft.

Mir taten die Mädchen zutiefst leid, und ihre Behandlung durch die IRA steigerte nur noch meinen Ekel vor diesen Leuten. Es schien, daß sie fröhlich Bomben auf unschuldige Menschen warfen, sich hinter der katholischen Minderheit versteckten und mit terroristischen Methoden gegen die Truppen vorgingen, wozu auch Heckenschützenfeuer und ferngesteuerte Sprengladungen gehörten. Es war schlichtweg unverschämt, wie sie ihre Frauen und Männer behandelten, die angeblich irgendwelche IRA-

Regeln gebrochen hatten. Die armen Kerle wurden weg-
geschafft und von drei oder vier IRA-Gangstern mit Stök-
ken oder Gummiknüppeln verprügelt. Bei schwereren
Verstößen schoß man die Knie weg, »Knie runderneuern«
nannte die IRA das gern.

Mit diesen Gedanken im Kopf hatte ich damals nur wenige Skrupel bezüglich des Jobs, den ich verrichten mußte.
Je mehr Nordirland in einem Sumpf von Gewalt, Bomben
und Schießereien zu versinken schien, desto mehr glaubte
ich daran, daß ich dazu beitrug, Killer zu beseitigen, die
sich die Aufgabe gestellt hatten, das soziale Gebäude der
Provinz zu unterminieren. Wenn IRA-Mitglieder bereit
waren, unschuldige Bürger zu töten und zu Krüppeln zu
machen, mußten sie die Konsequenzen tragen.

KAPITEL 9

Während der nächsten neun Wochen mußten wir nur noch zwei weitere IRA-Gefangene exekutieren, die von einer SAS-Einheit gefaßt worden waren, als sie die Grenze in Richtung Norden überschreiten wollten. Sie wurden uns an unterschiedlichen Stellen übergeben. Jede Erschießung verlief nach dem gleichen Muster. Die Befehle für Don waren unverändert, wenn er ins Hauptquartier nach Lisburn bestellt wurde und erfuhr, daß eine weitere Ladung aufgenommen und auf die übliche Weise beseitigt werden mußte.

Folglich hatten wir das Gefühl, daß wir die meiste Zeit in Long Kesh ein faules Leben führten, und die Erschießungen wurden eine ermüdende und stumpfsinnige Aufgabe, für die wir immer weniger Begeisterung zeigten. Wir hielten uns fit, wir machten Krafttraining, wir tranken Tee, gingen in Kneipen und Discos, aber eigentlich langweilte uns unser Leben zutiefst. Wir fanden auch, daß die Einsätze, zu denen wir etwa alle zwei Wochen geschickt wurden, eigentlich kein Job für den SAS waren.

Wir hätten viel lieber normalen Militärdienst geleistet,

wie es andere SAS-Einheiten taten. Sie lebten draußen, hielten Wache, gaben Geheiminformationen weiter und lockten Eindringlinge in den Hinterhalt, wenn es nötig war. Dann hätten wir unsere zwei Wochen Unterbrechung nach einem Monat draußen wirklich genossen.

Die meisten Hinrichtungen verliefen nach Plan. Nur zwei gingen schief.

Einmal kamen wir zum SAS-Treffpunkt an der Grenze. Benny hatte die »Grenz-Sonderanfertigung« bekommen, um diese Erschießung auszuführen. Nachdem er das rote Licht gesehen hatte, ging er auf den SAS-Mann und den Gefangenen zu. Im Augenblick der Übergabe sprintete der Gefangene davon.

Ich hörte einen Ruf und blickte hoch. Ich hatte hinter dem Auto Wache gestanden und sah den Mann auf mich zurennen. Ich hörte den dumpfen Knall der »Grenz-Sonderanfertigung«, aber der Mann lief weiter. Sekunden später hörte ich einen weiteren Knall, und der Mann brach zusammen, als er gerade am Auto vorbeirannte. Ich lief auf ihn zu, er lag da, krümmte sich und wimmerte. Benny kam, legte eine zweite Kugel ein und brachte ihn sofort zum Schweigen.

»Scheiße«, sagte Benny. »Das hätte ich nicht zulassen dürfen. Ich hatte keine Ahnung, daß er flitzen würde.«

»Schnell«, mahnte Don, »macht den Kofferraum auf, legt ihn rein und laßt uns verschwinden.«

Minuten später fuhren wir nach Norden in Richtung Blackskull Lane, voller Angst, daß uns eine Armeepatrouille oder die nordirische Polizei anhalten würden.

»Wenn wir von der Armee gestoppt werden«, sagte Don, »überlaßt das Reden mir. Ich gebe ihnen das Codewort ›Nemesis‹ und sage ihnen, sie sollen ihren Kommandanten anrufen. Wenn wir den Kofferraum öffnen sollen, erkläre ich ihnen, wer wir sind und was wir tun. Wenn sie uns zum Mitkommen auffordern, dann machen wir das. Solange wir bei den Soldaten bleiben, ist alles in Ordnung.«

»Wenn uns nordirische Bullen anhalten«, fuhr Don fort,

»sprech' ich erst mit ihnen und versuche sie zu überreden, uns durchzulassen. Wenn sie verlangen, daß wir den Kofferraum öffnen, dann müssen wir sie beseitigen. Wir können es uns nicht leisten, erwischt zu werden. Sonst könnten wir für lange Zeit im Bau landen. Also drückt die Daumen.«

Zum Glück passierte nichts. Es wäre mir auch schwergefallen, ohne Grund zwei Bullen kaltblütig zu erschießen.

Nach unserer Rückkehr nach Long Kesh führten wir unsere erste größere Diskussion über die ungewöhnlichen Einsätze, die uns befohlen wurden. Beim Eintritt in den SAS hatte keiner von uns auch nur eine Minute daran gedacht, daß man uns als Exekutionskommando abstellte, und doch hatten wir seit der Ankunft in Nordirland keine anderen Aufgaben bekommen.

Beim Kaffee fragte ich Don an diesem Abend, was geschehen wäre, wenn wir zufällig auf eine achtköpfige irische Polizeieinheit an einer Straßensperre getroffen wären. »Wir hätten doch nicht versucht, sie alle zu beseitigen?« fragte ich ungläubig.

»Wenn das passiert wäre, hätten wir tief in der Scheiße gesteckt«, sagte Don.

Wir sahen einander an und warteten, daß er weiterredete, denn wir wußten nicht, was er meinte. Wir hatten alle geglaubt, das Codewort »Nemesis« sei uns zum Schutz gegeben worden, es sei ein Passwort, das dafür sorgte, daß es mit Armee und Polizei keine Probleme gab. Jetzt sah es so aus, als sei es nutzlos.

Don fuhr fort: »Man kann doch überhaupt nicht erwarten, daß so viele Polizisten unsere Einsätze für sich behalten. Egal, wie sehr wir uns bemüht hätten, unsere mißliche Lage zu erklären, ich glaube nicht, daß die Behörden uns helfen könnten. Ich bin sogar sicher, daß sie es gar nicht tun würden. Die Polizisten hätten unser Codewort an ihre Vorgesetzten weitergegeben, und die hätten Kontakt zum Hauptquartier in Lisburn aufgenommen. Aber ich glaube, Lisburn hätte alles abgestritten, nicht zugegeben, vom Codewort zu wissen, sie hätten sogar unsere Existenz geleugnet.«

Wir sahen Don erstaunt an.

»Hört zu«, sagte er, »laßt mich das erklären. Acht oder zehn Polizisten könnten nie den Mund halten, und innerhalb von Tagen oder Wochen würde jeder wissen, daß SAS-Einheiten dazu benutzt werden, um wahllos IRA-Kerle zu kidnappen und zu erschießen. Das würde zu einem Riesenaufstand führen. Die Behörden beziehungsweise die Politiker würden uns fallenlassen, der Polizei erzählen, daß wir eine Einheit von Schurken wären, die sich unerlaubt von der Truppe entfernt hat. Sie würden behaupten, daß sie selbst versucht hätten, uns gefangenzunehmen. Man würde uns der Polizei übergeben, vor Gericht stellen, wegen Mord anklagen, und dann wären wir am Ende.«

»Verflucht!« dachte ich.

Doch Don war noch nicht am Ende. »Schlimmer noch, irgendein Klugscheißer von der Armee würde uns sagen, wenn wir vor Gericht den Mund aufmachten und die Katze aus dem Sack ließen, würden wir das Tageslicht nie wiedersehen.«

Plötzlich war mir kalt.

Ich hatte, vielleicht ein bißchen naiv, geglaubt, daß wir Befehlen gehorchten und die Armee zu uns stehen würde, was immer auch geschah. Wir führten den dreckigsten Teil in dem verdammt schrecklichen Feldzug gegen die IRA aus, und doch, wenn es kritisch würde, würden wir geopfert werden, fünfzehn oder zwanzig Jahre im Bau verbringen, weil wir nichts anderes getan hatten, als Befehle aus dem Hauptquartier in Lisburn zu befolgen.

Ich sah die anderen drei an und war überzeugt, sie dachten genauso. Wir waren alle zum SAS gegangen, weil er Großbritanniens Elitestreitkraft war, die härteste Truppe der Britischen Armee. Wir waren durch die Hölle marschiert, um die Prüfung zu bestehen und den Dolch mit Flügeln zu bekommen. Wir waren so stolz gewesen, als man uns das SAS-Abzeichen mit den berühmten Worten »Wer wagt, gewinnt« überreicht hatte.

Uns erfaßte das blanke Entsetzen. Man erwartete, daß wir uns in gefährliche Situationen begaben, die beschissenste Arbeit aller Armee-Einheiten in Nordirland erledigten und das Risiko eingingen, unter Mordanklage gestellt, für schuldig befunden und zwanzig Jahre eingesperrt zu werden. War das das Privileg, Mitglied des SAS zu sein?

Den einzigen Funken Trost, den Don uns an diesem Abend spenden konnte, war seine Überzeugung, daß wir für diesen speziellen Job wohl nicht mehr viel länger eingesetzt würden. »Offensichtlich funktioniert es nicht. Nach allem, was wir in den Zeitungen lesen, ist die IRA offenbar weit entfernt von einer Niederlage, sie hat Hunderte von Aktiven, die froh und glücklich in die Schlacht ziehen und für die Sache sterben.«

Wir wußten, daß er recht hatte, und hofften, die Vorgesetzten in Lisburn würden einsehen, daß wir keine sinnvolle Rolle spielten, wenn es darum ging, die IRA-Rekruten davon abzuhalten, zu den Fahnen zu eilen.

Im November hatte Premierminister Edward Heath so gut wie zugegeben, daß die IRA nicht mehr eine winzige Bande von überzeugten Aktivisten war, sondern sich zu einer bedeutenden Macht entwickelt hatte, als er erklärte, im Vereinigten Königreich herrsche »Kriegszustand«.

Im November und Dezember 1971 verstärkte die IRA ihren Feldzug mit Bombenanschlägen und Schießereien noch weiter. Seit wir in die Provinz gekommen waren, hatte sich die Sicherheitssituation dramatisch verschlechtert, und nun schien es, daß auch die protestantischen paramilitärischen Organisationen aktiv eingriffen.

Zunächst waren die Protestanten in Ulster darauf eingestellt gewesen, daß die Behörden, also die Polizei mit Unterstützung der Britischen Armee, die Situation beherrschten. Aber dann hatten sie gesehen, daß die Lage sich immer weiter verschlechterte und die IRA von Woche zu Woche stärker wurde.

Am Samstag, dem 4. Dezember, schlugen die Loyalisten zurück. Eine protestantische Organisation, die sich The League of Empire Loyalists nannte, brachte die größte

Bombe zur Explosion, die seit Beginn der Unruhen je gelegt wurde. Sie waren entschlossen, der IRA zu beweisen, daß sie sie treffen konnten, wann und wo sie wollten. Die Bombe zerstörte eine der berühmtesten katholischen Kneipen in Belfast – McGurk's Bar an der Kreuzung Queen Street und Great George Street in dem katholischen Viertel New Lodge. Sechzehn Menschen wurden getötet und dreizehn schwer verletzt, als die 50-Pfund-Bombe detonierte.

Wir merkten, daß alles, was in Ulster geschah, auch in unsere kleine Welt mit ihren schmutzigen Taten eindrang. Die meisten Hinrichtungen verliefen planmäßig, aber wieder einmal war es JR, der alles vermasselte. Diesmal lief alles mit der Präzision eines Uhrwerks, bis zu dem Punkt, an dem JR, der in dieser Nacht die Exekution ausführen sollte, seine Nerven wieder nicht unter Kontrolle bekam. Als er den Mann in den Hinterkopf schießen wollte, zielte er daneben, traf ihn in den Nacken, und die Kugel trat aus dem Mund wieder aus.

In so einer Situation hätte JR dem Mann natürlich sofort eine zweite Kugel in den Kopf schießen müssen, um ihn so schnell wie möglich zu töten. Der Mann schrie vor Schmerzen und Angst, aber JR versteinerte, war unfähig, noch einmal abzudrücken. Ich stand neben JR, und um den armen Kerl von seinen Leiden zu erlösen und ihn zur Ruhe zu bringen, zog ich meine Pistole und schoß ihm in den Kopf. Er war sofort tot.

»Was treibst du da für ein verdammtes Spiel?« fragte ich JR, als der arme Kerl tot war.

»Ich weiß nicht«, sagte er, »ich konnte nichts tun. Ich war einfach wie versteinert.«

In Long Kesh wandte sich Don an JR: »Gut. Es sieht so aus, als könnten wir uns nicht darauf verlassen, daß du mit der Situation fertig wirst. Ab sofort bist du nur noch Fahrer. Okay?«

JR murmelte eine Antwort, aber von dem Tag an war er der Laufbursche der Einheit, dazu degradiert, das Auto zu fahren, Tee und Kaffee zu machen und Besorgungen für uns zu erledigen. Er beklagte sich nie. Irgendwie schien er erleichtert zu sein, daß er nie wieder der Belastung und der Anspannung ausgesetzt sein würde, mit der er offensichtlich nur schwer umgehen konnte.

Es kam zu merkwürdigen Situationen, und später lachten wir über unser Mißgeschick, auch wenn es ein wenig krank war. Als wir mitten in der Nacht mit einem Gefangenen zur Blackskull Lane fuhren, hatten wir vorn auf der Beifahrerseite einen Platten. Alle mußten aussteigen und mit anpacken, während Benny den Gefangenen bewachte. Es war schon seltsam, daß wir zehn Minuten Pause machen mußten, um einen Reifen zu wechseln, und daß der arme, unglückliche IRA-Mann keine Ahnung hatte, daß ihm gerade noch zehn zusätzliche Minuten Leben geschenkt worden waren. Was er wohl gemacht hätte, wenn jemand vorbeigekommen und gefragt hätte, ob wir Hilfe brauchen, und wir so getan hätten, als wäre der IRA-Mann einer von uns?

Ein anderes Mal kam der Cortina auf einer vereisten Stelle ins Rutschen, und der Wagen schlingerte mit der linken Seite über den grasbewachsenen Seitenstreifen. Dabei wurde die Stoßstange abgerissen und die Vorderseite sowie die Türen auf der linken Seite beschädigt. Der Zeitpunkt konnte nicht besser gewählt sein, denn am nächsten Tag sollten wir unseren dunkelblauen gegen einen dunkelgrünen Cortina tauschen. Aus Spaß warfen wir JR einen Fahrfehler vor, aber es war nicht seine Schuld.

Weihnachten 1971 hatten wir alle feste Freundinnen, mit denen wir uns seit Mitte November regelmäßig getroffen hatten. Die IRA hatte für Weihnachten einen 48stündigen Waffenstillstand verkündet, und Don war informiert worden, daß man uns über die Feiertage nicht brauchte. Wir waren entschlossen, uns zu amüsieren und fröhlich zu sein.

Anfang Dezember hatten Lizzies Eltern mich eingeladen, Weihnachten bei ihnen zu verbringen, was mich wirklich riesig freute. Es würde wunderbar sein, eine fröhliche, entspannte Weihnachtsatmosphäre zu genießen, mit gebratenem Puter, reichlich zu trinken und, was mir noch wichtiger war, Lizzie ein paar Tage ohne Unterbrechung zu sehen. Im November waren wir ein Liebespaar geworden, und unsere Beziehung wurde immer enger.

Lizzie wußte, daß ihre Eltern nachts fest schliefen, denn sie tranken gern mal ein bißchen mehr mit Freunden im Club oder zu Hause. Morgens gegen halb vier kam Lizzie in mein Zimmer, und wir liebten uns für den Rest der Nacht. Um halb acht schlich Lizzie auf Zehenspitzen in ihr Zimmer zurück und hoffte, ihre Eltern würden sie bis zehn schlafen lassen. Ausgepowert von zu wenig Schlaf, zuviel Alkohol und Tonnen guter Hausmannskost kehrte ich nach Long Kesh zurück und fühlte mich schlapp, aber bemerkenswert glücklich.

In den nächsten paar Tagen waren wir entschlossen, uns mit langen, harten Läufen und viel Krafttraining in der Sporthalle wieder fit zu machen. Ich glaube, wir hatten das alle nötig.

Im Dezember hatten wir einen langen, mit Bildern illustrierten Zeitungsbericht gelesen, der offenbar die volle Zustimmung der Presseabteilung des Verteidigungsministeriums gefunden hatte. Es ging darum, wie das 42. Kommando der Royal Marines die Grenze bewachte und angeblich IRA-Aktivisten daran hinderte, in den Norden überzuwechseln.

Auf den Bildern waren Wessex und Sioux Helicopter in Aktion, gepanzerte Panhards, Landrover und Marines in voller Kampfausrüstung zu sehen. Angeblich patrouillierten die Soldaten 118 Stunden die Woche und hatten die Zahl derer, die in die Provinz eindringen wollten, erfolgreich gesenkt. Es schien sicher zu sein, so wurde in dem Artikel behauptet, daß die Anwesenheit der Marines eine Abschreckung für die IRA-Sympathisanten war. Es handelte sich meistens um Jungen im Teenageralter, die nach Norden wollten, um für ein »freies Irland« zu kämpfen und zu sterben.

Wir hatten andere Erfahrungen gemacht. Trotz der Anwesenheit des 42. Kommandos mußten wir immer noch genauso oft an die Grenze fahren, einen Gefangenen in Empfang nehmen, mit ihm nach Blackskull fahren und ihn erschießen. Uns kam es vor, als hielten sich die Marines absichtlich von einem Grenzabschnitt fern, so daß die IRA in dem Glauben, sie hätte ein Schlupfloch in unserer Verteidigungslinie gefunden, weiterhin Männer schickte, die den Behörden im Norden bekannt waren und deswegen nicht wie einige unbekannte IRA-Rekruten einfach über die Grenze fahren konnten. Ein ranghoher IRA-Mann mußte das Risiko einer gefährlichen nächtlichen Grenzüberquerung eingehen, wenn er wieder in den Norden wollte. Und das würde er genau an der Stelle tun, wo der SAS schon wartete. Die Marines erleichterten dem SAS die Arbeit, weil wir nicht mehr einen so langen Grenzabschnitt bewachen mußten.

Sonntag, der 30. Januar 1972, war ein Tag, den ich nie vergessen werde. Wir saßen in unserem Container in Long Kesh und sahen fern, als es in einer kurzen Eilmeldung hieß, daß im Bogside-Viertel in Londonderry eine Schießerei stattgefunden hatte und daß nach unbestätigten Meldungen mehrere Menschen tot oder verwundet waren.

An diesem Tag hatten 10 000 Menschen, vorwiegend katholische Sympathisanten, begleitet von einigen Protestanten und Pfarrern beider Konfessionen, an einem friedlichen Marsch teilgenommen, den die Bürgerrechtsgesellschaft organisiert hatte. Die Marschierer näherten sich Free 'Derry Corner, als Soldaten die Straße sperrten und die Leute zum Umkehren zwangen.

Die Anführer der Bürgerrechtler beschlossen, den Marsch zu stoppen und ein Mikrofon für die Sprecher aufzubauen, die sich an die Menschenmassen wenden wollten. Bernadette Devlin, die junge, hitzköpfige nationalistische Abgeordnete, die das jüngste Parlamentsmitglied war, als sie 1969 mit 21 Jahren ins Londoner Unterhaus gewählt wurde, hatte kaum mit ihrer Rede begonnen, als das Geknatter von unzähligen Gewehren in der Gegend widerhallte.

Filmaufnahmen zeigten Angehörige des Fallschirmjäger-Regiments, wie sie auf die Marschierer feuerten, die in Panik vom Schauplatz flohen. Einige Soldaten rannten hinterher, gingen in die Knie, zielten und feuerten, während andere wild um sich schossen.

Als die Schießerei beendet war und der Aufruhr sich gelegt hatte, waren dreizehn unschuldige Menschen tot, alle von Kugeln erschossen, die die Soldaten abgefeuert hatten. Der »Blutige Sonntag« blieb für alle Zeiten im Gedächtnis der katholischen Minderheit.

Die Fallschirmjäger protestierten zwar und behaupteten, sie hätten nur zurückgeschossen, nachdem Heckenschützen sie unter Beschuß genommen hätten, aber es gab keinerlei Beweise dafür, daß irgend jemand sonst, außer den Fallschirmjägern, das Feuer eröffnet hatte. Die britische Regierung veranlaßte eine gerichtliche Untersuchung; die irische Regierung rief einen Tag der Trauer aus; in London, Belfast und Dublin legten Zehntausende die Arbeit nieder, verließen aus Protest gegen das blutige Abschlachten Fabriken, Büros, Geschäfte, Schulen und Universitäten.

In Dublin wurde die britische Flagge vor der britischen Botschaft verbrannt, und den Fallschirmjägern warf man vorsätzlichen Mord vor. Der Protest gegen die Briten wurde heftiger. In Dublin waren sieben britische Firmen Opfer von Anschlägen, auf die Botschaft in Dublin wurde eine Bombe geworfen. In katholischen Gebieten in ganz Nordirland brach eine Lawine von Krawallen und Gewalttätigkeiten los. Selbst siebenjährige Kinder warfen Nagelbomben und Steine auf britische Armeefahrzeuge.

Am Mittwoch, dem 2. Februar, nahmen mehr als 20 000 Menschen an der Beerdigung der dreizehn erschossenen Marschierer teil.

In unserer Unterkunft diskutierten wir während der nächsten Wochen das grauenvolle Ereignis immer wieder. Die Erschießungen wurden häufig im Fernsehen gezeigt, und ich mochte einfach nicht glauben, daß es disziplinierte britische Soldaten waren, die sich da so undiszipliniert benahmen. Je öfter wir die Aufnahmen sahen, desto entsetzter waren wir über das Verhalten der Fall-schirmjäger.

Noch erstaunter waren wir, daß zur Bestrafung dieser Soldaten, die offenbar Amok gelaufen waren und wahllos auf unschuldige Menschen geschossen hatten, nichts, aber auch gar nichts unternommen wurde. Sie wurden nie unter Anklage gestellt. Dafür wußten wir aber, wenn man uns bei der Erschießung von IRA-Schützen erwischte, dann würde man uns wahrscheinlich festnehmen, anklagen und zwanzig Jahre im Gefängnis schmoren lassen. Ich hatte immer an Großbritannien und die Britische Armee geglaubt, aber alles schien sich vor meinen Augen aufzulösen. Mir wurde übel.

KAPITEL 10

In den ersten drei Monaten 1972 trafen Lizzie und ich uns zwei- oder dreimal die Woche, und ihre Eltern luden mich meistens über das Wochenende ein.

Je öfter ich Lizzie sah, desto mehr brauchte ich sie, jedenfalls kam es mir so vor. Donnerstags gingen wir gemeinsam in die Disco und verbrachten die meiste Zeit in enger Umarmung auf der Tanzfläche. Die Kameraden hatten inzwischen mitgekriegt, wie nahe wir uns gekommen waren, und nannten Lizzie meine Frau.

Das machte mir nichts aus. Lizzie war lieb, sanft und rücksichtsvoll zu mir. Sie brachte mich sogar zum Lachen, wenn ich eigentlich am Rande eines Tränenausbruchs stand. Doch ich durfte ihr nichts von unserem Auftrag erzählen.

Manchmal, auf langen Spaziergängen mit Bella, einer Bassethündin, geriet ich in Versuchung, Lizzie alles über meinen Job zu erzählen, doch ich wußte, daß ich das nicht durfte. Nicht einmal Andeutungen durfte ich machen. Tatsächlich wußte sie nicht einmal, daß ich beim SAS war. Ich hatte ihr erzählt, ich sei Kfz-Mechaniker bei den Pionieren, was ja teilweise auch stimmte. Ich hätte genau gewußt, was zu tun ist und was ich überprüfen muß, wenn ich mich im Notfall um ein Auto kümmern müßte. An einem Wochenende konnte ich tatsächlich mein Wissen unter Beweis stellen, als ich in ihrem Auto die Kupplung austauschte.

Wir hatten viel Spaß zusammen. Als das schlimmste Winterwetter vorbei war, verbrachten wir viele Wochenenden draußen im Moor nördlich von Belfast oder fuhren mit dem Auto die Küsten entlang. Auch Lizzie liebte Vögel und die freie Natur, und mir machte es Freude, ihr die unterschiedlichen Tiere und Pflanzen zu erklären.

Manchmal kletterten wir an der Spitze Nordirlands auf die Felsen, um eine bestimmte Sturmvogelart zu suchen. Diese Vögel hatten bisher nur auf St. Kilda vor der nordwestlichen Küste Schottlands gebrütet, aber ich hatte gelesen, daß sie auch in Nordirland gesichtet worden waren, und ich wollte wissen, ob sie hier inzwischen wirklich nisteten.

Wir sahen tatsächlich einige Sturmvögel. Sie hatten sich auf einer Felsecke an einer verborgenen Stelle der Klippen niedergelassen und kehrten drei oder vier Jahre immer wieder zu dieser Ecke zurück und inspizierten das Gebiet auf seine Tauglichkeit. Wir sahen in diesem Jahr zwar einige dieser Vögel, aber sie hatten noch keine Nester gebaut. Etwa drei Jahre später las ich, daß die Sturmvögel angefangen hatten, auch in Nordirland zu brüten.

Wenn ich die Klippen hochkletterte, blieb Lizzie oft unten und rief mir zu, vorsichtig zu sein. »Ich hasse es, wenn du solche Risiken eingehst«, sagte sie oft. »Es besteht gar kein Grund dazu. Es sind doch nur Vögel.«

»Ich finde es einfach phantastisch. Es ist ein Vergnügen, solche Vögel zu beobachten, weil sie so selten sind«, verteidigte ich mich.

»Ein Glück, daß du bei der Armee nichts Gefährliches machst. Es stört mich nicht, daß du bei REME bist, die Leute bleiben immer sicher in der Kaserne.«

»Ja, so ist es, Liebes«, log ich und gab ihr einen Kuß.

Im Innersten war ich froh, daß sie keine Ahnung hatte, welche Aufgaben ich erledigen mußte. In solchen Minuten wurde mir warm ums Herz, und ich war froh, ihr nie die Wahrheit gesagt zu haben. Ich schwor mir, es auch nie zu tun.

Einmal wurden wir fast von einer Herde junger Ochsen über den Haufen gerannt. Die Sonne schien, die Vögel bauten ihre Nester, und wir beschlossen, eine Abkürzung über ein Feld zu nehmen, um uns die Nester einiger Nebelkrähen anzusehen. Wir hatten die Ochsen am anderen Ende der Weide zwar bemerkt, aber ich dachte, sie würden zufrieden wiederkäuen und sich um nichts kümmern.

Als wir etwa auf halbem Weg waren und noch rund 50 Meter vor uns hatten, blickten zwei Tiere hoch und marschierten auf uns zu. Der Rest der Herde, etwa 50 Stück, folgte; und dann wurden sie doch ziemlich schnell. Wenn man mit einer Herde Ochsen konfrontiert ist, muß man völlig bewegungslos stehenbleiben, damit man nicht gejagt wird. Dieser Meinung war ich jedenfalls bisher gewesen.

»Bleib stehen, beweg auch nicht den kleinsten Muskel, dann ist alles okay«, sagte ich zu Lizzie.

Sie griff nach meiner Hand, und gemeinsam standen wir ganz still da. Das bremste die Tiere jedoch keineswegs, sondern sie rannten plötzlich alle auf uns und Lizzies Hündin zu. Zunächst wußte ich nicht, was ich tun sollte, dann aber entschied ich mich, meine Theorie in der Praxis zu testen. Ich konnte nur hoffen, daß sie stehenbleiben würden.

»Paul, die bleiben nicht stehen, die kommen direkt auf uns zu«, schrie Lizzie, umklammerte meine Hand ganz fest und blickte auf die herannahenden Ochsen.

Die Angst stand ihr ins Gesicht geschrieben, und als ich zur Herde blickte, erkannte ich, daß sie keine 20 Meter mehr von uns entfernt war, und sie war schneller als vorher. Bella hatte offenbar mehr Grips als wir, denn sie hatte die näherkommenden Rindviecher gesehen und war abgehauen, um Schutz zu suchen.

Plötzlich wurde mir bewußt, daß Lizzie es bis zur Hecke

vielleicht nicht schaffte, also hob ich sie hoch, legte sie über meine Schulter und rannte wie der Teufel.

»Meine Schuhe!« schrie Lizzie, als ich sie hochhob. »Ich hab' meine Schuhe verloren. Sie stecken im Matsch.«

»Vergiß sie«, schrie ich zurück. Während ich mit ihr zur Hecke lief, sah ich mich mehrmals nach den Tieren hinter uns um. Ich war überzeugt, daß die Herde uns einholen würde. Als wir den Stacheldrahtzaun erreicht hatten, warf ich Lizzie einfach auf die andere Seite und sprang hinterher. Die angriffslustige Herde rannte weiter, und ich betete, daß der Zaun halten würde. Wir lagen beide am Boden und versuchten uns aufzurappeln. Als die Tiere den Zaun erreichten, zogen sie die Bremse an, und der Zaun hielt. Ich hatte Herzklopfen. Noch nie im Leben hatte ich soviel Angst gehabt.

Als uns bewußt wurde, daß wir in Sicherheit waren und die Herde sich zur Umkehr entschlossen hatte, brachen wir in Gelächter aus. Es mag auch Erleichterung im Spiel gewesen sein, aber ich lachte über meine Dummheit. Wie hatte ich nur denken können, eine Viehherde würde einfach stehenbleiben und mich angucken, weil ich mich zum Stillstehen entschlossen hatte! Diese Theorie würde ich nie wieder praktizieren. Ich hatte mal wieder eine Lektion gelernt.

Ich wartete, bis die Herde wieder auf der anderen Seite der Weide war, dann ging ich zur Mitte zurück, um Lizzies Schuhe zu suchen. Die Tiere hatten sie mit ihren Hufen tief in den Matsch getrampelt. Lizzie war zum Glück auf der anderen Seite des Zauns geblieben, denn als die Tiere mich wieder auf ihrer Weide entdeckten, kamen sie sofort wieder auf mich zu. Diesmal drehte ich mich einfach um und rannte weg.

Als wir abgerissen und verdreckt nach Hause kamen, fragte Lizzies Mutter, was denn um Himmels willen passiert sei. Wir erzählten es ihr, paßten aber auf, daß es nicht so klang, als seien wir in Gefahr gewesen. »Was gibt es zum Mittag?« wollte Lizzie wissen.

»Dein Lieblingsessen, Roastbeef«, antwortete ihre Mutter. Lizzie wollte sich ausschütten vor Lachen – ausgerechnet Rindfleisch!

Ein anderes Mal waren wir nach einem langen Spaziergang mit Bella noch in den Laden an der Ecke gegangen, um Süßigkeiten zu kaufen. Da sahen wir etwa zwanzig Hunde vor der Tür. Bella war angeleint und zeigte nicht das geringste Interesse.

Lizzie fiel plötzlich wieder ein, daß Bella gerade läufig geworden war. Wie alle Bassets konnte Bella nicht schnell laufen, deshalb brachte Lizzie, halb rennend, halb gehend, die knapp hundert Meter bis zum Haus hinter sich, während ich versuchte, die liebestollen Hunde in Schach zu halten. Als wir sicher im Haus waren, rannten die Hunde weiter bellend vor der Tür herum. Nach einer Weile bat Lizzie mich, mit ein paar Eimern kalten Wassers nach draußen zu gehen. Ich habe bestimmt ein halbes Dutzend Eimer geleert, aber das störte die Hunde überhaupt nicht.

Während der Monate mit Lizzie mußte ich auch in das unerträgliche Gesicht protestantischer Bigotterie schauen. Bis ich direkt mit der protestantischen Sicht konfrontiert wurde, hatte ich angenommen, daß Nordirlands Probleme einzig darin begründet lagen, daß die Leute aus dem Süden, die katholischen Republikaner, den Norden übernehmen wollten, um ein vereintes Irland unter der Trikolore und der katholischen Religion zu schaffen. Außerdem schienen sie entschlossen, zu schießen, zu bomben, die Gemeinschaft im Norden zu terrorisieren, unschuldige Männer, Frauen und Kinder zu töten, bis die britische Regierung ihren Forderungen nachkam.

Im Union Club hörte ich an den meisten Wochenenden, wie ehrenwerte Protestanten der Mittelklasse – Männer und Frauen – die Probleme der Provinz diskutierten. Mag sein, daß sie gar nicht merkten, was sie da untereinander redeten, aber mir fiel auf, daß sie mit tiefster Verachtung über alle Katholiken sprachen, nicht nur über die, die den Terror ausübten.

»Ich würde nie einen Katholiken einstellen. . . Ich würde nie zulassen, daß einer meiner Söhne eine Katholikin heiratet. . . Ich begreife nicht, warum die Katholiken uns nicht in Ruhe lassen. . . Ich sehe nicht ein, warum wir den Katholiken erlauben, hier in der Provinz zu leben. . . Armee und Polizei sollten keine Katholiken aufnehmen. . .«

In den Monaten, in denen ich in der protestantischen Gemeinde lebte, wurden diese Bemerkungen ständig wiederholt. Je mehr ich darüber erfuhr, wie die Protestanten die Katholiken behandelten – fast schon unmenschlich, wie mir schien –, desto mehr wuchs mein Entsetzen. Langsam verstand ich, warum die katholische Bevölkerung glaubte, sie kämpfe für die gerechte Sache. Mit ihren Methoden war ich in keiner Sekunde einverstanden, aber ich fing an zu begreifen, warum sie nach so vielen Jahren der Unterdrückung zu den Waffen gegriffen hatten.

Je mehr Zeit ich mit Protestanten verbrachte, mit den normalen, gottesfürchtigen Menschen von Ulster, desto besser verstand ich, warum die Katholiken bereit waren, soviel zu riskieren. Ich war nicht unter die paramilitärischen protestantischen Loyalisten gefallen, die bereit waren, Katholiken zu töten oder zu Krüppeln zu machen. Diese Leute waren intelligent und, wie sie meinten, gerecht. Oft dachte ich, ich hätte mich auch als aktives Mitglied der IRA angeschlossen, wäre ich in eine katholische Familie im Norden hineingeboren worden; behandelt als Bürger zweiter Klasse, ohne Chance auf einen Arbeitsplatz, ohne Wohnrecht, ausgeschlossen von allen Organisationen, in denen die Protestanten das Sagen hatten.

Je mehr Erschießungen Don, JR, Benny und ich ausführen mußten, desto größeren Abscheu empfand ich gegen die Arbeit, die uns aufgetragen wurde, und gegen die Leute, wer immer sie sein mochten, die die Einführung und Durchsetzung einer solchen Politik beschlossen hatten. Es fiel mir immer schwerer, ein Bier im Club zu trinken oder mich von einem Protestanten dazu einladen zu lassen, weil ich ahnte, sie würden mich als einen Helden bejubeln, wenn sie wußten, daß ich an der Grenze gefangengenommene Katholiken hinrichtete.

Lizzie gegenüber erwähnte ich das alles nicht. Auch gegenüber den Protestanten, mit denen ich trank und freundschaftlich verkehrte, machte ich nie die kleinste Andeutung. Und ich schwor mir, niemals mit Lizzie, ihrer Familie und ihren Freunden über Politik zu diskutieren. Ich diente im SAS und wurde nicht fürs Denken bezahlt.

Je mehr ich jedoch mit protestantischem Denken konfrontiert wurde, desto mehr versuchte ich zu vergessen, was ich tat. Und Lizzie half mir dabei.

Lizzie wurde meine Rettungsleine zur Realität, der Mensch, der mich die Einsätze, zu denen wir immer noch ein- oder zweimal die Woche geschickt wurden, vergessen ließ. Wenn wir zusammen waren, liebten wir uns immer viele Stunden lang.

Wenn wir donnerstags nach Sydenham in die Disco fuhren, liebten wir uns eine Stunde oder länger im Auto, fast immer versanken wir zwei- oder dreimal fiebrig und leidenschaftlich im sexuellen Rausch. Lizzie holte mich Freitag nachmittag ab, und wir liebten uns, bevor ihre Eltern abends nach Hause kamen. Freitags und samstags liebten wir uns von Mitternacht bis sieben Uhr morgens, sooft ich konnte.

Sie drohte mir, mich unter die kalte Dusche zu stellen, tat es aber nie. Ich glaube, sie liebte die Aufmerksamkeiten und die Sexorgien um ihrer selbst willen, während sie für mich notwendig zum Überleben waren. Wenn ich die Nächte in unserer Unterkunft in Long Kesh verbrachte, wälzte ich mich stundenlang im Bett herum, grübelte und machte mir Sorgen, bis ich schließlich gegen vier oder fünf Uhr morgens einschlief. Bei Lizzie schlief ich zufrieden und entspannt ein und verschwendete keinen Gedanken mehr an das, was ich hinter mir lassen wollte. Wenn ich mit Lizzie schlief, konnte ich alles vergessen: mein Leben, meine Ängste, meinen Job, die Hinrichtungen, die armen Kerle, die ich umbringen mußte, das ganze schmutzige, nein, beschissene Chaos. Manchmal hatte ich das Gefühl, es wurde alles zuviel, und ich haßte das Leben in der Armee. Noch schlimmer, ich begann mich zu verachten, weil ich die Befehle ausführte, weil ich nicht den Mumm hatte, die Armee zu verlassen. Ich wußte, daß ich das nicht konnte. Ich hoffte und erwartete, daß wir bald nach Hereford zurückkehrten und für eine neue Einheit Platz machten. Und dann würde ich auch wieder zu Verstand kommen.

Bis dahin hatte ich ja Lizzie, und mit ihrer Hilfe und ihrer Liebe konnte ich überleben, auch wenn sie keine Ahnung hatte, was mich umtrieb, warum ich mich so verhielt. Sie wurde mein Sicherheitsventil.

Manchmal besorgte Don für uns vier eine Einladung in die Palace Kaserne, Hollywood, in der Nähe von Belfast Lough. In dieser Kaserne lebten andere SAS-Einheiten, wenn sie sich von ihrem Einsatz an der Grenze ausruhten. Sie erzählten vom Leben im Freien an der Grenze, und es machte ihnen Spaß, ihre Erfahrungen an uns weiterzugeben. Sie hatten die Vietcong-Methode übernommen: Sie richteten sich nicht einfach im Freien unter Hecken und Büschen ein, sondern bauten sich große, unterirdische Höhlen, die mehr Bequemlichkeit und mehr Schutz vor den Elementen boten.

Der Vietcong ging noch weiter, er hatte kleine unterirdische Dörfer errichtet, mit Krankenstationen, Waffendepots und Wohnbereichen. Es hatte einige Wochen gedauert, bis unsere Kameraden die einfache Höhle gebaut hatten, aber immerhin konnten jeweils zwei Männer darin einigermaßen bequem sitzen oder schlafen. Auch zum Essen gingen sie abwechselnd hinein. Das Essen war dem ähnlich, das die amerikanischen Marines bekamen: Wenn die Dosen geöffnet wurden, erwärmten sie automatisch den Inhalt.

Die Kameraden erzählten uns, daß sie jede Woche acht oder neun IRA-Männer festnahmen, aber nur die richtigen Schurken wurden uns übergeben – etwa einer alle zwei Wochen. Die anderen brachten sie zum Verhör zur Sondereinheit der nordirischen Polizei oder zu einem anderen Geheimdienst.

Ich fand, sie hatten Glück, den Soldatenjob auszuüben, für den wir ja alle ausgebildet worden waren, und sie konnten stolz darauf sein. Auf der Rückfahrt nach Long Kesh hatten wir alle das Gefühl, den kürzeren gezogen zu haben, und wir wollten raus aus der Sache.

Bei dieser Operation saß der SAS jedoch auf dem bequemeren Rücksitz, verglichen mit den armen Soldaten, die jeden Tag in den Straßen von Belfast und Londonderry patrouillieren mußten. Ab Anfang Januar 1972 eskalierten die Bombenanschläge und die Schießereien, denn der »provisorische«, der traditonelle Flügel der IRA wurde waghalsiger, professioneller und entschlossener.

Die IRA hatte angefangen, für die Armeestreifen an der Grenze Hinterhalte zu errichten; sie legte große Minen mit bis zu hundert Pfund Plastiksprengstoff, und wenn ein Landrover oder ein gepanzertes Fahrzeug vorbeifuhr, ließen sie sie per Fernzündung hochgehen. Die Attentäter saßen in einem Feld in der Nähe und hielten Ausschau, und meistens zündeten sie die Minen mit solcher Präzision, daß es Tote und Verletzte gab.

Dann hatte die IRA Tretminen in ihren Besitz gebracht. Die wurden an den Stellen der Grenze deponiert, an denen die IRA britische Patrouillen vermutete. Anfang Februar wurden innerhalb von zwei Tagen 21 Tretminen entdeckt. Die IRA mußte jedoch sorgfältig überlegen, wann und wo sie diese Dinger legte, weil jede Woche viele eigene Leute die Grenze überquerten.

Am Valentinstag 1972 kamen Tod und Zerstörung über das Zentrum von Belfast, als sechs riesige Bomben sechs verschiedene Geschäfte in der Stadt hochgehen ließen.

Vier Tage später explodierten insgesamt 19 größere Bomben in verschiedenen Städten der Provinz. Die IRA steigerte den Druck, und die nordirische Polizei und die Britische Armee schienen machtlos dagegen zu sein.

Am Dienstag, dem 22. Februar, nahm die IRA schließlich Rache für den Blutigen Sonntag. Eine Bombe zerriß die Vorderseite der Offiziersmesse des Hauptquartiers der 16. Fallschirmjäger-Brigade in Aldershot, Hampshire, einer der wichtigsten britischen Garnisonsstädte; dabei wurden sieben Menschen getötet und siebzehn verletzt.

Die IRA hatte bewiesen, daß sie ihre Operationen von Nordirland aus erfolgreich in jede gewünschte Ecke der Hauptinsel ausdehnen konnte.

Seit dem Blutigen Sonntag hatten die Nachrichtendienste immer wieder vor einem möglichen Racheakt gegen die Fallschirmjäger gewarnt. Trotz dieser Warnungen und erhöhter Wachsamkeit in allen Hauptquartieren der Fallschirmjäger war es der IRA gelungen, ungestraft einen größeren Angriff auszuführen. Zusätzlich hatte sie das Regiment der Fallschirmjäger bemerkenswert unprofessionell aussehen lassen.

Doch die IRA konnte aus diesem Bombenattentat nicht das erhoffte politische Kapital schlagen, denn alle Toten und Verwundeten waren Zivilisten, Küchenpersonal oder andere Angestellte. Kein Militärangehöriger war bei diesem Angriff getötet oder verwundet worden.

Die IRA mußte gewußt haben, daß den Bombenanschlägen heftige Vergeltungsmaßnahmen der protestantischen paramilitärischen Organisationen folgen mußten, die immer unruhiger wurden.

Am Samstag, dem 4. März, nachmittags um halb fünf, wurden zwei Menschen getötet und 136 verletzt, als eine Bombe das Abercorn Restaurant in der Castle Lane in Belfast zerstörte; das Restaurant gehörte Katholiken, und zum Zeitpunkt des Anschlags lief gerade eine Varieté-Show. Filmaufnahmen vom Ort der Zerstörung, die entsetzlichen Verletzungen der Menschen und die Schreie der Überlebenden waren nach Meinung der Fernsehchefs zu hart, denn es wurden so gut wie keine Ausschnitte gesendet.

Jetzt wurde es richtig ernst mit den grausamen Bombenanschlägen, bei denen die beiden religiösen Gruppierungen wechselseitig jeden Angriff mit einem Gegenangriff beantworteten. Am Montag, dem 20. März, schockierte eine der schlimmsten IRA-Greueltaten Katholiken und Protestanten gleichermaßen. Sechs Menschen starben und 146 wurden verletzt, als um zwölf Uhr mittags in der belebten Lower Donegal Street im Zentrum von Belfast eine Bombe explodierte.

Die Roheit dieser Bombenleger war unvorstellbar. Denn Minuten vor der Explosion gingen in Zeitungsredaktionen Anrufe ein, die ankündigten, daß in Kirchen und Büros dieser Gegend demnächst Bomben hochgehen würden. Von der Polizei gewarnt, flüchteten die Büroangestellten scharenweise auf die Straße. Minuten später gab es eine riesige Detonation. Noch nie hatte die IRA es absichtlich darauf angelegt, Hunderte von unschuldigen Menschen, Katholiken und Protestanten, an den Ort zu locken, an dem die Bombe gelegt war und hochgehen würde, um so möglichst viele zu treffen. Die Szenen auf den Straßen waren grauenvoll.

Vier Tage später suspendierte die britische Regierung das nordirische Parlament für zwölf Monate, eine der Grundbedingungen der IRA seit Ausbruch der Unruhen. Einer der erfahrensten Politiker Großbritanniens, William Whitelaw, wurde zum Staatssekretär für Nordirland ernannt. Er flog sofort nach Belfast, um die direkte Kontrolle in allen Sicherheitsfragen zu übernehmen und 50 Jahre Unionistenherrschaft in der Provinz zu beenden.

Die IRA gab eine Erklärung ab und behauptete, die Suspendierung des Parlaments lasse echte Hoffnung auf Frieden aufkommen; und angeblich diskutiere man innerhalb der Organisation, den Feldzug der Gewalt zu beenden. Es sollte nicht sein. Ein paar Tage später wies Sean MacStiofain, Chef des provisorischen IRA-Flügels, jeden Gedanken an eine Friedensinitiative oder auch nur an Verhandlungen zurück, und in seiner Erklärung hieß es: »Wenn wir zögern, ist der Kampf für diese Generation verloren. Wir wollen Freiheit. Alles andere ist Verrat an den Internierten, den politischen Gefangenen und den 'Derry-Toten.«

Eine Woche später, am 7. April 1972, entließ Whitelaw 72 Internierte in die Freiheit. Ihre Entlassung wurde in allen katholischen Vierteln von Belfast und Londonderry mit Freudenfeuern und Festen bis in die Nacht hinein gefeiert. Der IRA reichte das nicht. Weitere 842 Männer saßen in Gefängnissen, 611 waren interniert und 161 in Untersuchungshaft.

Zwei Wochen lang ließen die Bombenanschläge und Schießereien nach, und die traumatisierten Menschen in Nordirland schöpften ein wenig Hoffnung, aber das dauerte nicht lange. Am Donnertag, dem 13. April, erschütterten dreißig Explosionen, vorwiegend gegen Zivilpersonen gerichtet, Belfast und brachten erneut Chaos und Zerstörung.

Zwei Tage später war Joe McCann, ein bekanntes Führungsmitglied des »offiziellen« IRA-Flügels, weggelaufen, als ihn ein streifegehender Fallschirmjäger in der Nähe des Marktes von Belfast anhielt. Der Soldat eröffnete das Feuer und tötete McCann mit einem einzigen Schuß. Die IRA-Chefs waren zornig und warfen der Britischen Armee vor, einen ihrer ranghöchsten Offiziere ermordet zu haben. Innerhalb von 24 Stunden wurden drei britische Soldaten auf Streife erschossen, die IRA erklärte das Viertel Turf Lodge zum Sperrgebiet, in das sich keine Protestanten und britische Soldaten wagen sollten; in Belfast und Londonderry brachen wieder Schießereien und Krawalle aus, und es flogen wieder Steine.

Im Februar, März und April gingen unsere undankbaren Einsätze weiter. Wie immer bekamen wir den Befehl, zu dem einen oder anderen Punkt an der Grenze zu kommen, wir übernahmen einen weiteren Gefangenen, und wieder wurde ein Opfer hingerichtet. Wir bemerkten, daß die Gefangenen sich verändert hatten. Sie wirkten apathisch, wie unter Drogen, nahmen das Geschehen kaum wahr, und sie zeigten keinerlei Kampfgeist. Manche von ihnen waren derart weggetreten, daß sie nicht einmal sprachen, und offenbar bekamen sie gar nicht mit, was vorging.

Das erleichterte uns die Arbeit, denn keiner der Männer wollte diskutieren, weglaufen, kämpfen oder während unserer halbstündigen Fahrt nach Blackskull Lane auch nur ein Wort äußern. Wenn wir ihnen befahlen, im Auto zu bleiben, schienen sie sich in ihr Schicksal ergeben zu haben. Es war ihnen offenbar egal, ob sie lebten oder sterben mußten, sie taten bereitwillig, was wir ihnen befahlen, ohne Fragen zu stellen.

Ihre totale Unterwürfigkeit rief bei mir noch mehr Schuldgefühle hervor. Einen Mann zu töten, der Wut und Rachegefühle im Herzen hatte, der uns gegenüber Arroganz und Abscheu zeigte, das war irgendwie leichter zu akzeptieren gewesen. Jetzt schienen die Hinrichtungen so sinnlos, es war, als töteten wir unschuldige, hilflose Opfer.

Einmal fuhren wir nach Long Kesh zurück; wir hatten einmal mehr unsere grausige Pflicht erfüllt, waren schweigsam und fühlten uns alle ein wenig niedergeschlagener als früher. Wir fragten uns, wann das alles endete und wir nach Hause zurückkehrten, um wieder zu Verstand zu kommen. Als wir an diesem Tag auf dem Kasernengelände zu unserer Unterkunft fuhren, meinten wir, Gewehrfeuer zu hören; es schien von der Wiese auf dem stillgelegten Flugplatz zu kommen. Wir hielten an und sahen in etwa hundert Meter Entfernung zwei Taschenlampen. Wir hörten zwei weitere Schüsse und zogen unsere Waffen.

Wir schalteten die Scheinwerfer aus, ließen uns aus dem Wagen fallen und lagen auf dem Boden. Als wir erkannten, daß sie nicht direkt auf uns zielten, krochen wir in einer Linie im Abstand von etwa zehn Metern auf sie zu, die Pistolen schußbereit, den Finger am Abzug. Wir hatten keine Ahnung, was uns erwartete, aber wir kamen gerade aus Blackskull und waren hochkonzentriert.

Dann fielen die Scheinwerfer, die Long Kesh beleuchteten, auf die Männer. Sie trugen Dienstmützen, es waren britische Offiziere.

»Was zum Teufel machen Sie hier?« rief Don.

Die Offiziere wirkten erschrocken, und als wir näher kamen, sahen wir, daß sie einiges getrunken hatten. »Tut uns leid, Jungs«, sagte der eine, »Entschuldigung, daß wir euch in Alarm versetzt haben, aber wir wollten noch ein bißchen auf Kaninchenjagd gehen.«

»Na gut«, antwortete Don, »ihr habt verdammtes Glück, daß ihr noch am Leben seid, das kann ich euch nur sagen. Noch ein paar Sekunden, und mit euch wäre es vorbei gewesen.«

Wir gingen zum Wagen zurück. Was war da eigentlich los? Wir hatten gerade den Befehl bekommen, ein paar arme Schweine zu erschießen, und diese beiden britischen Offiziere ballerten hier herum, um Kaninchen abzuknallen.

KAPITEL 11

An einem regnerischen Morgen Anfang April
kehrte Don in unser Quartier zurück, nachdem er
sich im Hauptquartier Lisburn seine Instruktionen abgeholt hatte. Er wirkte niedergeschlagen. Wir befürchteten das Schlimmste.

»Ich habe schlechte Nachrichten«, sagte Don. »Tut mir
leid, daß ich euch enttäuschen muß, Jungs. Aber es sieht
nicht so aus, als ob wir schon nach Hause zurückkommen.«

Erst vor ein paar Tagen hatten wir an der Grenze wieder
mal einen Gefangenen übernommen. Wie üblich hatten
wir ihn nach Blackskull zum Grab gebracht, das er mit seinen Landsleuten teilen sollte. Das Wetter war kalt und
naß, und wir alle hofften, daß wir diese verdammt wider-
wärtige Arbeit nicht mehr allzu lange erledigen mußten.
Wir hatten unseren Teil der Drecksarbeit getan und verdienten eine Unterbrechung.

»Komm«, sagte Benny, »laß uns das Schlimmste hören.«

»Wir haben einen neuen Liegeplatz für unsere Kunden
bekommen.«

Ich sah ihn an und wollte einfach nicht begreifen, was er

da gerade gesagt hatte. Bedeutete das für uns noch sechs Monate, vielleicht noch ein Jahr in Irland? Mußten wir weiterhin uns vollkommen fremde Menschen einsammeln und hinrichten? Seit einiger Zeit hatte ich ein immer schlechteres Gefühl bei dem, was wir taten, machte aber weiter, in der Hoffnung, daß wir ja bald nach Hereford zurückkehren würden.

Ich war verletzt und wütend. Ich fand, wir wurden auf die scheußlichste Weise ausgenutzt, die Drecksarbeit für andere zu erledigen. Keine Minute konnte ich glauben, daß unser Job die Art von Arbeit war, die ein SAS-Mann eigentlich tun sollte. Ich fragte mich, wer um Himmels willen diese Befehle erteilte, wer Soldaten dazu brachte, junge Männer festzunehmen, zu entführen und umzubringen; junge Männer, die für eine ihrer Meinung nach gerechte Sache kämpften.

In dem Moment war ich zornig, weil wir von der Regierung auf eine Weise ausgenutzt wurden, zu der sie nicht berechtigt war. In den Minuten, bevor meine Wut sich wieder legte, wäre ich am liebsten nach Lisburn gefahren, um die widerwärtigen Mistkerle, die uns diese Befehle erteilten, zu erschießen, und zwar ganz genau so, wie wir die armen IRA-Jungs hinrichten mußten, die über die Grenze kamen. Natürlich konnte ich das nicht machen. Ich hatte mich für 22 Jahre verpflichtet. Ich war Soldat, und meine Aufgabe war es, Befehle in jedem Fall auszuführen. Ich wußte, daß ich nie etwas tun könnte, das dem SAS Schande machte.

Ich kämpfte darum, meine Wut unter Kontrolle zu bekommen, dabei wiederholte ich gebetsmühlenartig, daß ich nicht für das Denken bezahlt wurde: Ich wurde nur dafür bezahlt, Befehle auszuführen.

Ich wußte, daß zur SAS-Ausbildung ein Kursus in Entführungs- und Mordtechniken gehörte. Ich hatte mich nie dazu gemeldet, aber ich erwartete, daß ich eines Tages dazu abkommandiert werden würde. Deshalb redete ich mir ein, daß die Exekutionen, die wir ausführten, ein Teil SAS-Normalität wären.

Ich war durcheinander und suchte eine Bestätigung

dafür, daß wir den richtigen Job taten, deswegen fragte ich Don: »Ist es üblich, daß der SAS Leute auf diese Weise um die Ecke bringt?«

»Ja«, sagte Don, »das gehört dazu, aber nicht in diesen Mengen. Ich hab' so was noch nie gemacht, und ich weiß auch von keiner anderen SAS-Einheit, die so viele Hinrichtungen ausführt. Entführungen und Morde kommen schon mal vor, und dafür werden wir ja auch ausgebildet.«

Ich verstand die Argumentation, die hinter den Entführungen und Exekutionen dieser IRA-Leute stand. Ich begriff, daß sie Alarm und Verwirrung bei den IRA-Offizieren auslösen und zum Abbruch ihrer Operationen führen sollten. Die Vorgesetzten in Lisburn, die diese Politik unterstützten, mußten geglaubt haben, daß das geheimnisvolle Verschwinden so vieler Männer in Schlüsselpositionen größere Probleme bei der IRA auslösen würde, nicht nur in der Logistik, sondern auch bei der Rekrutierung neuer Leute, die bereit waren, das Wagnis an der Grenze einzugehen.

Für uns alle lag es jedoch auf der Hand, daß diese Politik schlichtweg nicht funktionierte. Bei unserer ersten Instruktion in Lisburn hatten die Vorgesetzten gesagt, daß es bei der IRA nur noch 60 oder 70 erfahrene Männer gab. Wir hatten bereits ein Dutzend oder mehr hingerichtet und wußten von unseren SAS-Kollegen, die die Grenze kontrollierten, daß immer noch jede Woche acht oder neun herüberkamen. Jetzt hatte Lisburn offenbar beschlossen, unser Arbeitspensum zu erhöhen, indem mehr Hinrichtungen befohlen wurden.

»Ich weiß, was ihr alle denkt«, sagte Don. »Und mir geht es nicht viel anders. Aber ein Job ist ein Job, also machen wir lieber weiter. Wir trinken einen Kaffee, und dann geht es los.«

Mit unserer neuen gekennzeichneten Karte verließen wir Belfast in nordwestlicher Richtung und steuerten Londonderry an. Wir fuhren durch kleine Straßen mit wunderschönen Bungalows. Hier an den Hügeln, mit Blick auf die Stadt, versuchte die ehrgeizige Mittelklasse prestigeträchtiges Eigentum zu erwerben, hier und auf dem Land. Wir hielten uns absichtlich von den Hauptstraßen fern, zogen die Anonymität der engen Landstraßen mit ihren Mauern, niedrigen Hecken und Drahtzäunen vor.

Nach einer halben Stunde lag Tardree Forest vor uns, Berghänge, die dicht mit Kiefern bewachsen waren, viele davon sechs Meter hoch. Ganz offensichtlich wurde dieser Wald fachgerecht bewirtschaftet. Es gab Bäume in unterschiedlichen Wachstumsstadien, an anderen Stellen waren sie abgeholzt, die Stämme gestapelt. An der schmalen Straße standen zahlreiche große Schilder mit der roten Aufschrift »Betreten verboten!«.

Wir bogen auf einen Kiesweg ab und fuhren noch rund 200 Meter, bis wir den Wald erreicht hatten. Wir folgten einem schmalen Pfad, links und rechts von ausgewachsenen Bäumen gesäumt, die das Tageslicht fast ausschlossen. Nach etwa 70 Metern bogen wir nach links auf eine Lichtung von der Größe eines Fußballplatzes ab. Hier waren alle Bäume gerodet und abtransportiert worden. Am Rand lagen noch einige Stämme abholbereit. Von der Straße aus war diese Lichtung unmöglich zu erkennen. Das war also das neue Massengrab, auf der Karte mit Zahlen gekennzeichnet: 925182.

Links, auf halber Höhe der Lichtung, stand eine gelbe Rodemaschine. Ein Mann kletterte vom Fahrersitz hinunter, als wir anhielten und uns näherten.

»Tach«, sagte er in breitem Belfastakzent. Er hatte eine normale Figur, war etwa 1,73 Meter groß, unrasiert, wirkte schmuddelig und mochte in den Vierzigern sein. Er trug eine olivgrüne Wollmütze, Jeans und eine Kampfjacke.

»Alles klar, Jungs?« sagte er beiläufig. Wir nickten. Er versuchte, ein Gespräch zu beginnen: »Hab' gehört, ihr macht euren Job gut.«

»Da redet einer ein bißchen viel«, dachte ich. Zum erstenmal während der sechs Monate in der Provinz machte einer uns gegenüber eine Andeutung, daß er von unseren Einsätzen wußte. Ich beschloß zu schweigen und Don reden zu lassen.

Don antwortete diplomatisch: »Naja, das soll sich noch herausstellen. Ich hoffe, Sie wissen, wie heikel unsere Arbeit ist, und behalten alles für sich.«

»Macht euch keine Sorgen«, antwortete der Waldarbeiter. »Natürlich behalte ich alles für mich. Von mir erfährt keiner ein Wort.« Er legte eine kurze Pause ein. »Ich weiß, daß ich mit drinstecke. Mundhalten ist angesagt. Kommt mal mit. Ich muß euch was zeigen.«

Wir gingen ans Ende der Lichtung, wo ein knapp 40 Meter langer Erdhügel aufgeschüttet war. Auf der anderen Seite zeigte er uns einen frisch ausgehobenen Graben, auch etwa 40 Meter lang, gut zwei Meter tief und knapp einen Meter breit. Mich verließ der Mut. In diesem Graben konnte man hundert oder mehr Leichen verschwinden lassen.

»Keine Sorge«, sagte der Mann. »Ich bin jeden Morgen früh da, und wenn ich irgendwas beseitigen muß, dann könnt ihr davon ausgehen, daß ich es so zuschaufel, daß niemand was findet. Keiner findet was.«

»Verschwinden wir«, sagte Don, und wir gingen schweigend zum Auto. Wann würden wir diesem gottverlassenen Acker je entkommen?

An diesem Abend aßen wir gut in der Kantine und gingen in die Disco. Wie immer war Lizzie da, um den Abend schöner zu machen, doch ich wollte nur ordentlich was trinken. Don, Benny und JR ging es genauso. Wir kippten die Biere nur so runter, bestellten schon eine neue Runde, wenn die Gläser noch halb voll waren.

Das war nach meiner Erinnerung der einzige Abend, an dem Lizzie sich beklagte. »Ich glaub', ich kann nach Hause gehen«, flüsterte sie mir ins Ohr. »Ich bin hier heute abend wohl nicht erwünscht.« Sie kniff mir in den Arm und gab mir einen Kuß.

Sie hatte meine Gefühle genau richtig gedeutet, und ich hätte ihr schrecklich gern alles erklärt, damit sie verstand, warum ich mich mit Bier abfüllen mußte. Natürlich konnte und wollte ich ihr nie ein Wort über unseren Job in Nordirland sagen. Ich war so froh, daß sie von allem, was passierte, nichts wußte. Sie hatte es nicht verdient, mit all der Scheiße, mit der wir uns herumschlugen, belastet zu werden. Es hatte nichts mit ihr zu tun.

Später, als ich es geschafft hatte, das Bier zugunsten eines Tanzes stehenzulassen, schlug ich Lizzie vor, nach Hause zu gehen.

»Was ist los?« fragte sie. »Liegt es an mir? Hab' ich dich irgendwie geärgert?«

»Nein«, beruhigte ich sie. »Es liegt nicht an dir, ehrlich. Aber du mußt einfach verstehen, daß wir heute abend ein paar Bier mehr als alles andere brauchen. Warum fährst du nicht nach Hause und gehst früh schlafen? Wir sehen uns morgen.« Ich versuchte ein müdes Lächeln. Langsam wurde ich betrunken, ich merkte es und war froh darüber. Ich wollte nur noch vergessen.

An diesem Abend wurde Benny fast in eine Schlägerei mit zwei REME-Leuten verwickelt, die ihn irgendwie geärgert hatten. Don und ich bemerkten die Auseinandersetzung, gingen hin und zerrten ihn wieder an die Theke. »Er hat einen harten Tag hinter sich, laßt ihn in Ruhe«, baten wir die REME-Männer.

Keiner von uns wußte, wie JR es an diesem Abend schaffte, die sieben Meilen von Sydenham Docks nach Long Kesh zu fahren, aber irgendwie packte er es, obwohl er schwer geladen hatte. Er hätte gar nicht versuchen dürfen, sich ans Steuer zu setzen. Wenn wir ein bißchen nüchterner gewesen wären, hätten wir uns jemanden gesucht, der uns fuhr, aber wir waren so blau, daß uns alles egal war.

Zu Beginn der folgenden Woche kam Don eines Tages nach der Instruktion in Lisburn mit der Nachricht zurück, daß wir wieder einen Job zu erledigen hatten. Dieses Mal sollten wir zu dem neuen Friedhof im Wald fahren.

Es regnete den ganzen Abend so heftig, daß die Scheibenwischer die Wassermassen kaum bewältigten, JR fuhr wirklich sehr langsam auf den Grenzstraßen. Wir fanden den Treffpunkt, übernahmen unseren Gefangenen, der halb ohnmächtig wirkte, und fuhren nach Norden zum Wald.

Wir zerrten den IRA-Mann aus dem Auto, und er ging ganz fröhlich durch den Regen auf den Erdwall zu, hinter dem, wie wir wußten, der rund 40 Meter lange Graben lag. Als er hinaufkletterte, ahnungslos, was gleich darauf passieren würde, schoß ich ihn in den Hinterkopf, und er fiel vornüber in die Dunkelheit. Ich hörte ein Klatschen, als sein Körper auf das Wasser schlug, das sich im Graben gesammelt hatte, aber ich wollte nicht sehen, wie er gefallen war. Ich bückte mich, hob die Hülse auf und ging zum Auto zurück.

In den kommenden Wochen sollte unser Leben nach diesem Muster verlaufen; durchschnittlich mußten wir etwa alle zehn Tage ein Opfer beseitigen, manchmal auch zwei Männer in der Woche. Es kam auch vor, daß wir drei Wochen lang keinen Befehl bekamen.

Wir hatten beschlossen, daß Don und ich die Erschießungen ausführten, JR im Auto blieb und Benny uns nach hinten sicherte. So funktionierte es besser. Jeder kannte seine Aufgabe. Noch wichtiger, es gab keinen Pfusch. Die ganze Sache schien noch gefährlicher zu sein, wenn etwas anders lief als vorgesehen. Es war einfacher, mit unserer Pflicht umzugehen, wenn nichts schiefging und wir so weniger an die schreckliche, grausame Aufgabe erinnert wurden, deren Ausführung uns befohlen worden war.

Gegen Ende April wußte ich, daß ich wegmußte. Ich hatte versucht, die Exekutionen ohne innere Beteiligung zu erledigen; ich verbot mir, über sie nachzudenken, versuchte, die fürchterlichen Erinnerungen zu verdrängen, die sich wie ein schwarzes Gewitter über mir zusammenbrauten und mich zu ersticken drohten. Und so rief ich aus heiterem Himmel Maria im Postamt von Tidworth an.

Ich weiß nicht, warum ich das Bedürfnis hatte, sie anzurufen. Lizzie war wunderbar und verständnisvoll, und sie war immer lieb und großzügig gewesen, doch ich hatte mich ihr nie so nahe gefühlt wie Maria. Vielleicht veränderten sich meine Gefühle für sie, weil sie ein Teil der nordirischen Provinz war, ein Teil meines Lebens, das ich am Ende haßte.

»Hallo, hier ist Paul.«

Sie brauchte mehr als ein paar Sekunden, bis sie merkte, wer sie da nach fast einem Jahr der Trennung anrief.

»Wer ist da?« fragte sie zweimal.

In diesen Sekunden überlegte ich, ob ich den Hörer auflegen und alles vergessen sollte. Ich konnte sicher sein, daß ein Mädchen wie Maria wieder einen Freund hatte, und ich fragte mich, ob sie verlobt war oder, Gott bewahre, geheiratet hatte, seit wir uns zuletzt gesehen hatten.

Zögernd fragte sie: »Bist du es, Paul?«

»Erraten!« antwortete ich.

»Wo bist du? Was willst du? Es ist eine Ewigkeit her, seit wir uns zuletzt gesprochen haben.«

»Also«, sagte ich und nahm meinen Mut zusammen. »Ich bin in Irland, und wir bekommen zweiundsiebzig Stunden frei. Wenn du nichts anderes vorhast, können wir uns dann vielleicht sehen?«

Mit Herzklopfen wartete ich auf ihre Antwort. »Ja. . . Ja. . .« Sie klang sehr verwirrt.

»Gut«, sagte ich.

Maria redete weiter. »Ich möchte dich gern sehen, Paul. Wir haben uns bestimmt viel zu erzählen.«

Ich fühlte mich erleichtert. »Prima«, sagte ich, »ich komme am Wochenende. An diesem Wochenende, Freitag, abends gegen acht. Okay?«

»Natürlich. Das geht so in Ordnung«, sagte sie mit derselben Begeisterung in der Stimme, an die ich mich noch so gut erinnerte.

»Bis dann«, sagte ich, aber sie hatte schon aufgelegt.

Als ich Maria an diesem Wochenende wiedersah, waren die Monate der Trennung in Sekundenschnelle vergessen. Sie lächelte, war glücklich und schöner, als ich sie je gesehen hatte. Ich hatte den Eindruck, sie war erwachsen geworden in diesen zehn Monaten. Oder war es ein Jahr? Sie wirkte selbstbewußter, und das gefiel mir.

Ich war von Belfast nach Gatwick bei London geflogen, hatte ein Auto gemietet und traf früh, gegen halb acht, bei Maria zu Hause ein. Nachdem ich ihre Eltern begrüßt hatte, gingen wir in eine unserer Lieblingkneipen an der Hauptstraße von Tidworth nach Salisbury.

Automatisch bestellte ich ein großes Helles für mich und ein kleines Lagerbier für Maria.

»Prost«, sagte ich und kippte mein Bier fast auf einmal hinunter.

»Hast du Durst?« fragte sie, denn es war ungewöhnlich, daß ich so schnell trank.

»Und wie!« log ich. »Ich hab' das Gefühl, daß ich mich mit zwei Bieren im Bauch besser entspanne.«

Ehe Maria überhaupt einen Schluck aus ihrem Glas getrunken hatte, war für mich schon das nächste Bier bestellt.

»Was stimmt da nicht?« fragte sie unvermittelt.

»Nichts«, log ich wieder. »Wieso?«

»Ich seh' es, so einfach ist das. Warum erzählst du mir nicht alles?«

»Es gibt nichts zu erzählen«, sagte ich mit einem aufgesetzten Lächeln. »Es ist alles in Ordnung.«

Diese Reaktion hatte ich nicht erwartet, und sie beunruhigte mich, weil Maria auf Anhieb erkannt hatte, daß ich nicht mehr der alte war. Ich hatte mich verändert, und sie hatte es sofort gemerkt. Ich mußte schleunigst aus meiner schwarzen, depressiven Stimmung herauskommen und Nordirland vergessen, sonst, vermutete ich, würde dieses Wochenende ein totaler Reinfall werden. Und tief in meinem Inneren hatte ich im Augenblick des Wiedersehens erkannt, daß ich Maria brauchte.

Also gab ich dem Gespräch eine Wende und fragte Maria, wie es ihr ergangen war. Ich behauptete, daß sie sicherlich reihenweise Freunde gehabt hatte, seit ich weggegangen war. Ich weigerte mich, ihre Unschuldsbeteuerungen zu glauben.

»Komm, sag mir alles«, neckte ich sie.

Ich wußte, sie würde mir nie alles erzählen, und sie hat es auch nie getan. Sie deutete nur kurz an, daß sie sich mit einem oder zwei Jungen getroffen hatte, aber es sei nichts Ernstes gewesen. Ich wollte ihr glauben, also tat ich es auch. Und überhaupt, überlegte ich, wenn sie mich nicht hätte sehen wollen, hätte sie leicht nein sagen können.

Als das Wochenende vorüber war, fühlte ich mich wieder ganz wie der alte. Es war einfach wundervoll, englische Landluft zu atmen, den Vögeln zu lauschen, ausschließlich englischen Dialekt zu hören. Ich fühlte mich zu Hause, und das war tröstlich und erfrischend zugleich.

Bevor ich nach Gatwick zurückfuhr, um wieder nach Belfast zu fliegen, legte mir Maria die Arme um den Hals und sagte: »Du hast mir gefehlt. Mach in Zukunft nicht wieder eine so lange Pause, hm?«

»Bestimmt nicht«, versprach ich, und ich meinte es ehrlich.

Wir verabredeten Zeiten, zu denen ich sie anrufen sollte, und ich gab mir verdammte Mühe, sie einzuhalten. Doch wenn ich mal einen Anruf auslassen sollte, so hatte ich ihr erklärt, dann sei ich nicht in der Kaserne, sondern im Dienst. Sie brauchte keine weiteren Fragen zu stellen. Sie wußte, daß SAS-Leute manchmal ein Leben im verborgenen führen.

Wenige Tage nach meiner Rückkehr in den Dienst erlebte Nordirland das bisher schlimmste Wochenende mit Gewalt von beiden konfessionellen Seiten. Sie brach aus, nachdem eine Autobombe vor Kelly's Tavern in der Springfield Road in Belfast explodiert war und 63 Menschen schwer verletzt hatte.

Stunden später tobten Feuergefechte zwischen den Katholiken des Wohnviertels Ballymurphy und den Protestanten aus dem Springmartin-Viertel gegenüber. Von beiden Seiten war stundenlang Gewehrfeuer zu hören. Die Armee wurde gerufen und fuhr mit ihren Panzerwagen in die Straße, die die beiden kriegführenden Parteien trennte; die Fahrzeuge sollten eine Barriere bilden und blieben dort stehen, bis die Schießereien aufhörten.

Als die Armee am Schauplatz erschien, vergaßen vorübergehend beide Seiten ihr Feuergefecht und feuerten auf die Militärfahrzeuge in der Hoffnung, eine undichte Stelle in der Panzerung zu erwischen. Es schien, als mach-

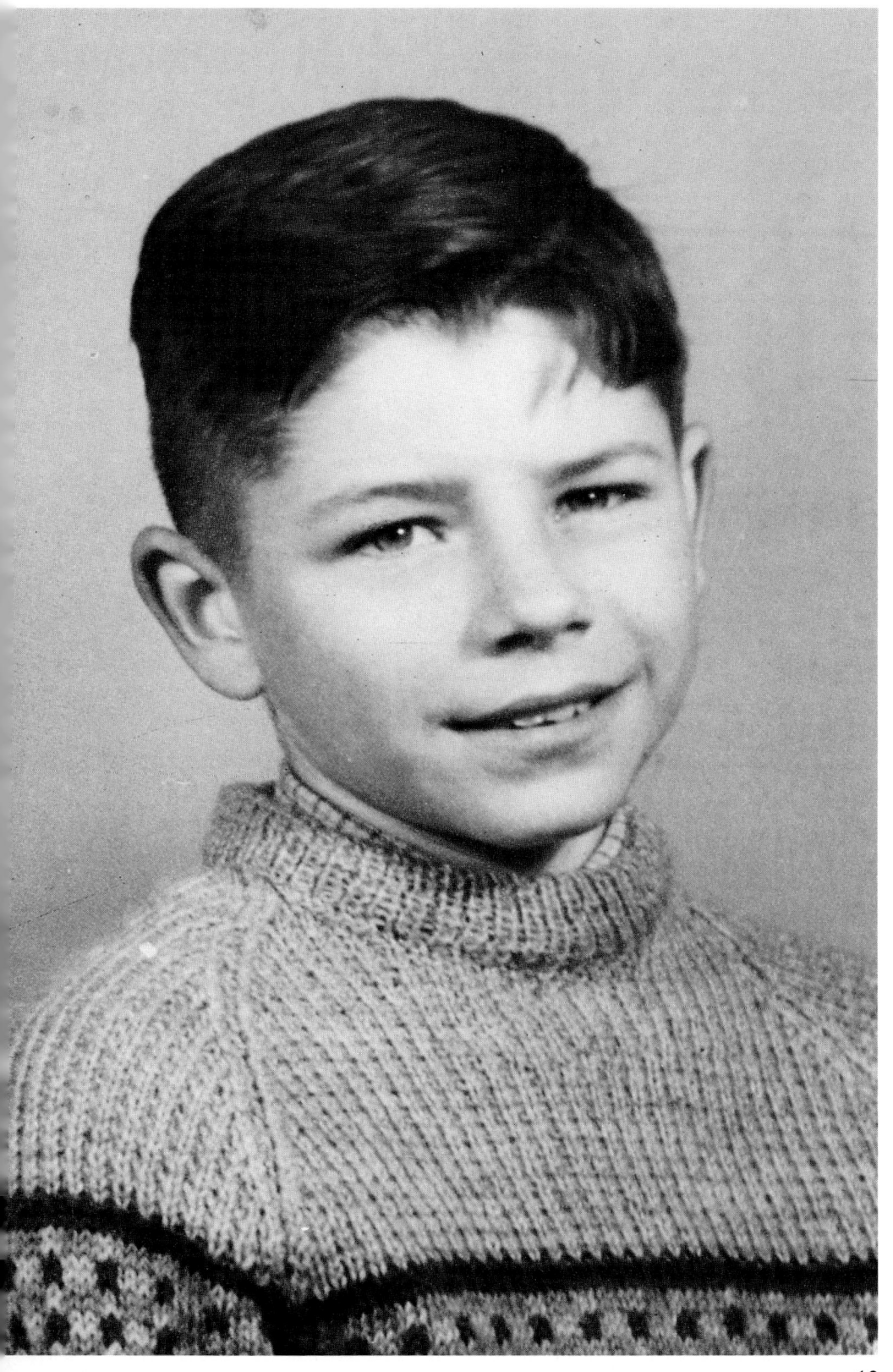

14

15

17

18

19

20

21

22

23

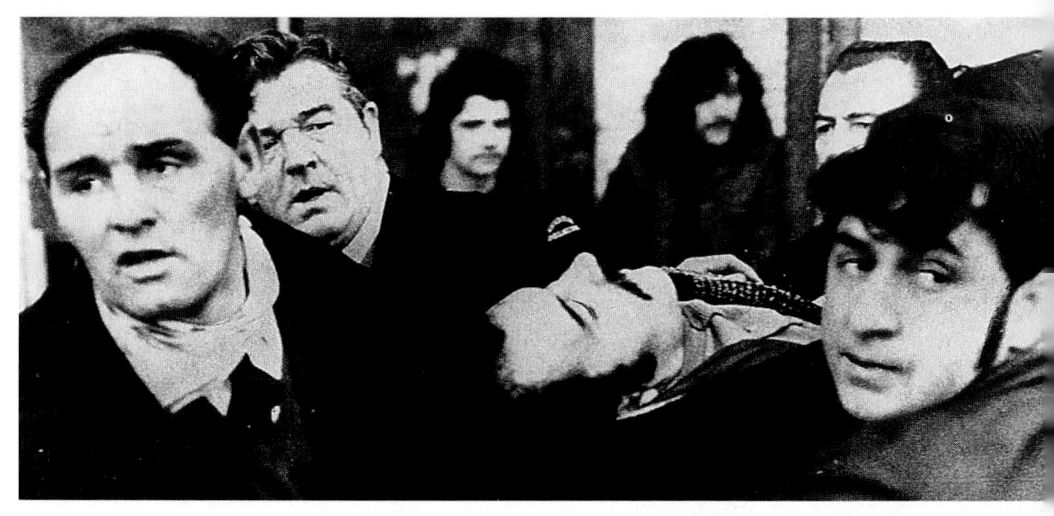

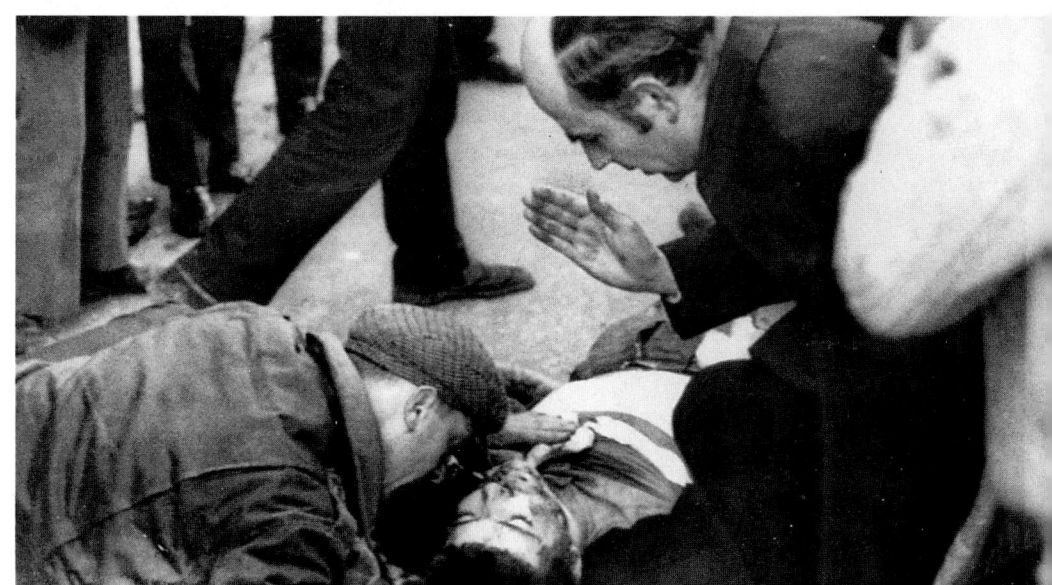

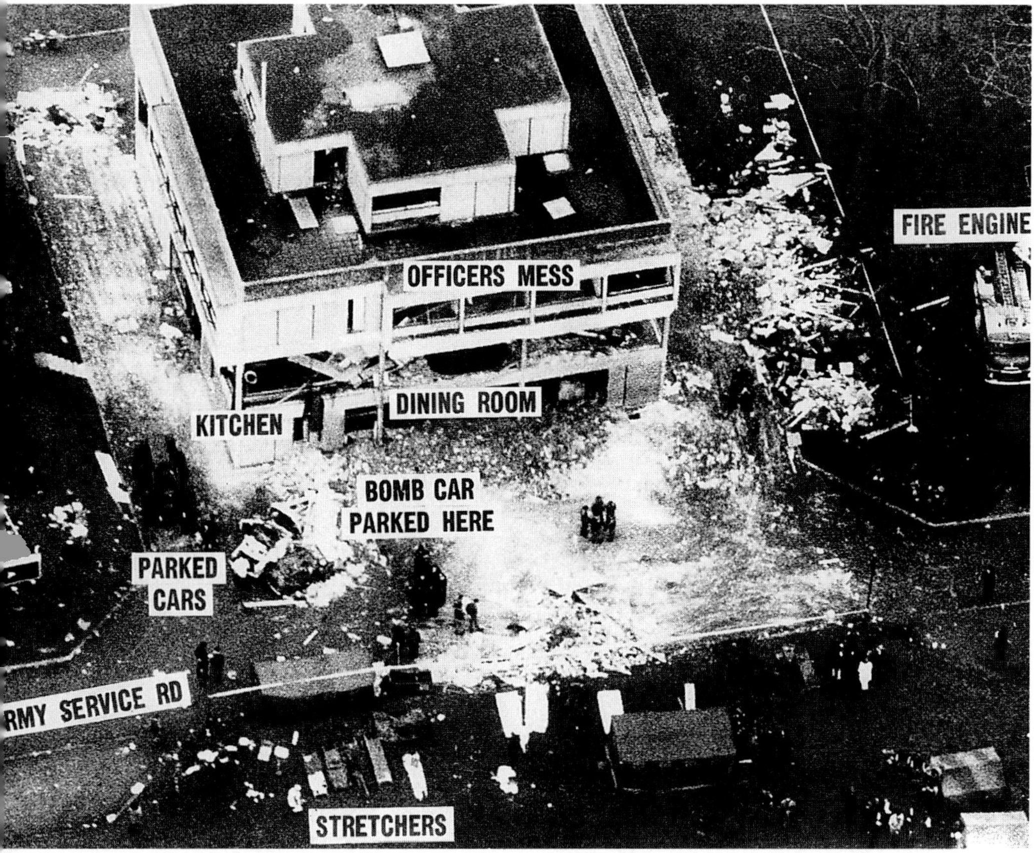
FIRE ENGINE
OFFICERS MESS
DINING ROOM
KITCHEN
BOMB CAR
PARKED HERE
PARKED
CARS
RMY SERVICE RD
STRETCHERS

25

3858

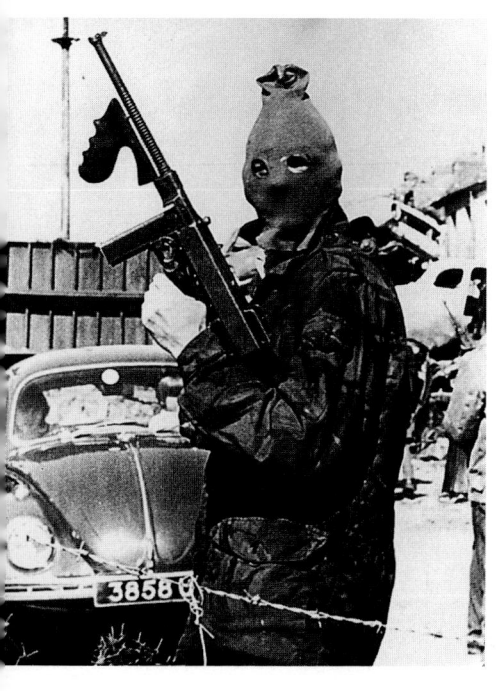

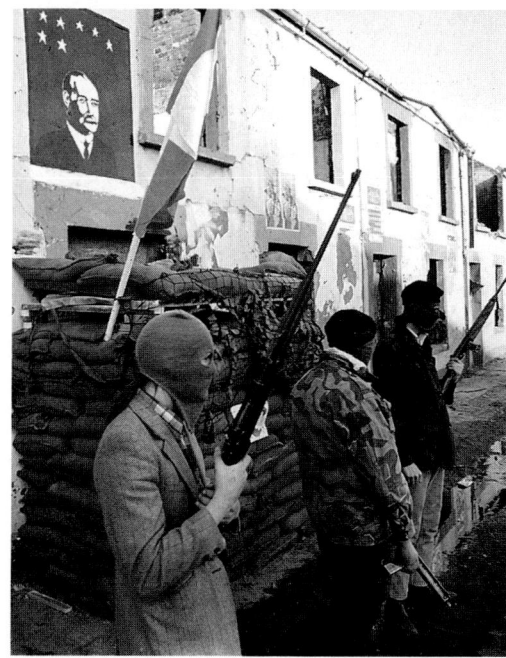

26

27

28

ten inzwischen beide Seiten die Britische Armee für alles verantwortlich. In dieser Nacht starben sechs Zivilisten und ein britischer Soldat.

Tags darauf gab Harry West, ein geachteter ehemaliger Nordirland-Minister, eine Erklärung ab, in der es hieß, die Provinz stehe jetzt am Rande des Bürgerkrieges. Er forderte Minister der britischen Regierung zu einem Besuch Nordirlands auf, um sich mit eigenen Augen anzusehen, wie sehr sich die Situation verschlechtert hatte. Keiner folgte der Aufforderung.

Seit im Juni 1970 in der Crumlin Road und in Ost-Belfast fünf Protestanten getötet worden waren, schien zwischen den beiden Religionsgruppen ein stillschweigender Waffenstillstand zu herrschen. Die Schießerei an diesem Wochenende war seit zwei Jahren der erste größere Ausbruch von offener Gewalt auf Seiten der Protestanten.

In den Wochen davor waren verstärkt protestantische Schützen auf den Straßen aufgetaucht, Barrikaden wurden errichtet, es wurde dazu aufgerufen, als Katholik bestimmte protestantische Wohnviertel, sogenannte »no go«-Gebiete, nicht mehr zu betreten; Mitglieder der Ulster Defence Association, der protestantischen Miliz und Gegenstück zur IRA, gaben Erklärungen mit deutlichen Worten ab, Lkws und andere Fahrzeuge wurden für den Bau von Barrikaden gestohlen, und junge Leute traten in paramilitärischer Kleidung auf.

Vor diesem Maiwochenende war die Britische Armee noch nie gleichzeitig von protestantischen und katholischen Schützen unter Feuer genommen worden, ein erschreckendes Ereignis, das die britischen Offiziere schon seit dem Eintreffen der Armee in Nordirland befürchtet hatten. Geheimdienstberichte dieses Wochenendes hatten die britische Regierung gewarnt, daß das Gespenst eines allumfassenden Krieges zwischen den Religionen auf den Straßen von Belfast umging und Wirklichkeit zu werden drohte.

Die Protestanten ließen die Muskeln spielen, und das fand an diesem Wochenende seinen Höhepunkt darin, daß

mehrere hundert selbsternannte protestantische Schutz-
leute in paramilitärischen Uniformen das loyalistische
Woodvale-Gebiet in Belfast für einen Tag zum »no go«-
Gebiet machten. Damit wollten sie demonstrieren, daß sie
dieselben Taktiken wie die katholische Minderheit anwen-
den konnten. Daß sie die Presse benutzten, um ihre Forderungen zu verbreiten, war auch eine Anleihe bei der IRA.

Wie sie für die Fotografen in schnurgerader Linie dastanden, die Hände drohend in den Taschen ihrer Kampf-
jacken, als ob sie Pistolen hielten, erinnerten sie stark an
Fotos, auf denen IRA-Leute auf den Ladeflächen von
Fahrzeugen hockten, die sie in »Free 'Derry« gekapert
hatten. Die Organisatoren der protestantischen Milizen,
die Ulster Defence Association, wollte der Welt den Eindruck vermitteln, daß die Zeit für die protestantische
Mehrheit reif war, das Gesetz selbst in die Hand zu nehmen.

Zwei Tage später, am 18. Mai, erklärte William Whitelaw vor dem britischen Unterhaus, daß die IRA verzweifelt versuchte, einen protestantischen Gegenschlag zu provozieren. Er appellierte an die protestantische Gemeinschaft, Zurückhaltung zu zeigen und ruhig zu bleiben, und
er erklärte gleichzeitig, daß die Sicherheitskräfte die
Masse der Bevölkerung schützen würden.

Whitelaws Worte schienen prophetisch zu sein. Einige
Tage nach seiner Rede wurden Großbritanniens Elite-
Einheiten des SAS auf die Straßen Belfasts losgelassen.
Sie hatten den Befehl, insgeheim Katholiken zu töten oder
wenigstens zu verwunden.

KAPITEL 12

Angesichts der Tatsache, daß Nordirland am Rande des Bürgerkriegs zu stehen schien, daß die Politiker warnten, in den Straßen von Belfast sei nun doch der Religionskrieg ausgebrochen, waren wir vollkommen überrascht, als Don Mitte Mai mit Instruktionen aus Lisburn zurückkam und uns unseren neuen Auftrag erklärte.

»Ihr werdet es nicht glauben«, sagte er, »aber die hohen Tiere wollen, daß wir die Taktik ändern. Sie haben angeordnet, daß wir auf den Straßen von Belfast für Unruhe sorgen.«

»Was?« fragten wir einstimmig.

Das konnten wir einfach nicht glauben. In den vergangenen Wochen waren die Unruhen mit Bomben und Schießereien unglaublich eskaliert, und fast jeden Tag kam es zu Feuergefechten zwischen einzelnen Gruppen.

Wir bombardierten Don mit Fragen, wollten wissen, was mit »in Belfast für Unruhe sorgen« gemeint war. Wir fanden, daß es schon viel zuviel Unruhe gab.

Don erklärte es genauer: »Nach Meinung der Obersten

in Lisburn sieht es so aus, als sei unser Job, den wir hier in den letzten acht Monaten getan haben, nicht sonderlich erfolgreich gewesen. Sie wollen zu einer anderen Taktik greifen.«

Bei diesen Worten spürte ich unendliche Erleichterung. Ich hatte fast um den Tag gebetet, an dem wir nicht mehr losfahren mußten, um unbekannte Opfer zu übernehmen und zu exekutieren.

Aber dann fuhr Don fort: »Guckt nicht so glücklich. Es wird schlimmer.«

Wir starrten ihn an. Was konnte denn noch schlimmer sein als die Operationen, in die wir bisher verwickelt waren?

»Die da oben denken sich das so: Sie wollen einen richtigen Krieg zwischen den Katholiken und den Protestanten, bei dem es kein Halten mehr gibt. Dann kann die Armee im Hintergrund bleiben und zugucken, wie die beiden Seiten sich in Stücke reißen. Sie rechnen damit, daß es nur wenige Wochen dauert, bis beide einen Waffenstillstand wollen. Und dann können die Politiker anfangen, und die Provinz wieder ordnen. In Frieden.«

Uns war nicht klar, welche Rolle wir dabei spielen sollten.

»Unsere Aufgabe«, fuhr er fort, »besteht darin, dafür zu sorgen, daß der Krieg ausbricht und dann auch weitergeht. Wir werden nachts in katholische Viertel von Belfast gehen und auf irgend jemanden schießen, den wir gerade auf der Straße sehen. Die Absicht ist, Katholiken zu töten, um einen noch größeren Gegenschlag gegen die Protestanten zu provozieren.«

»Das kann doch nicht wahr sein!« stöhnte ich. »Das meinen die doch nicht ernst.«

»Es ist wahr«, sagte Don, »und wir fangen heute abend an.«

Ich guckte JR und Benny an. Sie sahen wütend aus. Mir ging es genauso. Ich konnte einfach nicht begreifen, was vorging. Bis jetzt hatte man uns gesagt, daß die Opfer, die wir hinrichteten, bekannte IRA-Killer waren, die man an der Grenze gefangengenommen hatte. Man hatte uns gesagt, es handele sich um gefährliche Männer, die entschlossen waren, weiter zu bomben, zu schießen und unschuldige Menschen umzubringen.

Jetzt bekamen wir den Befehl, auf die Straße zu gehen und vollkommen unschuldige Leute umzubringen, junge Männer, die uns in katholischen Vierteln rein zufällig über den Weg liefen. Die Befehle waren unglaublich. Mir kamen sie grotesk vor.

»Bist du sicher?« fragte ich Don und hoffte, ich hätte seine Erklärung nicht richtig verstanden.

»Ja«, sagte er. »Mir ging es genauso wie euch, als sie mir das gesagt haben. Ich habe nachgefragt. Aber es stimmt alles.«

Don spürte unsere Skepsis, wußte aber auch, daß er nicht zulassen durfte, daß wir die Befehle, die er bekommen hatte, kritisierten. »Hört zu«, sagte er, »es hat keinen Sinn, zu diskutieren und Fragen zu stellen. Wir haben unsere Befehle, und wir müssen sie befolgen. Denkt daran, wir sind nur Soldaten. Es ist unsere Pflicht, die Befehle, die wir bekommen, auszuführen. Und wir werden das so gut wie möglich tun. Das ist unser Job. Also halten wir am besten den Mund und machen uns an die Arbeit.«

Don entschied, daß wir uns in die katholischen Gebiete Falls und Ballymurphy wagen, dort Erkundungen anstellen, die Straßen überprüfen und uns ihre Lage genau einprägen sollten. Vor allem wollten wir mögliche Fluchtwege auskundschaften.

Wir wußten, daß diese neue Aufgabe gefährlich war, denn die IRA hatte überall Wachposten, viele von ihnen bewaffnet. Sie untersuchten alle fremden Fahrzeuge, die sich in ihre Viertel hineintrauten. Wir wußten, wenn sie auch nur den Hauch einer Chance bekamen, würden sie versuchen, ein fremdes Auto anzuhalten und zu überprüfen, vor allem eins mit vier jungen Männern, die sie entweder für protestantische Loyalisten oder für herumschleichende SAS-Leute hielten.

Wir beschlossen, daß JR immer fuhr, und Don forderte

ihn auf, in Ruhezeiten den Stadtplan von Belfast zu studieren, so daß er jederzeit, bei Tag und bei Nacht, genau wußte, wo er war.

Don entschied auch, daß er rücklings auf dem Beifahrersitz Platz nehmen würde, während Benny und ich mit schußbereiten Waffen auf dem Rücksitz blieben.

JR sollte nur die Pistole bei sich tragen, die er sowieso immer im Schulterhalfter hatte. Die »Grenz-Sonderanfertigung« kam für den Fall, daß wir sie brauchten, ins Handschuhfach. Don, Benny und ich hatten Maschinenpistolen Kaliber 7.62 dabei, mit der man ein Zwanzigermagazin innerhalb von drei Sekunden leerschießen konnte.

Wir hatten jeder zwei Magazine, eins in der Waffe, das zweite aus Zeitgründen mit Klebeband an ihr befestigt. So konnten wir innerhalb von zwei Sekunden die Magazine wechseln. Das Festkleben von Magazinen war bei der Armee seit einigen Jahren verboten, beim SAS dagegen wurden wir dazu ermuntert. Mit der Klebebandmethode ließ sich das Magazin dreimal schneller wechseln als normal, und das allein zählte. Beim Waffenunterricht des SAS sagte man uns: »Übt, das Magazin so zu wechseln, es könnte euch das Leben retten.«

Im Kofferraum hatten wir immer einen Reservekanister, falls uns auf unseren Grenzfahrten das Benzin ausging. Jetzt brauchten wir den Kanister für andere Zwecke. Wir wußten, wenn die IRA oder die nordirische Polizei unser Auto durchsuchte, mußten wir es ohne zu zögern sofort verbrennen. Das ging mit einem Kanister Benzin schneller und leichter.

Wir wußten, daß die Britische Armee und die nordirische Polizei einander nicht gerade liebten. Wenn man sie nach ihren eigenen Methoden vorgehen ließe, behauptete die Polizei, hätte sie die Unruhen schon beendet, ohne daß die Armee eingreifen müßte. Sie waren verärgert, daß die britische Regierung ihre berüchtigte Spezialeinheit aufgelöst hatte, und es ärgerte sie auch, daß britische Truppen in die Provinz geschickt worden waren.

Wenn uns die Armee stoppte, würde unser Codewort

»Nemesis« sofort an höhere Dienststellen weitergegeben, und dann wären wir wieder frei. Andererseits befürchteten wir, daß die nordirische Polizei unsere mißliche Lage für ihren eigenen politischen Vorteil nutzen, uns vielleicht sogar verhaften und öffentlich anklagen würde, bevor das Hauptquartier in Lisburn überhaupt bemerkte, daß wir festgenommen worden waren. Das könnte für uns eine lange Gefängnisstrafe bedeuten.

An diesem Abend fuhren wir bei Einbruch der Dunkelheit mit unserem grünen Ford Cortina los, um die katholischen Viertel von Belfast auszukundschaften. Bald würden die hellen Sommernächte einsetzen, aber wir wollten auf keinen Fall nach halb elf Uhr, wenn die Kneipen schlossen, einen Schuß abgeben. Wir wußten, daß die jungen Wilden, die die Kneipen um diese Zeit verließen, Ärger suchten, und ein unbekanntes Auto mit vier Männern gäbe das perfekte Ziel für sie ab.

Wir machten eine zweistündige Erkundungsfahrt durch die katholischen Viertel, prüften, wo die Barrikaden zur Absperrung eines Wohngebiets errichtet waren, und achteten darauf, daß die Straßen, in denen wir patrouillieren wollten, mindestens zwei Fluchtwege hatten. Uns war klar, was passieren würde, wenn wir je der IRA in die Hände fielen. Die Vorstellung war zu grausam, um darüber nachzudenken.

Nach unserer Rückkehr gab Don Anweisungen, wie wir vorgehen sollten. »Wir müssen alle ganz genau wissen, was wir zu tun haben, wenn das Schlimmste passiert und wir von der IRA durchsucht werden, wenn das Auto eine Panne hat oder wir in einen Unfall verwickelt werden. Wenn das Auto eine Panne hat, zünden wir es einfach an und gehen davon. Wenn wir aber überprüft werden und sie uns auf die Schliche kommen, müssen wir dafür sorgen, daß wir die Situation unter Kontrolle bekommen. Niemand darf in Panik verfallen. Wenn wir uns den Weg freikämpfen müssen, dann tun wir genau das. Denkt daran, wenn sie uns kriegen, sind wir tot. Denkt an eure Ausbildung. In Hereford haben wir gelernt, bei einer Schießerei

zusammenzubleiben, weil die Einheit so die besten Über-
lebenschancen hat.«

Langsam fuhr er fort: »Wenn das Schlimmste passiert,
daß wir den Wagen verlassen müssen und von einem Haufen Menschen verfolgt werden, schießen wir erst über die
Köpfe. Wenn sie das nicht aufhält, dann verpassen wir ihnen alle gleichzeitig ein paar Dinger. Danach verpissen wir
uns, aber geordnet, mit fünf Metern Abstand zwischen
uns, wie wir es gelernt haben.«

Er sah in die Runde. »Noch Fragen?«

Wir hatten keine. Wir wußten, was wir zu tun hatten.

Zwei Tage später reinigten und ölten wir unsere Maschinenpistolen und luden die Magazine, wir waren bereit für
unseren ersten »gemütlichen Einsatz«, wie wir diese Operationen immer nannten.

Um neun Uhr abends brachen wir wie geplant auf und
erreichten gegen halb zehn die Lower Falls. Bevor wir gingen, hatte Don uns informiert, daß er den ersten Schuß abgeben würde, aber wir hatten unsere Maschinenpistolen
einsatzbereit zwischen den Beinen, Griff nach oben und
den Lauf auf den Wagenboden gerichtet. Es hätte nur Sekunden gedauert, sie zu ziehen, durch das Fenster zu zielen
und abzudrücken.

Der Adrenalinspiegel stieg. Für Benny, JR und mich
war dies der erste Einsatz in unserem Leben. Wir wußten,
daß Don in verschiedenen Teilen der Welt an solchen Aktionen teilgenommen hatte, aber wir waren blutige Anfänger. Die Exekutionen zählten für uns eigentlich nicht als
Aktionen, denn sie waren schrecklich und langweilig, ja,
erniedrigend. Das hier würde anders sein. Wir wußten, daß
es gefährlich werden konnte.

In dieser Nacht schienen die Lower Falls fast verlassen
zu sein, nur ein paar Kinder spielten auf der Straße, aber
wir hatten keineswegs die Absicht, auf sie zu zielen. Wir
schossen auch nie auf Frauen und nicht auf Männer über
fünfzig.

Wir bemerkten eine Fußstreife der Armee, die Laden-
eingänge kontrollierte und die Dächer nach Heckenschüt-

zen absuchte. Ein paar zehn- oder zwölfjährige Kinder kickten mit einem Fußball herum und nahmen nicht die kleinste Notiz von der bewaffneten, achtköpfigen Armeestreife in Kampfanzügen. Es war ein unglaublicher Kontrast – die unschuldigen Kinder im Abstand von nur ein paar Metern zu bewaffneten Soldaten, die jeden Augenblick einen Angriff befürchteten.

Unglaublich, daß Eltern ihren Kindern immer noch erlaubten, am Abend auf der Straße zu spielen, am Abend, wenn es zu den meisten Gewalttaten kam. Ein Querschläger, ein Abpraller, ein Kreuzfeuer, eine Bombe, alles konnte an jedem Abend das Leben der Kinder beenden oder sie schwer verletzen. Und doch, an den meisten Abenden, an denen wir im »gemütlichen Einsatz« waren, spielten die Kinder auf den Straßen wie andere Kinder überall auf der Welt.

Wir fuhren nach Ballymurphy am Rand des IRA-Kerngebiets und sahen eine Reihe von Männern, die möglicherweise Ziele sein konnten. Wir waren uns jedoch nicht sicher, deswegen fuhren wir in das Gebiet der Falls Road.

Wir waren erst ein paar Minuten zuvor von der Hauptstraße in eine fast verlassene Nebenstraße eingebogen, als wir, auf dem Fußweg neben uns, einen Mann auf uns zukommen sahen.

Ich bemerkte, wie Don sich aufrichtete.

Als wir langsam auf den Mann zufuhren, hob Don seine Maschinenpistole, legte den Lauf auf das offene Fenster und verpaßte ihm aus ganz kurzer Entfernung eine schnelle Salve von fünf oder sechs Kugeln. Ich sah den Mann zu Boden sinken, wo er wie ein Sack liegenblieb. Er hatte sich nicht bewegt.

Die krachenden Schüsse versetzten JR in Panik. Es ist unglaublich, aber er trat das Gaspedal voll durch und donnerte davon.

»Fahr langsam«, schrie Don. »Verdammt, fahr langsam. Die werden auf uns aufmerksam.«

JR gehorchte, bremste auf 30 Meilen in der Stunde ab, aber wir sahen, wie seine Blicke suchend über die Straße vor und hinter uns wanderten, um zu sehen, ob es Ärger gab. Es gab keinen.

Auf der Rückfahrt sagte Don: »Ihr habt gesehen, wie einfach es ist. Der Mann hat das Auto nicht einmal angeguckt, und er wußte mit Sicherheit nicht, was ihn da getroffen hatte. Und wenn JR nicht wieder so bescheuert in Panik verfällt, kriegen wir keinerlei Probleme.«

Ich hatte befürchtet, daß es irgendwie gefährlich werden könnte, aber es war nicht so. Mir war unbehaglich, daß wir wieder mal eine Aufgabe ausführen mußten, die ich für unfair hielt. Es war unfair, auf völlig ahnungslose, wahrscheinlich unschuldige Opfer zuzufahren und sie zu eliminieren. Wir hatten gehört, wie sich die Politiker über schreckliche, feige Aktionen der IRA erregten, ihr vorwarfen, mit Bomben oder Kugeln unschuldige Menschen umzubringen. Genau das taten wir jetzt auch.

In dieser Nacht lag ich im Bett und dachte über unseren neuen Auftrag nach. Ich kam um die Frage nicht herum, warum wir uns so erniedrigten und zu den feigen Methoden der IRA griffen. Ich wußte schon im voraus, daß es mir sehr, sehr schwerfallen würde, wahrscheinlich unschuldige Opfer zu töten, wenn ich an der Reihe war.

Am Tag darauf blätterten wir Zeitungen durch, um zu sehen, ob unsere Schüsse in Ballymurphy von der Polizei registriert und an die Presse weitergegeben worden waren. Wir waren uns absolut sicher, daß der Mann gestorben war, aber es stand da nichts über einen Mann, der aus einem vorbeifahrenden Auto erschossen worden war.

Auch am nächsten Tag sahen wir die Zeitungen durch und lasen einen Bericht, in dem es hieß, ein junger Mann aus der Gegend der Lower Falls Road sei von vier Männern aus einem vorbeifahrenden Auto kaltblütig erschossen worden. Instinktiv wußten wir, daß er der Mann war, den wir getötet hatten.

Beim Lesen des Berichts über unsere Tat wurde mir bewußt, wie leicht wir in ein Verhör geraten konnten, wenn die nordirische Polizei uns irgendwann stoppte und Waffen bei uns entdeckte. Mir war auch klar, daß wir eine glaubwürdige Erklärung brauchten, wenn sie uns anhielt und drei Maschinenpistolen, die »Grenz-Sonderanfertigung« und JRs Pistole im Halfter bei uns fand. Die Polizei würde genau wissen, was wir gemacht hatten, ohne daß sie auch nur eine einzige Frage stellen mußte. Die Zeitungslektüre machte uns bewußt, daß die nordirische Polizei nun ihrerseits herumfahren würde, auf der Suche nach vier jungen Männern in einem Auto, irgendeinem beliebigen Auto. Das würde schon reichen, Verdacht zu erregen, und dann würden sie uns anhalten und befragen.

Wir hatten zwar unser Codewort als Hilfe, aber wir vertrauten nie voll darauf, denn wir wußten, wenn wir zur politischen Belastung würden, hielten wir ganz allein den Kopf hin.

An dem Wochenende hörte ich im Union Club interessiert zu, wie ein loyalistisches Clubmitglied von einer IRA-Mordeinheit erzählte, die vor ein paar Tagen sieben Arbeiter erschossen hatte, als sie nach Schichtende Mackie's Engineering verließen. Verständlicherweise war der Mann richtig wütend, weil die IRA am hellichten Tag solche Taten an unschuldigen Arbeitern beging.

Ich schwieg, überlegte aber, ob dieser Überfall wohl die Rache für den toten Katholiken aus der Nacht zuvor war.

Zu Beginn der folgenden Woche hatten wir wieder einen »gemütlichen Einsatz«. Wieder fuhren wir in einem vorwiegend katholischen Viertel herum und suchten einen jungen Mann, der allein unterwegs war. Gleichzeitig achteten wir auf Streifenwagen der nordirischen Polizei. Einige Leute sahen uns argwöhnisch nach, und wir waren überzeugt, daß unser Auto inzwischen bekannt war. Wir brauchten ein neues.

Das Ziel dieses Abends kam in einer Nebenstraße der Falls Road auf uns zu. Benny, der direkt hinter Don saß, sollte der Schütze sein. Don befahl JR, langsamer als 30 Meilen zu fahren, aber nicht zu langsam, denn dann würden wir sofort Verdacht erregen.

Als wir auf gleicher Höhe mit dem Mann waren, schaute er auf. Er war etwa 40 Jahre alt und salopp mit Hemd,

Hose und Jackett bekleidet. Den Bruchteil einer Sekunde später hatte Benny ein halbes Dutzend Kugeln auf ihn abgefeuert. Die leeren Hülsen sprangen in das Auto zurück und trafen JR am Kopf.

»Scheiße!« schrie JR, denn als ihn die heißen Hülsen trafen, wußte er im ersten Augenblick nicht, was los war. Als wir merkten, was passiert war, brachen wir drei anderen in brüllendes Gelächter aus, denn JR glaubte, daß aus dem Hinterhalt jemand auf ihn geballert hatte.

Später konnte auch JR lachen. »Nächstes Mal setz' ich so'n blöden Sturzhelm auf«, kündigte er an, »in diesem Auto ist es mir zu gefährlich.«

Wieder hatte ich mich beim Wegfahren nach hinten umgedreht. Ich sah nur einen zusammengekrümmten Körper im Rinnstein liegen. Mir verging das Lachen.

Beim nächsten »gemütlichen Einsatz« in dieser Woche fanden wir wieder einen jungen Mann in einer Nebenstraße der Falls Road. Ich war an der Reihe, den Mord auszuführen. Als der Mann in Jeans und Pullover auf das Auto zukam, wußte ich, daß mir eine Zeitspanne von etwa fünf Sekunden blieb, um ihn auch sicher zu treffen. Dieses Mal war er auf der gegenüberliegenden Straßenseite, nur noch knapp zehn Meter entfernt. Er sah nicht auf. Die Maschinenpistole auf Schnellfeuer eingestellt, drückte ich auf den Abzug und gab nur drei Schüsse ab. Ich bekam sein Gesicht nicht zu sehen. Als ich die Pistole gesenkt hatte und mich umdrehte, sah ich ihn langsam auf den Boden sacken. Er gab keinen Ton von sich.

Auf der Rückfahrt zur Kaserne war ich erleichtert, nicht nur, weil ich meinen ersten Auftrag erledigt hatte, sondern auch, weil ich in den nächsten ein, zwei Wochen wohl keinen weiteren Befehl zum Töten bekam. In unserem Quartier brauchte ich aber doch drei Tassen starken Kaffee, damit ich wieder zu mir kam. Ich schwieg, wollte nicht darüber reden und versuchte, schnell zu vergessen, welchen Anteil ich am Tod des armen Kerls hatte.

Am 1. Juni lasen wir in der Zeitung, daß bei beiden Gruppierungen Gewalttaten und Morde zugenommen hatten. Die Zeitungen meldeten, daß zwischen dem 20. und dem 30. Mai zwei katholische Männer mittleren Alters erschossen worden waren, als sie in der Gegend von Ballymurphy und der Falls Road allein zu Fuß unterwegs waren. Wir wußten, daß wir für ihren Tod verantwortlich waren.

Die Zeitungen waren auch voll von dem Ärger und den Taktiken, die den Hintergrund der sich ständig verändernden Situation bildeten. Wir lasen, daß protestantische loyalistische Gruppen kräftig an Ansehen gewannen, als sie Straßensperren in den Gebieten rund um Mount Pottinger und Woodstock Road errichteten; beides waren protestantische Wohnviertel, in denen die harte Linie vertreten wurde.

Diese Gruppen forderten die nordirische Polizei und die Armee öffentlich heraus, und die versuchten erfolglos, die Protestanten zum Abbau der Sperren zu überreden. Manchmal errichteten die Loyalisten ihre Barrikaden für ein Wochenende, nur für einen Abend oder auch für eine ganze Woche, um die Reaktion der Behörden zu testen.

In den Zeitungen führten die loyalistischen Politiker zu Recht an, daß die Katholiken der Viertel Bogside und Creggan in Londonderry monatelang ihre Sperrgebiete errichten durften, ohne daß Polizei oder Armee in irgendeiner Weise eingriffen. Die Loyalisten behaupteten, daß die IRA damit die Gelegenheit bekam, ungestraft ihre Bombenfabriken zu bauen, IRA-Rekruten auszubilden und zu bewaffnen. Aus diesen Sperrgebieten heraus zogen die jungen Rekruten dann los, um Polizisten, Soldaten und Zivilpersonen als Zielscheiben zu benutzen.

Wir bemerkten auch, daß viele vernünftige katholische Familien unglücklich waren über die bürgerkriegsähnlichen Zustände, die in Belfast und Londonderry herrschten, und einige waren entschlossen, den Konflikt zu beenden. Das erste größere Friedenstreffen fand am Dienstag, dem 23. Mai, im Creggan statt und brachte 2000 Menschen zusammen. Alle Redner riefen zur Beendigung der Gewalt auf.

Doch im Publikum waren etwa hundert IRA-Kämpfer.

Sie störten die Versammlung absichtlich, übertönten die Redner mit Sprechchören und Geschrei und forderten den Abbruch des Treffens. Am Ende konnten die Organisatoren nicht weitermachen, und die Versammlung wurde beendet. Später gab die IRA eine Erklärung ab: »Wir sind nicht dafür, die Gewalt zu beenden.«

Fünf Tage später, am Sonntag, dem 28. Mai, gingen in Londonderry 5000 Katholiken auf die Straße und nahmen an einer Friedensversammlung teil. Sie leisteten damit offenen Widerstand gegen die IRA-Führungsspitze, die alle Katholiken zum Fernbleiben aufgefordert hatte. Das Treffen war ein voller Erfolg, aber die IRA war nicht gerade glücklich über diese Wende.

Hinter den Kulissen hatte die IRA die Organisatoren der Friedensversammlungen davor gewarnt, ihre Forderungen zu wiederholen, sonst könnte es zu einem schweren Gegenschlag der IRA-Anhänger kommen, die die harte Linie vertraten. Man ließ die Organisatoren nicht im Zweifel, was passieren würde, wenn sie die Anhänger der Gewalt weiterhin herausforderten.

An demselben Sonntag marschierten 10 000 protestantische Loyalisten in ihren Uniformen durch die Straßen von Belfast; es war die größte Demonstration der Stärke, seit die Unruhen vor drei Jahren begonnen hatten. Die Ulster Defence Association und die Loyalist Association of Workers hatten den Marsch organisiert, und anscheinend waren die Protestanten entschlossener denn je, das Recht selbst in die Hand zu nehmen.

Am nächsten Tag fuhr Don mit dem grünen Cortina nach Lisburn und kam mit einem braunen Marina zurück. Wir wollten kein Risiko eingehen.

Im Juni wurden wir noch zweimal in den Wald nordwestlich von Belfast abkommandiert, um zwei IRA-Männer zu beseitigen, die uns unsere SAS-Kameraden an der Grenze übergaben. Zweimal drückte ich ab, als die unter Drogen stehenden jungen Männer ohne den geringsten Widerstand die knapp 20 Meter von dem geparkten Auto zum Graben zurücklegten, den der Waldarbeiter am Ende der Lichtung so sorgfältig vorbereitet hatte.

Inzwischen fiel es mir schwer, diese Hinrichtungen auszuführen. Vor jedem Einsatz fühlte ich mich körperlich krank, kämpfte darum, die eben erst gegessene Mahlzeit bei mir zu behalten, und fand es schlimm, daß ich mich in Gegenwart meiner drei Kameraden übergab. Ich wußte, JR und Benny glaubten, ich sei einfach nur krank, aber ich wußte auch, daß Don den wahren Grund kannte.

Ich mußte meine Nerven fest im Zaum halten, vor allem, wenn das Opfer auf der engen Rückbank im Auto direkt neben mir saß, seine Beine eng an meine gepreßt. Ich hörte ihn atmen und wußte, daß es nur eine Frage von Minuten war, bis er seinen letzten Atemzug tat. Insgeheim war ich froh, daß man sie jetzt unter Drogen setzte, bevor man sie uns übergab, dann sprachen sie nicht und bewegten sich auch nicht. Ich weiß nicht, ob ich noch die Nerven zum Schießen gehabt hätte, wenn sie geredet hätten.

Nach jeder Hinrichtung war es mir fast unmöglich einzuschlafen. Ich konnte nicht mehr unterscheiden, ob ich eine Arbeit ausführte, auf die ich zu Recht stolz sein konnte, weil ich Killer von Nordirlands Straßen fernhielt, oder ob ich inzwischen selbst nur noch ein Killer war, Mitglied eines Mordkommandos. Bei dem Gedanken drehte sich mir der Magen um.

In diesen Monaten wachte ich in der Woche zwei- oder dreimal auf, weil ich wieder einmal von einem grausigen Alptraum gequält wurde. Ich war schweißüberströmt und zitterte. Doch ich schrie nie auf, und meine Kameraden merkten nicht, durch welche Höllen ich ging. Wenn sie gedacht hätten, daß meine Nerven nicht mehr hielten, hätte Don mich nach Hereford zurückgeschickt. Er wäre nicht bereit gewesen, für ein weiteres Mitglied unserer Gruppe die Verantwortung zu übernehmen, denn wir schleppten JR schon mit durch.

Je unruhiger ich wurde, desto öfter kehrten meine Gedanken zu Maria nach England zurück. Ich sehnte mich danach, wieder auf der Hauptinsel und bei ihr zu sein, weit weg von Irland und den Erschießungen. Manchmal traf ich mich noch mit Lizzie, aber ich hatte bemerkt, daß sie mir nicht die Unterstützung und das Verständnis geben konnte, das ich in den Stunden mit Maria gefunden hatte.

Ich machte mir Sorgen. Ich hatte das Gefühl, daß Lizzies Vater der Meinung war, ich sei ein akzeptabler Schwiegersohn. Er verstand nicht, warum ich nicht in seinem geliebten Nordirland bleiben wollte. Er hatte davon gesprochen, uns für ein preisgünstiges gemeindeeigenes Haus vormerken zu lassen, und angedeutet, daß wir bestimmt nicht sehr lange warten müßten. Dabei waren wir nicht einmal verlobt, vom Heiraten war gar nicht zu reden.

Er konnte, genau wie Lizzie, nicht verstehen, daß Ulster für mich der letzte Platz auf Erden war, an dem ich seßhaft werden wollte. Sie hatten keine Ahnung von dem Leben, das ich geführt hatte, keine Ahnung von den sinnlosen, endlosen Morden, deren Ausführung mir befohlen wurde. Ich haßte den Ort und alle Leute, die dort lebten – Protestanten genauso wie Katholiken. Wohin ich auch schaute, in allen Gesprächen, die ich hörte, auch in Lizzies, nahm ich den Haß der beiden Seiten wahr. Tatsächlich kam Lizzie nie auf die Idee, den Katholiken vorzuwerfen, sie hätten die nordirische Provinz an den Rand des Bürgerkriegs getrieben. Bei manchen Diskussionen, in die sie verwickelt wurde, entstand sogar der Eindruck, daß sie Verständnis, sogar Sympathie für die katholische Minderheit empfand, weil sie von den Protestanten über Generationen hinweg so schlecht behandelt worden war.

Jedesmal wenn ich mich mit Lizzie traf, hatte ich ein schlechtes Gewissen, denn ich wußte, ich würde nicht bei ihr bleiben können, selbst wenn wir uns irgendwo in England niederließen. Wenn ich mit Lizzie zusammenblieb, das wurde mir immer klarer, würde ich nie in der Lage sein, den Schrecken meines Lebens zu entfliehen. Das wäre auf keinen Fall ihre Schuld, aber es würde so kommen, und das wäre ihr und ihrer Familie gegenüber unfair.

Es war Zeit, mich von Lizzie zu trennen, aber ich fand nur schwer die Kraft, es ihr zu sagen. Wir stritten uns immer öfter, und die Freude und die Liebe, die wir über Monate geteilt und genossen hatten, schwanden. Sie wußte es. Immer wieder fragte sie mich, was nicht stimmte und ob ich sie noch liebte, und jedesmal belog ich sie, weil ich sie nicht verletzen wollte.

Ich wußte, ich konnte ihr niemals die Wahrheit über mein Leben in Nordirland sagen, und so begann ich, zu Notlügen zu greifen, erzählte ihr beispielsweise, daß ich mehrere Nächte hintereinander Dienst gehabt hätte, auch wenn das gar nicht stimmte. Es dauerte ungefähr einen Monat, bis sie merkte, daß ich mich verändert hatte und daß die Beziehung langsam in die Brüche ging.

Sie wollte das nicht. Sie schien mich ehrlich zu lieben, und ich denke, sie wollte mich heiraten. Aber ich wußte, daß ich das nicht konnte, ihretwegen und auch meinetwegen nicht. Sie weinte viel, wenn wir uns verabschiedeten, und ich hatte ein schlechtes Gewissen, wenn wir miteinander schliefen. Ich hatte schon ein schlechtes Gewissen, wenn ich bei der Familie eine kleine Mahlzeit einnahm, und ich betete, daß die Rückkehr nach Hereford bald stattfinden würde, aber über unsere Zukunft fiel kein Wort. Tatsächlich sah es so aus, als meinte man an höchster Stelle, wir leisteten gute Arbeit mit unserer Methode, die Katholiken in Belfast in Angst und Schrecken zu versetzen.

Wann immer es möglich war, rief ich Maria im Postamt in Tidworth an, versuchte, die beste Zeit zu erwischen, zu der sie mehr als gerade mal zwei Minuten reden konnte. Ich brauchte diese Telefongespräche, denn sie brachten mich ihr näher. Diese Gespräche und der Traum, Irland zu entkommen, waren meine Rettungsleine. Je mehr ich mit ihr redete, desto stärker hatte ich das Gefühl, daß das Ende nicht mehr weit sein würde, der Zeitpunkt, an dem ich die Provinz verlassen und in ein normales Leben nach England zurückkehren durfte.

Ich hatte einen weiteren Fluchtweg aus der Wirklichkeit entdeckt: Alkohol. Ich war nie ein großer Trinker gewesen, immer überzeugt, daß ich nicht viel Alkohol brauchte, um meinen Spaß zu haben. Beim SAS-Training hatte ich auch gelernt, daß ich weniger fit war, je mehr ich trank. Im Trainingslager sagte einmal einer zu mir: »Wann hast du zuletzt einen Menschen, der wirklich fit ist, betrunken gesehen?«

Wann immer der Druck jetzt zu groß wurde, ging ich los, um ordentlich was zu trinken: vier oder fünf große Bier, dazu jeweils einen Bacardi zum Hinunterspülen. Das half immer, ich bekam nachts ein bißchen Schlaf und lag nicht mehr sorgenvoll und elend herum.

Doch wir hatten einen Einsatz vor uns, der dazu beitragen sollte, wieder ein bißchen stolz auf unsere Professionalität zu sein. Wir wurden ausgewählt, einen gewalttätigen IRA-Mann, der einen unschuldigen britischen Soldaten geschlagen, gefoltert und ermordet hatte, aufzuspüren, festzunehmen und zu beseitigen.

KAPITEL 13

Der 19jährige William Best, ein junger Katholik aus Creggan, der in Londonderry aufgewachsen war, hatte sich bei den Royal Irish Rangers verpflichtet, einem britischen Regiment, das sowohl Protestanten als auch Katholiken aus der Provinz rekrutierte.

Bevor er 1971 zur Armee gegangen war, hatten IRA-Aktivisten ihn unter Druck gesetzt – sie forderten seine aktive Unterstützung für die republikanische Sache, appellierten an seinen Glauben und seinen Nationalismus, damit er sich ihnen anschloß und gegen die Britische Armee kämpfte.

Er hatte von alldem nichts wissen wollen und war nach Belfast gegangen, um in die Armee einzutreten, die einzige Möglichkeit, der starken IRA-Gruppe in Londonderry zu entkommen, die in den katholischen Vierteln der Stadt alle Macht auszuüben schien.

Nach zwölf Monaten Dienst bei den Rangers beschloß er, nach Hause zu fahren und seine Eltern und seine Familie in Londonderry zu besuchen. Dieser Entschluß sollte ihn das Leben kosten.

Am 25. Mai 1972, als er Freunde in einem anderen Teil von Londonderry besuchte, holte ihn auf dem Heimweg eine IRA-Einheit von der Straße.

Er verschwand. Seine Eltern, seine Familie und Freunde der Familie durchkämmten die Straßen auf der Suche nach ihm, nachdem er sich nicht gemeldet hatte und auch nicht nach Hause gekommen war. Sie machten sich Sorgen, denn er hatte versprochen, um zehn zu Hause zu sein.

Die Polizei wurde eingeschaltet, aber das führte zu nichts. Er blieb spurlos verschwunden.

Zwei Tage später wurde die Leiche des Berufssoldaten William Best entdeckt. Sie lag in einer Blutlache auf einem Stück Ödland in der William Street in Londonderry, voll in der Sichtweite von Passanten. Über seinen Kopf war eine Kapuze gezogen, die Hände waren mit Draht auf dem Rücken gefesselt.

Die Eltern sollten ihren Sohn identifizieren, aber er war nicht zu erkennen. Berufssoldat Best war 48 Stunden lang geschlagen und gefoltert worden. IRA-Verbrecher hatten die Erlaubnis erhalten, ihre Wut und ihren Haß an einem wehrlosen jungen Soldaten auszulassen, an einem Mitglied einer angesehenen katholischen Familie, an einem von ihnen, der es gewagt hatte, zur Britischen Armee zu gehen.

Die Folterungen und die Ermordung des Berufssoldaten Best sollten ein Wendepunkt für den IRA-Feldzug in Nordirland werden. Hunderte von Frauen, die meisten von ihnen katholisch, kamen zu seinem Begräbnis, sie ließen ihre Wut über die IRA heraus, weil sie es gewagt hatte, einen der ihren umzubringen, einen unschuldigen Jugendlichen von 19 Jahren, der beschlossen hatte, allen Ärger hinter sich zu lassen und in der Britischen Armee ein neues Leben zu beginnen, wie es schon viele junge Katholiken vor ihm getan hatten.

Der Mord löste innerhalb der Führungskräfte des offiziellen Flügels der IRA so heftige Diskussionen und Meinungsverschiedenheiten aus, daß sie sofort eine Erklärung abgaben, in der sie die Gewalt ablehnten und ein Ende aller Gewalttaten ankündigten. Von dem Zeitpunkt an setzte sich der offizielle Flügel nur noch politische Ziele und überließ das Schlachtfeld der provisorischen IRA und ihren Männern der harten Linie, die sich selbst zu den wahren Rettern der katholischen und nationalen Sache erklärten.

Im Hauptquartier in Lisburn jedoch traf man die Entscheidung, die IRA-Verbrecher, die den jungen Best geschlagen, gefoltert und ermordet hatten, um jeden Preis aufzuspüren, zu jagen und zu töten als Vergeltung für ihre üble Tat.

An einem Vormittag Mitte Juni kehrte Don mit der Nachricht aus Lisburn zurück, daß Geheimdienste einen der Hauptverantwortlichen für die Folter und Ermordung des Berufssoldaten Best ausgemacht hatten und daß wir ausgewählt worden seien, uns um ihn zu kümmern. Sie hatten Don ein Foto des Gesuchten gezeigt.

Er hatte Londonderry und den offiziellen Flügel der IRA verlassen und war nach Belfast gegangen, wo er von den Hardlinern der Belfast Brigade des provisorischen Flügels mit Freuden empfangen wurde. Wegen seiner langen Liste mit Folterungen und Morden war der Gesuchte fast als Held behandelt und herzlich begrüßt worden.

Geheimdienstler hatten gerüchteweise gehört, daß der Mann bald schon wieder unterwegs sein und sein sicheres Haus in Belfast vielleicht an diesem Tag verlassen würde. Sein Ziel war unbekannt, deswegen mußte er umgehend ohne den Schutz der Dunkelheit aufgespürt, festgenommen und beseitigt werden. Das sichere Haus lag im Süden von Belfast am Rand eines vorwiegend katholischen Viertels.

Sofort reinigten und ölten wir unser Waffen und die »Grenz-Sonderanfertigung« und machten uns kurz nach zwölf Uhr auf den Weg. Wir nahmen auch ein paar Meter Fallschirmleinen mit. Die sollten sich als sehr nützlich erweisen.

Wir fuhren ziemlich schnell zu dem Gebiet, das nicht weit entfernt von dem protestantischen Teil Sandy Row lag. JR fuhr an dem viktorianischen Reihenhaus mit grüner Eingangstür vorbei und parkte um die nächste Ecke, knapp hundert Meter entfernt. Wir machten einen Uhrenvergleich.

Don schickte Benny und mich zur Rückseite des Hauses, denn er wollte, mit JR als Unterstützung, die vordere Haustür selbst aufbrechen. Benny und ich gingen den Weg an den Reihenhäusern entlang und flitzten dann durch die schmale Gasse, die von der Straße zu den Gärten hinter den Häusern führte. Wir hatten die Häuser gezählt und wußten genau, in welchem der Mann sich aufhielt.

Wir überprüften die Fenster und versteckten uns dann hinter einer Mauer am Ende des winzigen Gartens, warteten, daß die Sekunden vergingen. Schlag eins passierten wir mit gezogenen Pistolen die hintere Pforte. Ich schlich zur Hintertür und hoffte zu hören, was drinnen vorging, während Benny nachsah, ob sich an den Fenstern ein Lebenszeichen zeigte.

Ich hörte das Krachen von splitterndem Holz, als Don gegen die Vordertür sprang. Er warf sich mit der Schulter dagegen und zerschlug das Schloß. Mit schußbereiter Pistole beobachtete JR die Fenster hinter ihm. Ich rüttelte an der Tür, überraschenderweise war sie offen. Ich marschierte direkt in die Küche, während Benny mir Deckung gab.

Während ich mich in der Küche umsah, hörte ich Don auf halber Treppe. Offenbar hatte er das vordere Zimmer überprüft und, als er dort niemanden gefunden hatte, entschieden, daß er den Mann kriegen mußte, bevor der an seine Waffe herankam. Wir wußten, daß er bewaffnet war. Wir hofften, daß er nur einen Revolver hatte und kein Maschinengewehr.

Ich rannte hinter Don die Treppe hinauf, Benny und JR blieben unten, falls es Ärger mit Nachbarn geben sollte oder mit IRA-Schützen, die vielleicht zum Haus zurückgekehrt waren. Ich war auf halber Treppenhöhe, als oben eine Schlafzimmertür aufflog und ein Mann herausgestürzt kam.

In seiner Hand sah ich einen Revolver und dankte Gott, daß es keine Maschinenpistole war. Der Mann stieß mit Don zusammen, der ging zu Boden. Der Mann blieb irgendwie auf den Beinen, und als er versuchte, von der obersten Stufe der Treppe über mich zu springen, verpaßte ich ihm einen Rugby-Angriffsschlag.

Zusammen fielen wir die Treppe hinunter, und dabei flog ihm glücklicherweise der Revolver aus der Hand. Als wir ineinander verknäult unten landeten, sah ich, wie Benny sich auf den Mann stürzte und ihn mit dem Pistolenknauf zweimal auf den Kopf schlug. Er schlug ihn nicht zu kräftig, denn er wollte, daß er bei Bewußtsein blieb, damit er laufen konnte. Als der Mann langsam wieder zu sich kam, hatte Benny ihn fest im Polizeigriff. Er konnte sich nicht mehr bewegen.

Nach der Überprüfung der anderen Schlafzimmer kam Don die Treppe herunter und forderte JR auf, das Auto zu holen und vor den Vordereingang zu stellen. Benny und ich setzten den Mann auf den Boden und fesselten ihm die Hände fest mit der Fallschirmleine auf dem Rücken. Don sah ihn an. »Ja, das ist er«, sagte er.

»Und wer zum Teufel seid ihr?« fragte unser Mann.

»Halt's Maul«, sagte Don. »Noch ein Wort, und ich blas' dir dein verdammtes Gehirn weg.«

»Ihr macht mir keine angst«, antwortete unser Mann.

»Das wirst du schon noch sehen«, sagte Don, »denn du bist die miese Ratte, die den Berufssoldaten Best in 'Derry um die Ecke gebracht hat.«

Für den Bruchteil einer Sekunde wirkte der Mann überrascht. »Scheiße!« sagte er.

»Also kennst du den Namen?« sagte Don.

»Klar, jeder kennt den Namen dieses Wichsers«, antwortete er.

Don zerrte ihn grob vom Boden hoch und befahl ihm, sich zur Eingangstür in Bewegung zu setzen. Der Mann versuchte sich hinzusetzen, wollte den Ort nicht verlassen, den er für seinen sicheren Hafen hielt.

»Wenn du dich nicht bewegst, erschieß' ich dich hier auf

der Stelle«, drohte Don und hielt ihm die Pistole an den Kopf. Er bewegte sich.

Don und Benny schoben den Mann auf den Rücksitz, ich nahm auf dem Beifahrersitz Platz.

»Wie ist das, wenn man jemanden bewußtlos schlägt?« fragte Don. »Kriegst du dabei deinen Kick?«

»Ich weiß nicht, wovon du redest«, antwortete er.

»Das wirst du schon bald wissen«, sagte Don. »Wir machen mit dir alles, was du mit dem armen Soldaten gemacht hast. Wenn ihr Soldaten so behandelt, dann kriegen wir euch und gehen mit euch ganz genauso um, das versprech' ich euch.«

Der Mann fing an zu stottern, kämpfte um die richtigen Worte, um uns zu überzeugen, daß er von dem Berufssoldaten Best nichts wußte, und er leugnete, je in Londonderry gewohnt zu haben.

»Halt den Mund«, sagte Don, »ich weiß, daß du der Schuldige bist, weil ich ein Foto von dir gesehen habe. Wir haben es von einem deiner IRA-Kumpel. Sie wollen, daß du beseitigt wirst, weil du besessen bist vom Gedanken ans Morden, und das ist ganz schön beschissen. Begreifst du jetzt?«

Der Mann wirkte beunruhigt.

»Ich werd' dir sagen, was wir mit dir machen.«

»Verpißt euch«, sagte der Mann, »verpißt euch einfach.«

»Ja, das machen wir«, versprach Don, »aber erst, nachdem wir dir ein paarmal in die Beine geschossen haben, dann arbeiten wir uns langsam den Körper hinauf, bis wir dir ein paar Kugeln in die Eier schießen. Dann fragen wir dich, ob du Willy Best gefoltert und getötet hast. Und wenn du leugnest, kriegst du noch ein paar Kugeln in die Arme, bis du gestehst.«

Der Mann begann, heftig zu zittern, und seine Stimme verfiel in ein leises, fast unhörbares Murmeln. Es war vorbei mit seiner gespielten Tapferkeit.

Später, als wir zur Lichtung in Tardree Forest fuhren, versuchte er noch einmal, zu reden und seine Unschuld zu beteuern.

»Sei ruhig«, sagte Don. »Ich will nur dein Geständnis, daß du Willy Best erschossen hast.«

Wieder schwieg der Mann, er hatte den Kopf gesenkt und starrte auf den Boden des Autos.

Dreißig Minuten später erreichten wir die Lichtung, und Don und Benny zogen ihn aus dem Auto. Unser Totengräber war bei der Arbeit, bewegte Baumstämme mit seiner Maschine. JR ging zu ihm und befahl ihm, für eine halbe Stunde zu verschwinden.

Wir ließen unseren Mann die knapp 100 Meter bis zum Graben gehen. Don befahl ihm, auf dem Erdhügel niederzuknien, so daß er in den Graben schaute. »Du hast eine letzte Chance«, sagte Don. »Wenn du den Mord an Willy Best nicht gestehst, fang ich an, in deine Beine zu schießen.«

Schweigen.

»Ich zähl' bis fünf«, drohte Don, »es liegt an dir. Eins. . . zwei. . . drei. . .«

»Schon gut, schon gut, ich war es«, gab der Mann zu. »Aber ich mußte es tun.« Er begann zu schluchzen. »Sie haben mich dazu gezwungen.«

Das waren seine letzten Worte. Don zog den Abzug der »Grenz-Sonderanfertigung« und schoß dem Mann in den Hinterkopf. Er fiel vornüber in den Graben und verschwand aus unserem Blickfeld. Wir drehten uns um und gingen, zufrieden, daß wir Bests grauenhafte Ermordung gerächt hatten.

An diesem Abend sahen wir im Fernsehen, wie Oberst Gaddafi aus Libyen in einem aufgezeichneten Interview erklärte, er hätte beschlossen, die IRA mit allen Waffen und jeder Munition zu beliefern, die sie haben wolle. Er erläuterte, wie er den Iren in ihrem Kampf um die Befreiung von der Britischen Armee helfen wollte.

»Naja, Gaddafi ist wenigstens ehrlich«, sagte ich. »Schade, daß die britische Regierung nicht ehrlich sein konnte. Dann brauchten wir nicht diese ganze Geheimniskrämerei zu betreiben, sondern könnten herausgehen und die IRA offen bekämpfen. Dann würden wir sehen, wieviel Kampfkraft in ihr steckt.«

Im Juni wurden wir wieder losgeschickt, um auf den Straßen von Belfast Opfer für Erschießungen zu suchen, aber immer öfter kehrten wir nach Long Kesh zurück, ohne eine passende Zielscheibe gefunden zu haben. Wir schossen nie, wenn zu viele Zeugen in der Nähe waren; wir schossen auch nie auf einen Mann, wenn er in Begleitung einer Frau oder eines Kindes war; wir schossen nie, wenn Kinder in der Nähe waren; und wir schossen nur auf Katholiken im wehrfähigen Alter.

Nach allem, was wir in den Zeitungen lasen, hatte sich unsere Arbeit als ganz nützlich herausgestellt, sie hatte bei den Führungskräften des provisorischen IRA-Flügels Zwist und Zweifel ausgelöst. Seit der offizielle Flügel der IRA im Mai den Waffenstillstand bekanntgegeben hatte, ging Staatssekretär William Whitelaw zu einer Politik der Versöhnung über, indem er Mitglieder des offiziellen Flügels aus der Haft entließ. Bis zum 6. Juni hatte Whitelaw 470 der 936 entlassen, die ohne Gerichtsverhandlung ins Gefängnis gekommen waren. Fast alle waren Offizielle.

Natürlich führte diese Politik zu noch größeren Unstimmigkeiten zwischen den Provisorischen und den Offiziellen. Geheimdienststellen fanden heraus, daß manchmal beiden Flügeln die Schuld für die unerklärlichen Todesfälle auf den Straßen von Belfast gegeben wurde, weil niemand genau wußte, wer für die Zufallserschießungen verantwortlich war.

Sie wußten auch, daß die Provisorischen sich zu einem Feldzug der Gewalt gegen die Protestanten entschlossen hatten und auch weiter Druck auf die Britische Armee ausüben wollten. Sie überredeten junge Leute, ununterbrochen gegen britische Soldaten zu randalieren, während gleichzeitig IRA-Heckenschützen ihre Position auf den Dächern zu nutzen versuchten, um britische Soldaten ins Visier zu bekommen. Zu der Zeit verging kaum eine Woche, ohne daß ein Soldat im Heckenschützenfeuer starb.

Die Provisorischen erhöhten auch das Tempo der Gewalt, versuchten Belfast und Londonderry in ein Chaos zu bomben und die Wirtschaft der Provinz zu ruinieren. Sie wollten Handel und Gewerbe möglichst weitgehend lahmlegen.

Es war verflixt wenig, was die Behörden unternehmen konnten, um solchen destruktiven Aktionen entgegenzuwirken. Das gemeinsame Sicherheitskomitee aller Geheimdienstchefs und hoher Offiziere von Armee und Polizei tat unter dem Vorsitz von William Whitelaw alles, was in seiner Macht stand, um die Bombenwerfer zu stoppen. An sieben Tagen der Woche wurden alle Fahrzeuge ohne Begleitung aus den Stadtzentren verbannt, und jeder und alles, das sich in die Zentren hinein- oder herausbewegte, wurde durchsucht.

Wer Londonderry im Juni 1972 besuchte, konnte angesichts der vielen Bomben- und Brandschäden und der Kontrollpunkte den Eindruck bekommen, er sei in einer mitteleuropäischen Stadt gleich nach dem Zweiten Weltkrieg gelandet. Wer zu der Zeit mit dem Auto durch Londonderry fuhr, mußte sieben Kontrollen passieren, zwei der IRA, drei der Britischen Armee und zwei weitere der Loyalisten. An allen Stellen standen bewaffnete Männer Wache, und alle hatten offensichtlich die absolute Befehlsgewalt.

Die Bombenanschläge der IRA setzten die Menschen in Nordirland unter ungeheuren Druck, und sie reagierten mit einem bemerkenswerten Maß an Mut, Verständnis und Geduld. Es war ihnen vollkommen bewußt, daß die Bombenleger nur mit Geduld und Sorgfalt zu bekämpfen waren. In jedem Geschäft und jedem Gebäude wurden Leibesvisitationen durchgeführt, an jedem Eingang die Handtaschen und Einkaufskörbe der Frauen und die Aktentaschen der Männer inspiziert.

Tag und Nacht wurden Pkws, Busse und Lkws an Kontrollpunkten und bei überraschenden Einsätzen von Polizei und Armee durchsucht. Die Menschen reagierten mit Mut und Entschlossenheit, obwohl Chaos und Gewalt kein Ende nahmen. In ganz Nordirland war buchstäblich jede Familie mit Tod oder Verletzungen konfrontiert worden, aber irgendwie hatte ihre Standhaftigkeit mehr als zwanzig Jahre voller Unruhen und Gewalt überlebt.

In dem Glauben, daß mit dem Feldzug der Gewalt und der mutwilligen Zerstörung der Krieg zu gewinnen wäre, bemühte sich der provisorische Flügel der IRA nach dem Angebot eines Waffenstillstands um ein Geheimtreffen mit William Whitelaw. Die Forderungen erwiesen sich jedoch als völlig unannehmbar für die britische Regierung, auch wenn Whitelaw die IRA wissen ließ, daß er eine Woche später mit einer Antwort des Kabinetts zurückkehren würde.

Die Provisorischen warteten die offizielle Antwort gar nicht erst ab. Ohne Vorwarnung lösten sie einen erneuten Feldzug mit Gewalt, Bombenanschlägen und Schießereien aus, dabei wurden sechs Zivilpersonen getötet, darunter gleich am ersten Tag ein 13jähriges Mädchen und ein katholischer Priester. Am selben Tag erschütterten später Bombenexplosionen Belfast und Londonderry.

Die Regierung Heath entschied sich für eine härtere Linie gegen die Provisorischen. William Whitelaw persönlich befahl 600 Soldaten den Angriff auf IRA-Schützen in Andersonstown, nachdem bei einem viertägigen IRA-Angriff auf den Armeeposten in der Lenadoon Avenue drei Soldaten ums Leben gekommen waren. Die IRA feuerte 400 Kugeln auf den Posten, bis die Armee zum Angriff überging.

Whitelaw gab bekannt, daß der Angriff auf die IRA-Schützen der Beginn einer Regierungsoffensive sei, einer neuen »Auge um Auge«-Politik, bei der man IRA-Grausamkeiten mit Armee-Grausamkeiten beantworten würde. In der Folge tobten stundenlang heftige Feuergefechte.

Weil die Armee besser mit Schußwaffen ausgerüstet war, ging die IRA zu Bombenangriffen über. Am Freitag, dem 21. Juli, wurden innerhalb von einer Stunde elf Menschen getötet und 130 verletzt, als in ganz Belfast zwanzig riesige Bomben detonierten. Die IRA hatte dafür die empfindlichsten Ziele ausgesucht und zerbombte Schutzhäuschen an Bushaltestellen, den Bahnhof und ein Hotel.

Hinterher stellte sich heraus, daß es sich hier um eine der grausamsten und gewalttätigsten Bombenorgien der IRA gehandelt hatte. Die Sache war auch höchst peinlich für

William Whitelaw und die Regierung, denn die Bomben explodierten nur Stunden, nachdem Whitelaw vor dem Unterhaus in London erklärt hatte, daß sowohl in Belfast als auch in Londonderry während der letzten Tage neue strenge Sicherheitsmaßnahmen eingeführt worden seien, die »den Bombenlegern einen Strich durch die Rechnung machen würden«.

Die Lower Falls in Belfast waren ein Viertel, von dem wir uns fernhielten. Wenn wir die Grosvenor Street hinunterfuhren, sahen wir die IRA-Schützen in den Seitenstraßen Wache schieben. Die meisten trugen Kapuzenmützen, und fast alle hatten amerikanische Gewehre oder Thompsonmaschinenpistolen. Wir wußten auch, daß in diesen Straßen ständig Heckenschützen auf den Dächern Wache hielten. Wenn wir gewagt hätten, in dieses Viertel hineinzufahren, hätte es sofort zu einem Feuergefecht kommen können. Wir wären vielleicht mit dem Leben davongekommen, aber wir kannten auch das Risiko, daß unschuldige Opfer beim Kreuzfeuer oder durch Querschläger verletzt wurden.

Wichtiger noch, es war uns immer untersagt worden, uns in zufällige Feuergefechte verwickeln zu lassen oder uns in eine Situation zu begeben, in der wir erschossen, umgebracht oder entführt werden konnten, denn dann würde die SAS-Beteiligung an Geheimoperationen auffliegen. Man würde uns in Lisburn oder in Hereford dafür nicht gerade lieben.

Eines Abends Ende Juni dachten wir, das wäre es nun gewesen.

Fast eine halbe Stunde waren wir herumgefahren, bis wir ein mögliches Ziel ausgemacht hatten, ein Mann von Ende 30 kam auf dem Fußweg neben uns auf uns zu. Er sah wirklich wie ein IRA-Schütze aus: ein vierschrötiger, kräftig gebauter Mann in Jeans und einer dunkelblauen, dikken Arbeitsjacke.

»Das ist einer«, sagte Don.

Sekunden später betätigte er den Abzug seiner Maschinenpistole und schoß ein halbes Dutzend Kugeln ab. Als er das Feuer eröffnete, war er keine zwei Meter von dem Opfer entfernt. Der Mann guckte erstaunt und wurde dann von der Wucht der Schüsse mit offenem Mund nach hinten katapultiert.

»Fahr zu!« sagte Don zu JR, »aber langsam.«

Auf der Rückfahrt zur Basis, entspannt und durstig, bogen wir zehn Minuten später um eine Ecke und hatten keine 30 Meter entfernt eine brennende Barrikade vor uns. »Himmel!« sagte JR.

Wir sahen alle auf, JR trat hart auf das Gaspedal und hielt direkt auf die Barrikade zu, die über die ganze Breite der Straße ging. An der Seite erkannten wir ein Auto, das genauso brannte wie Reifen, Matratzen und alte Sofas. Die Straße war voller Flammen und Rauch.

Ich dachte, daß JR in Panik geraten war und vorhatte, sich krachend den Weg durch die brennende Masse vor uns zu bahnen. Plötzlich hagelten Steine und Flaschen auf das Auto. Die Windschutzscheibe zerbarst, aber JR gab weiter Gas.

Ohne Vorwarnung wurde ich mit dem Kopf gegen die Seite geschleudert, als JR mit aller Kraft die Handbremse zog und mit quietschenden Reifen eine Kehrtwende um 180 Grad machte. Einen Sekundenbruchteil später rasten wir in die entgegengesetzte Richtung, während Ziegel und Steine auf uns niederprasselten.

Ich hatte wirklich geglaubt, daß JR die Barrikade durchbrechen wollte. Wir waren keine fünf Meter mehr entfernt, als er die Kehrtwende machte.

»Donnerwetter«, sagte Don, »das war verdammt brillant. Wo hast du das gelernt?«

»Hab' ich eben gelernt«, antwortete JR mit einem breiten Lächeln. Diese eine Tat trug dazu bei, daß er ein wenig Selbstachtung zurückgewann. Er fühlte sich gut. Wir waren erleichtert. Es gab keinen Zweifel, daß er sich grandios verhalten hatte. Ich bin überzeugt, daß wir niemals überlebt hätten, wenn er versucht hätte, die Straßenbarrikade zu durchbrechen.

Don entschied, daß wir das Auto sofort loswerden mußten. Als wir durch Lisburn fuhren und ein ruhiges Plätzchen suchten, an dem wir das Auto abstellen und in Brand stecken konnten, warf man uns ein paar fragende Blicke zu. Aber damit ist wohl zu rechnen, wenn vier junge Männer dasitzen, sich so entspannt und lässig wie möglich zu geben versuchen und gleichzeitig ohne Windschutzscheibe herumfahren. Sowie wir einen Trampelpfad abseits der Hauptstraße entdeckt hatten, parkten wir das Auto, übergossen es mit dem Benzin aus dem Kanister im Kofferraum und warfen ein brennendes Streichholz.

Das Feuer brach mit einem dumpfen Knall aus, und wir marschierten zu Fuß über Land. Wir hatten noch keine 800 Meter zurückgelegt, als das Auto wie eine Bombe in einem riesigen Feuerball explodierte. Die Flammen schossen fast 50 Meter in den Himmel, als der Kanister, den wir nur halb geleert hatten, in die Luft flog.

Zum Glück war dieser Abend trübe, denn wir mußten die etwa sechs Meilen nach Long Kesh zu Fuß zurücklegen, die Maschinenpistolen unter dem Arm. Wenn Polizisten uns entdeckt hätten, wäre ihnen auf Anhieb klargewesen, daß wir Waffen unter der Jacke trugen. Glücklicherweise trafen wir kaum eine Seele, bis wir die Unterkunft wieder erreicht hatten.

Wir hatten jedoch eine wichtige Lektion gelernt. Einen Kanister mit Benzin in den Kofferraum zu legen, war keine so gute Idee gewesen, denn wir mußten erst das Auto verlassen, um an das Benzin zu kommen. Ab sofort verzichteten wir auf den Kanister und füllten statt dessen zwei große Flaschen mit Benzin, und die legten wir unter die Vordersitze.

Als wir schließlich wieder in unserer Unterkunft waren, schnitt Benny ein Stück Pappe aus einer Zigarettenschachtel, nahm ein Stück silbernes Zigarettenpapier und bastelte daraus ein Viktoriakreuz. Unter Klatschen, Hochrufen und brüllendem Gelächter überreichten wir JR die Tapferkeitsmedaille für »außerordentlichen Heldenmut unter Beschuß«. Gutgelaunt nahm er sie an. Wir feierten mit einer Tasse Kaffee.

Tief innen wußten wir alle, daß er uns vor einer sehr unangenehmen Situation bewahrt hatte.

Zwei Wochen später kam es wieder zu einer Beinahe-Katastrophe. Wir fuhren mit unserem neuen Auto, einem dunkelblauen Cortina, herum, als wir eines Abends auf unserer Suche nach einem Opfer zufällig in ein Viertel gerieten, das von den harten Vertretern der IRA beherrscht wurde.

Wir hatten geplant, links in eine Hauptstraße abzubiegen, die uns von den Sperrgebieten wegführen sollte, aber irgendwie verpaßten wir die Abzweigung und standen vor einer IRA-Barrikade, an der Bewaffnete mit Kapuzenmützen Wache hielten. Ein paar Sandsäcke waren sogar mit den Farben der republikanischen Flagge – grün, weiß und orange – bemalt. Die Barrikade stand offenbar schon seit Wochen, wenn nicht Monaten da; ein halbwegs haltbares Bollwerk, vorwiegend aus Sandsäcken errichtet.

»Mist«, sagte JR.

»Jeeesus«, flüsterten wir alle, als uns bewußt wurde, daß wir eine leichte Beute waren. Instinktiv entsicherte ich meine Maschinenpistole, stellte die Automatik ein. Ich hörte das auch bei Don und Benny. Innerhalb von Sekunden würden wir mitten in einem Feuergefecht sein, davon war ich überzeugt.

Fast gleichzeitig sagten Don und ich: »Ruhig bleiben, lässig sein. Still verhalten.«

Don fügte hinzu: »Seid bereit.«

Diesmal hatte JR keinen Platz zum Gasgeben, die Handbremse zu ziehen und um 180 Grad zu wenden, denn die Barrikade war keine zehn Meter von uns entfernt. Er wählte den einzig vernünftigen Weg und machte ein Wendemanöver in drei Schritten, wie es jeder für die Führerscheinprüfung übt. Wir sahen, daß ein paar Kerle hinter der Barrikade uns beobachteten und nicht so recht wußten, was sie machen sollten.

Als JR gerade zurücksetzte, um den zweiten Teil des Manövers auszuführen, hörte ich den Ruf: »Ran an die Wichser!«

Wir sahen, wie sie ihre Maschinenpistolen und Gewehre über die Barrikade hoben. Bevor sie auch nur einen Schuß abgeben konnten, verpaßten Don und ich ihnen eine volle Breitseite und feuerten jeder ein ganzes Magazin in Richtung der Männer ab.

Als wir feuerten, richtete man auch auf uns einen Kugelhagel, aber die meisten flogen über das Auto hinweg. Einige trafen den Kofferraum, und mindestens eine durchschlug die Heckscheibe – überall zersplitterte Glas, aber zum Glück erwischte es uns nicht. JR gab Gas, die Räder drehten durch, und die Reifen quietschten, als er versuchte, möglichst schnell wegzukommen.

Beim Wegfahren ballerten Don und ich jeder noch ein Magazin leer, auch Benny machte mit, als wir die Barrikade mit einem Kugelhagel überzogen. Sekunden später hatte JR die Straßenecke erreicht. Wir waren weg.

»Scheiße«, sagte Don, »das war knapp.«

Wir stimmten zu. Endlich hatten wir dem Feind gegenübergestanden, den wir auf unsere Weise neun Monate lang bekämpft hatten. Diese Art Kampf war haarsträubend, aber dafür waren wir ausgebildet worden. Der Adrenalinspiegel stieg, und das war ein gutes Gefühl.

Wir beschlossen, das Auto sofort zu vernichten. Nachdem wir uns überzeugt hatten, daß die Schützen uns nicht folgten, hielten wir ein paar hundert Meter weiter an. Es waren ziemlich viele Leute unterwegs, aus unerfindlichen Gründen beschlossen wir dennoch, den Wagen lieber gleich zu verbrennen, statt das Risiko der Weiterfahrt einzugehen. Vielleicht dachten wir alle nicht ganz klar, vielleicht waren wir auch heiß auf ein richtiges Feuergefecht, aber an diesem Abend war uns alles egal. Wir verschütteten das Benzin im Auto, warfen ein Streichholz hinein und gingen so lässig wie möglich davon, wieder einmal die Maschinenpistolen unter dem Arm.

Wir waren kaum um die Ecke gebogen, als wir das Auto explodieren hörten. Lächelnd gingen wir weiter. Wieder belästigte uns niemand auf dem zwei Meilen langen Rückweg zu unserer alten Kaserne in Sydenham Docks. Zum

Glück erkannte uns der Wachhabende und besorgte uns ein Auto mit Fahrer, damit wir nach Long Kesh zurückkamen. Uns war nach einem Bier zumute, aber wir widerstanden dem ersten Impuls, an diesem Abend noch einmal auszugehen. Bei unserer überschwenglichen Stimmung wäre das nicht vernünftig gewesen. Wir waren knapp zwei Situationen entkommen, die mit einer Katastrophe, vielleicht sogar mit dem Tod hätten enden können. Es war nicht nötig, das Glück ein drittes Mal herauszufordern.

KAPITEL 14

Im Juli trafen die Befehle aus Lisburn reichlich und schnell ein. Wir sollten öfter auf die Straße gehen, katholische Opfer auswählen und sie anschießen oder umlegen. Die für unsere Operationen verantwortlichen Offiziere wollten möglichst viel Unruhe. Wir hatten jedoch die strikte Anweisung, uns nicht erwischen zu lassen, denn dann würde die ganze Welt mit Sicherheit erfahren, daß der SAS in zweifelhafte Geheimoperationen verwikkelt war.

Trotz der Risiken, die wir eingingen, bekam Don von den Offizieren in Lisburn einen Anpfiff, weil wir zu viele Autos verbrannten. »Ihr müßt mit den Fahrzeugen sorgfältiger umgehen«, bekam er mehr als einmal zu hören. »Ihr könnt nicht alle paar Wochen eins verbrennen. Der Ersatz kostet viel Geld.«

Nach seiner Rückkehr aus Lisburn erzählte Don uns von diesen Gesprächen, und er war wütend, daß die da oben von uns erwarteten, so viele Risiken einzugehen, während sie selbst offenbar nur daran interessiert waren, Geld zu sparen. Nach solchen Bemerkungen hatten wir noch weniger Lust, die erteilten Anweisungen auszuführen.

Wir machten zwar weiter mit der Operation Nemesis, gingen aber weniger Risiken ein als zuvor. Wir achteten mehr darauf, möglichst großen Abstand zu den Sperrgebieten der Hardliner zu halten, und wählten Ziele aus, bei denen wir nicht Gefahr liefen, in Konflikte mit Schützen der IRA oder der Loyalisten hineingezogen zu werden.

Wenn wir auf unseren nächtlichen Fahrten durch Belfast ein Opfer erledigt hatten, kauften wir am nächsten Tag eine Lokalzeitung, um zu überprüfen, ob der Mann tot oder nur verletzt war. Manchmal gab es ein paar Tage keine Berichte zu lesen, aber die meisten Männer, auf die wir geschossen hatten, starben auch. Nur einer oder zwei überlebten.

Je mehr Chaos wir anrichteten, je mehr Männer bei unseren willkürlichen Schießereien getötet wurden, desto gefährlicher wurden die Operationen für uns, denn inzwischen wußte jeder in Belfast, ob Katholik oder Protestant, daß die Schüsse von vier Männern in einem Auto stammten. Wir fingen an, uns unsicher zu fühlen, und glaubten, daß jeder, der uns regelmäßig herumfahren sah, uns in Verdacht hatte, wir könnten die Verantwortlichen sein. Trotz dieses unsicheren Gefühls verließen wir weiterhin Long Kesh immer zu viert im Auto, als wollten wir Milizionäre oder Polizisten einladen, uns anzuhalten und Fragen zu stellen.

Wir diskutierten darüber, die Taktik zu ändern, manchmal nur zu zweit oder zu dritt abends loszufahren. Aber wir entschieden uns dagegen. Wir waren eine SAS-Einheit; wir waren immer gemeinsam durch die Mühle gedreht worden, deshalb waren wir entschlossen, zusammenzubleiben. Und da war noch ein Punkt. Wenn wir einmal richtigen Ärger bekommen würden, wenn wir uns den Weg freischießen müßten, dann waren wir darauf trainiert, als Vierereinheit vorzugehen. Außerdem war die Chance zu entkommen größer, wenn vier Leute feuerten.

Im Juli gingen unsere gelegentlichen Zufallsschieße-

reien auf den Straßen von Belfast weiter. Laut Zeitungs-
meldungen waren wir möglicherweise für den Tod zweier
Männer verantwortlich, beide Katholiken aus Belfast.

Drei weitere Katholiken starben im Juli auf der Straße,
auch von Schützen getroffen, die in einem Auto herumfuhren. Daher wußten wir, daß noch eine Gruppe an dieser
Operation beteiligt war, allerdings erfuhren wir nie, ob es
sich auch um eine SAS-Einheit handelte oder um paramili-
tärische Organisationen der Protestanten, die zur selben
Taktik griffen, oder ob es gar ein mörderischer Krieg zwischen den beiden Flügeln der IRA war.

Im Juli bekamen wir auch zweimal den Befehl, zu unserem alten Job zurückzukehren und an der Grenze gefangengenommene IRA-Männer zu exekutieren, derer sich
höchste Stellen entledigen wollten. Wie immer bekam
Don die Karte mit dem gekennzeichneten Platz, an dem
wir unsere SAS-Kameraden trafen, um ihnen die Männer
abzunehmen. Wieder wirkten beide, als stünden sie unter
Drogen.

Keiner der beiden klagte, keiner sagte ein Wort auf der
Fahrt von der Grenze in den Wald. Wie immer befahlen
wir ihnen, aus dem Auto zu steigen und zu dem Erdhügel
am Ende der Lichtung zu gehen. Wie immer wurden sie
mit einer einzigen Kugel aus der »Grenz-Sonderanfertigung« erledigt, während sie wie im Dämmerzustand in
Richtung Graben gingen. Im Augenblick des Todes war
das einzige Geräusch im Wald der dumpfe Knall des
Schalldämpfers, keine Worte, kein Weinen, keine Schreie,
nicht ein Ton, nur das schwache Geräusch, wenn die Körper auf den Boden des Grabens fielen, der ihr Grab
wurde.

Je öfter wir diese widerlichen Erschießungen vornehmen mußten, desto unruhiger wurde ich, desto elender
fühlte ich mich. Ich konnte nicht glauben, daß die Rolle,
die wir spielen mußten, in irgendeiner Weise dazu beitrug,
diesen Guerillakrieg zu beenden. Ich wurde den Gedanken nicht los, daß wir von den Behörden einfach benutzt
wurden als Teil irgendeiner unbekannten, noch nie er-

probten Politik. Ich war in dem Glauben zum SAS gegangen, es sei ein Privileg, Mitglied von Großbritanniens Elitetruppe zu sein, aber ich wollte nicht einem geheimen Exekutionskommando angehören.

Die Alpträume kehrten zurück, und ich schlief schlechter. Meine Träume wurden grotesker, erschreckender, und immer ging es um Schläge und Folter, Töten und Hinrichten. Ich hatte den Eindruck, meine Träume sagten mir, daß mein Gefühl richtig war: daß ich nicht mehr sehr lange so weitermachen konnte. Als der Sommer sich hinzog, war ich überzeugt, daß wir alle so dachten, die gleichen Zweifel hegten.

Eines Abends Ende Juli gingen wir auf ein paar Biere in die Kneipe und nahmen zwei Flaschen Whisky mit in unsere Unterkunft. Ich fand den Geschmack von Whisky scheußlich, das war schon immer so gewesen, aber an diesem Abend war er für mich ein Mittel, alles zu vergessen. Wir saßen da und tranken. Wichtiger noch, wir fingen an zu reden.

Ich hatte Recht gehabt. Auch meine drei Kameraden zweifelten, und auch Benny und JR hatten Alpträume gehabt.

Selbst Don gestand einige Vorbehalte ein. »In meinen wildesten Träumen hätte ich mir nicht ausgemalt, daß ich je an einer Sache wie dieser beteiligt sein würde«, gab er zu, »daß ich kaltblütig Menschen hinrichte und unschuldige Kerle auf den Straßen einer britischen Stadt niederschieße.«

Er gestand, nie gewußt zu haben, daß der SAS in derartige Operationen verwickelt war, und das über einen so langen Zeitraum. Er erzählte uns von vielen Einsätzen, zu denen der SAS zur Beseitigung von Einzelpersonen gerufen wurde, aber nie mußten so viele Menschen auf so feige Weise umgebracht werden.

JR gab zu, wie erleichtert er war, daß er nach der ersten Hinrichtung keine weitere mehr ausführen mußte. »Ehrlich, ich glaube, ich hätte es nicht geschafft«, räumte er ein. »Wenn ich sah, wie einer von euch abdrückte, wurde mir jedesmal speiübel. Ich sah zu, wie der arme Kerl vom Auto wegging, und ich wußte, daß er in ein paar Sekunden totes Fleisch sein würde. Bei dem Gedanken habe ich immer gezittert und weggesehen.«

Frustriert und wütend über die Aufgaben der letzten neun Monate sagte Benny: »Warum gehen wir nicht einfach nach draußen und beenden das alles? Jede Woche verlangen Leute in der Presse, daß die in Long Kesh internierten Katholiken freigelassen werden müssen. Also, warum befreien wir sie nicht?«

»Was meinst du damit?« fragte ich ihn.

»Warum holen wir uns nicht vier Maschinengewehre aus der Waffenkammer, gehen ins Gefängnis und löschen den ganzen Scheißhaufen aus? Dann ist es vorbei. Vielleicht sind dann diese Wichser in Lisburn zufrieden, daß wir genügend Leute umgebracht haben, und wir können nach Hereford zurück.«

Wir stimmten zu, setzten das aber natürlich nicht in die Tat um. Zwei Stunden lang redeten wir über unsere mißliche Lage, aber keiner von uns hatte eine Idee, wie wir ihr entfliehen und wieder nach Hereford und zu Verstand kommen könnten.

»Glaubst du, du kannst mal mit diesen Blödmännern in Lisburn reden?« fragte ich Don.

Er guckte niedergeschlagen und sagte eine Weile gar nichts. Dann: »Das geht nicht. Wir sind Teil des SAS. Wir gehorchen Befehlen, denkt daran. Irgendwie müssen wir das Beste daraus machen, bis sie uns zurückschicken.« Als er fortfuhr, klang seine Stimme optimistischer: »Ich sag' euch, was ich mache. Ich werde denen erklären, daß wir hier seit neun Monaten eingesperrt sind und daß wir eine Pause brauchen, mindestens einen anständigen Heimaturlaub.«

Das hob die Stimmung. Betrunken und unglücklich, aber aufgemuntert durch den Gedanken, Maria bald zu sehen, schlief ich in dieser Nacht ganz friedlich.

Am Sonntag, dem 30. Juli, rumpelten in aller Frühe 150 Panzerfahrzeuge und ein 50-Tonnen-Panzer, ausgerüstet mit speziellen Bulldozerschaufeln, durch die Straßen von Londonderry in Richtung der IRA-Festungen in Bogside und Creggan. Mehr als zwölf Monate hatten weder Soldaten noch Polizei diese abgesperrten rechtsfreien Räume je betreten.

Die »Operation Motorman« überrumpelte die IRA und die paramilitärischen Loyalisten. Auch katholische und protestantische Sperrgebiete in Belfast wurden bei dieser Operation aufs Korn genommen, da auf Kabinettsebene in London die Entscheidung gefallen war, den Sperrgebieten in Großbritannien ein Ende zu setzen. 20 000 Soldaten und 8000 Angehörige der nordirischen Polizei waren an diesem Tag beteiligt.

Der Staatssekretär für Nordirland, William Whitelaw, erklärte: »Ziel der Armee war es, den provisorischen Flügel der IRA in seinen Möglichkeiten zu beschneiden, der Gemeinschaft Leid und Elend zuzufügen.«

William Whitelaws Worte wirkten vorausschauend. Denn wütend über die Stürmung ihrer Sperrgebiete und die Herausforderung ihrer Autorität, fiel die IRA später an diesem Tag in das winzige Dorf Claudy ein, ein Dorf neun Meilen von Londonderry entfernt, das bis dahin keine Gewalt erlebt hatte. Ohne Vorwarnung zündeten sie hier drei Autobomben. Sechs Menschen, darunter ein 12-jähriges Mädchen, wurden getötet, 32 Unschuldige verletzt.

Zwei Tage vor der »Operation Motorman« war Don informiert worden, daß unsere Dienste für ein paar Tage nicht benötigt wurden, und wir bekamen alle eine Woche Urlaub und ein Rückflugticket nach Gatwick. Don wußte nicht, was kurz bevorstand, aber über die Nachricht, daß wir sieben Tage Heimaturlaub hatten, freuten wir uns alle.

Er hatte mit niedergeschlagenem, traurigem Blick die Unterkunft betreten. Wir erwarteten das Schlimmste: eine weitere blutige Hinrichtung. »Ich fürchte, meine Neuigkeit für euch bricht euch das Herz«, sagte er ganz ruhig.

»Was sollen wir diesmal machen? Den Papst erschießen?« fragte ich sarkastisch.

»Nein«, antwortete er. »Es ist viel schlimmer. Wir bekommen sieben Tage Urlaub, und ich hab' die Flugtikkets.«

Wir nahmen die leichten Blechaschenbecher und alles, was uns in die Finger fiel, Kopfkissen, Stiefel, Socken, und bewarfen ihn damit, weil er uns so an der Nase herumgeführt hatte.

Ich frage mich immer noch, wie wir mit der Situation fertiggeworden wären, wenn Lisburn uns zu diesem Zeitpunkt keinen Urlaub gegeben hätte. Manchmal hatte ich das Gefühl, kurz vor dem Zusammenbruch zu stehen, und den anderen ging es genauso. Die gesamte Provinz schien am Rande des Zusammenbruchs zu stehen. Das war nicht überraschend, denn 1972 waren insgesamt 467 Menschen durch Terroranschläge ums Leben gekommen.

Ich rief Maria an und fragte sie, ob sie sieben Tage frei bekommen würde. »Ich weiß nicht. Ich ruf' dich wieder an«, sagte sie. »Aber ich bezweifle es. Wir haben fürchterlich viel zu tun.«

»Kannst du nicht irgendeinen Weg finden? Werd doch krank oder sowas«, flehte ich sie an.

Später erzählte sie mir, daß sie die Anspannung in meiner Stimme gehört hatte und daß ihr bewußt geworden war, daß eine Woche gemeinsamer Urlaub unsere alte Beziehung neu beleben, wenn nicht gar festigen könnte.

»Überlaß es mir«, sagte sie, »mir fällt schon was ein.«

»Phantastisch«, freute ich mich. »Ich ruf' dich morgen vom Flughafen Gatwick aus an.«

48 Stunden später trugen Maria und ich uns in einem kleinen Hotel mit Übernachtung und Frühstück ein; es war nicht weit entfernt von der Promenade von Bournemouth. Als wir uns als »Mr. und Mrs. Bruce« anmeldeten, sah Maria mich an, sagte aber nichts.

Wir hatten uns kaum geküßt seit unserem Wiedersehen. Ich hatte sie mit dem Mietwagen, den ich mir in Gatwick genommen hatte, bei ihren Eltern in Tidworth abgeholt. Es war seltsam. Wir sprachen kaum, als wir wegfuhren, aber sie schien glücklich zu sein, als ich sie mit der Ankündigung überraschte, wir würden gemeinsam eine Woche in Bournemouth verbringen.

Nachdem wir fast eine Stunde wortkarg gefahren waren, hielt ich es für eine gute Idee, in einer Kneipe einen Happen zu essen und etwas zu trinken. Ich brauchte ein Bier, und ich dachte, auch Maria könnte zur Entspannung etwas zu trinken gebrauchen. Es funktionierte. Als wir die Kneipe verließen, griff sie nach meiner Hand und gab mir ein Küßchen auf die Wange. »Willkommen zu Hause«, sagte sie. Während der restlichen Fahrt redeten wir, entspannten uns, und ich fing an, mich wieder als Mensch zu fühlen.

Dieses erste Wochenende war ein Segen und schien mit Lichtgeschwindigkeit zu verfliegen. Wir standen morgens spät auf, lagen faul an dem schönen Sandstrand herum oder machten lange Spaziergänge. Mittags aßen wir schnell etwas in einer Kneipe und gingen jeden Nachmittag eine Stunde ins Bett. Abends aßen wir in verschiedenen Kneipen und Restaurants. Meistens beendeten wir den Abend mit einem Bier, bevor wir ins Hotel zurückkehrten und Stunden damit verbrachten, uns zu lieben.

Als das Ende unserer gemeinsamen Woche heranrückte, wurde ich nervös und einsilbig. Ich wußte, warum, ich wollte nicht in das verdammte Belfast und in die Wirklichkeit zurück. Nachts lag ich wach und starrte an die Decke, sah die friedlich schlafende Maria neben mir, und bei dem Gedanken, noch mehr Fremde zu exekutieren, revoltierte mein Magen, bis mir schlecht wurde.

Maria bemerkte die Veränderung und fragte mich, was denn nicht stimme, aber ich hatte das Gefühl, ich durfte ihr nicht die Wahrheit sagen. Sie glaubte, ich machte mir Gedanken, weil ich mich wieder mit ihr eingelassen hatte.

Als ich eines Abends zuviel getrunken hatte, wußte ich, daß ich ihr sagen mußte, warum ich mich so verhielt; ich mußte ihr sagen, daß es überhaupt nichts mit ihr oder unserer Beziehung zu tun hatte. Ich versuchte ruhig und vernünftig zu klingen: »Ich habe keine so wunderbare Woche mehr erlebt, seit ich vor fast einem Jahr nach Belfast gegangen bin. Du bist einfach großartig, und ich bin unheimlich gern mit dir zusammen.«

Ich legte eine kurze Pause ein, und sie wartete geduldig, bis ich fortfuhr. »Es tut mir leid, daß ich in den letzten zwei Tagen so mürrisch und ein so lausiger Begleiter war, aber das liegt nur daran, daß die Woche zu Ende geht und ich nach Belfast zurück muß.«

»Was ist so schlimm an Belfast?« wollte sie wissen. »Ist es da so schrecklich?«

»Ich darf es dir nicht sagen, das weißt du doch.«

»Aber womit hat es zu tun?« fragte sie nach.

Ich versuchte, es ihr zu erklären, ohne Dinge preiszugeben, die ich ihr nicht erzählen durfte, es aber so auszudrükken, daß sie es irgendwie verstand. »Hör zu«, begann ich ganz ruhig, »ich erzähle dir das nur einmal, weil ich keine weiteren Erklärungen abgeben will. Seit ich in Belfast bin, habe ich keine Uniform mehr getragen. Wir sind für Geheimaufträge zuständig, und die Einsätze sind wahrlich grauenhaft gewesen. Es war schlimmer als alles, was du je im Kino gesehen hast. Ich darf dir nicht genau sagen, was passiert ist, aber oft war mir körperlich übel bei den Aufträgen, die wir ausführen mußten. . .«

Ich machte noch einmal eine Pause, und Maria ermunterte mich, weiterzureden.

»Und jetzt halte ich es nicht mehr aus. Den anderen geht es genauso. Nach Belfast zurückzugehen, ist das letzte, was ich möchte, aber ich muß. Verstehst du es jetzt?«

»Ein bißchen«, antwortete sie sanft, ergriff meine Hand und küßte sie. »Du armer Kerl.«

»Jetzt begreifst du, warum ich dir nicht mehr erzählen kann?«

»Selbstverständlich.«

»Gut«, sagte ich, »das ist dann also geklärt. Jetzt muß ich dir noch zwei Fragen stellen.«

»Ja«, sagte sie.

»Wirst du weiter mit mir ausgehen?«

»Bestimmt.«

»Gut«, antwortete ich.

»Und die zweite Frage?«

»Was willst du trinken?«

»Du Blödmann«, lachte sie. »Ich trink noch ein Lagerbier, aber ich weiß nicht, ob du noch eins haben solltest. Du hast schon eins zuviel.«

Als ich zur Theke ging und das Bier bestellte, spürte ich, daß mir ein großer Stein vom Herzen gefallen war. Ich mußte zwar immer noch nach Belfast zurück, aber irgendwie war die Vorstellung nicht mehr so schlimm. Ich konnte es ertragen. »Scheiß auf die Armee!« dachte ich.

Als das Flugzeug am nächsten Abend über Belfast kreiste, faßte ich einen Entschluß. Ich würde die Armee verlassen. Ich war nur in der Lage, in Belfast zu bleiben, wenn ich wußte, daß es zeitlich begrenzt war, egal was noch passierte.

Anfang Oktober stand die Option an, die Armee zu verlassen. 1966 hatte ich mich für 22 Jahre verpflichtet, mit der Option, nach sechs Jahren, im Oktober 1972, gehen zu können. Um diese Option wahrzunehmen, mußte ich jedoch mein Heimatregiment REME zwei Wochen vor dem Termin informieren, sonst würde sich mein Dienst automatisch um weitere drei Jahre verlängern. Egal, was passierte, ich beschloß, den REME meine Entscheidung vor Mitte September mitzuteilen.

Es kam mir ungewöhnlich vor, daß ich eine solche Entscheidung so schnell und so entschlossen treffen konnte. Ich hatte geglaubt, daß ich die vollen 22 Jahre bei der Armee bleiben würde. Sie sollte mein Leben sein, so hatte ich es geplant. Ich hatte mein größtes, ehrgeiziges Ziel erreicht, in den SAS aufgenommen zu werden, und ich fühlte mich immer noch privilegiert, alle Prüfungen bestanden und mein Rangabzeichen erhalten zu haben.

Doch die Wirklichkeit mit den Befehlen aus Lisburn, Hinrichtungen auf diese Art und Weise durchzuführen, hatte meinen Ehrgeiz erstickt, die Armee zu meinem Lebensinhalt zu machen. Ich wußte, daß diese Befehle nichts mit dem SAS zu tun hatten. Ich wußte, daß wir schlichtweg eine Politik in die Tat umsetzten, die von höchster Stelle verordnet worden war, von den Politikern oder von hohen Offizieren. Von allen in Nordirland stationierten britischen Soldaten hatte man uns den widerwärtigsten Job verpaßt. Das war unser Pech, aber ich entschied, daß es nicht mehr länger als zwei Monate mein persönliches Pech sein sollte. Ich nahm meinen Abschied, da konnte kommen, was wollte.

Auch das wußte ich: Ich mußte die Sache beenden, um weiterleben zu können. Aber ich wollte meine Kameraden nicht im Stich lassen.

Wieder in Belfast, spürten wir alle, daß wir jeden Augenblick haßten, den wir hier noch verbrachten. Selbst Don, der weit mehr als wir beim SAS erlebt hatte, empfand das so. Auch er wollte Belfast möglichst schnell verlassen.

Zwar hatte Motorman ein paar unmittelbare Probleme aus der Welt geschafft und den Städten zu einem gewissen Maß an Normalität verholfen, doch die Zahl der Armeepatrouillen in den katholischen und protestantischen Vierteln war auf ein solches Maß gestiegen, daß wir gar nicht mehr daran denken konnten, bis an die Zähne bewaffnet in den Straßen herumzufahren und willkürlich auf Passanten zu schießen.

Die Tage nach »Motorman« waren relativ ruhig gewesen, weder die IRA noch die protestantischen Loyalisten wagten sich mit Bomben oder Waffen auf die Straße, weil sie fürchteten, von Armee- oder Polizeistreifen, die an jeder Ecke zu stehen schienen, angehalten und festgenommen zu werden.

Doch am Montag, dem 7. August, forderten die Unruhen in Nordirland ihr fünfhundertstes Opfer, als ein Mitglied des Ulster Defence Regiment bei der Rückkehr aus dem Urlaub erschossen wurde.

Da die terroristischen Aktivitäten deutlich nachließen, setzte William Whitelaw seine Politik der Versöhnung fort. In den vergangenen Monaten hatte der Staatssekretär eine ganze Reihe von Inhaftierten des offiziellen Flügels der IRA freigelassen, denn die Offiziellen hatten den Waffenstillstand, den sie Ende Mai ausgerufen hatten, nicht gebrochen. Jetzt wurden sie belohnt.

Zwölf Monate nach Einführung der Internierungspolitik, einer Politik, die den Bombenanschlägen und Schießereien ein Ende setzen sollte, hatte sich die Zahl derer, die ohne Prozeß eingesperrt worden waren, von fast 1000 auf unter 250 reduziert. Dennoch war in diesem Jahr die Gewalt auf den Straßen von Belfast und Londonderry um mehr als das Dreifache gestiegen.

Statt in diesen Wochen durch die Straßen zu fahren, verbrachten wir die meisten Abende und die halben Tage in Kneipen außerhalb von Belfast und tranken, um das zu vergessen, was wir erlebt hatten. Manchmal machten wir uns nicht einmal die Mühe, in die Kneipe zu gehen, sondern statteten dem örtlichen Schnapsladen einen Besuch ab und kauften massenweise Dosenbier und eine oder zwei Flaschen Whisky. Wir dachten auch nicht mehr daran, uns mit Laufen, langen Märschen oder in der Sporthalle fit zu halten.

In vieler Hinsicht waren wir Rebellen geworden, zornig, traurig und stocksauer über die Art, wie wir behandelt wurden. Es war, als würde jede einzelne Stunde jedes einzelnen Tages uns sagen: »Scheiß drauf. Scheiß auf die Kerle. Scheiß auf die Armee.«

Ich kaufte mir einen Kalender und strich jeden Tag bis zu meinem Freudentag, dem 7. Oktober 1972, ab. Benny und JR waren schon neidisch, daß ich in ein paar Wochen weg sein würde. Frei! Sie hatten sich für 22 Jahre verpflichtet, aber mit einer Option von neun Jahren, und das bedeutete, daß sie noch mindestens drei Jahre bleiben mußten.

Don hatte bereits neun Jahre hinter sich. Auch wenn er unsere Arbeit in Irland haßte, stand es für ihn nicht zur Diskussion, seinen Abschied zu nehmen. Er war entschlossen, die vollen 22 Jahre durchzuhalten. »Man gewinnt, und man verliert«, war sein Spruch. »Ein Gutes hat die Arbeit, die wir hier erledigt haben. Für den Rest meiner Armeezeit werde ich nie wieder so einen Scheißjob machen müssen.«

Vor allem nach ein paar Bieren erzählte er uns immer wieder, was für ein Pech wir gehabt hatten, ausgerechnet solche Aufträge machen zu müssen. Er hatte noch nie gehört, daß eine SAS-Einheit regelmäßig als Hinrichtungskommando eingesetzt wurde. Sicher, es hatte die eine oder andere heikle Situation gegeben, aber nie solche Dauereinsätze über Monate. Ihm war manchmal nicht klar, von wem die Befehle kamen. Aber er wußte verdammt gut, daß sie nicht vom SAS kamen.

»Mist«, schimpfte Don, als er eines Morgens von seinem täglichen Telefonat mit Lisburn zurückkam. »Sieht aus, als ob wir Arbeit kriegen. Sie haben mich hinbestellt.«

Während der anderthalb Stunden, in denen Don abwesend war, fürchteten wir drei das Schlimmste. Ob wir wieder durch die Straßen von Belfast fahren mußten? Oder sollten wir mal wieder einen armen Kerl an der Grenze abholen?

»Wir sollen wieder durch die Straßen fahren«, informierte Don uns angewidert. »Es scheint, als hätte die Armee für den Augenblick alles erledigt. Jetzt wollen sie, daß wir den Mist wieder aufwirbeln.«

»Wann?« fragte ich, obwohl ich genau wußte, daß es heute abend sein mußte.

»Heute abend.«

»Mist«, schimpfte Benny. »Mist und Scheiße.«

Zum erstenmal überhaupt warfen wir eine Münze, um zu entscheiden, wer an dem Abend schießen mußte. Benny verlor.

Wie immer fuhren wir mit dem Ford Cortina los, die Maschinenpistolen bereit, die »Grenz-Sonderanfertigung« im Handschuhfach. Wir waren etwa eine halbe Stunde unterwegs und wünschten uns, keine Zielscheibe zu finden. Wir wollten schon abbrechen, als das »perfekte« Opfer auftauchte, ein junger Mann, der allein durch ein katholisches Viertel ging.

»Los, Benny«, sagte Don.

»Muß ich wirklich?«

»Natürlich. Befehl ist Befehl«, sagte Don.

Als sich der Mann dem Auto näherte, uns nicht einmal ansah, hob Benny seine Maschinenpistole und feuerte dreimal. Der Mann sank zu Boden, unterhalb der Knie in die Beine getroffen.

Ich drehte mich nach dem Mann um, der von Schmerzen gepeinigt auf dem Boden lag. »Guter Schuß«, sagte ich zu Benny. »Du hast seine Beine erwischt.«

»Ja, ich weiß.« Benny zwinkerte mir zu.

Nach unserer Rückkehr nach Long Kesh gingen wir sofort los, um was zu saufen zu holen. Wir waren alle froh, daß der arme Kerl am Leben geblieben war. Wir hatten die Befehle befolgt: Wir hatten auf jemanden in einem katholischen Getto geschossen, aber wir hatten ihm auch das Leben erhalten. Keiner von uns sprach es offen aus, aber in der Zeit, die wir noch in Belfast verbrachten, würden wir auf den Straßen der Stadt keinen Mann mehr töten.

Ein paar Tage später, am 24. August, wurde Don wieder nach Lisburn bestellt und erhielt den Befehl, noch einmal durch die Straßen zu fahren.

Wieder warfen wir eine Münze. Diesmal verlor ich. Ich wußte, was ich an diesem Abend tun würde, sagte aber kein Wort. Wir waren erst kurze Zeit unterwegs, als wir jemanden am Short Strand, in der Nähe des Marktes, entdeckten.

Absichtlich stellte ich meine Waffe auf Schnellfeuer ein, nicht auf Automatik, denn das bedeutete, daß ich die Kugeln einzeln abfeuern konnte. Als der Mann näher kam, wartete ich bis zur allerletzten Sekunde und schoß ihm dann einmal in die linke Schulter und einmal in den linken Oberschenkel. Der Mann drehte sich blitzartig um, und ich sah das Entsetzen in seinem Gesicht. Dann fiel er zu Boden. Ich wußte, er würde am Leben bleiben.

Am nächsten Tag lasen wir in der Zeitung, daß ein junger Katholik am Short Strand von vier jungen Männern aus einem Auto heraus angeschossen worden war. Er konnte die Männer nicht beschreiben. Er war im Krankenhaus, um sich von seinen Verletzungen, die als »nicht schwer« bezeichnet wurden, zu erholen. Ich las die Meldung drei- oder viermal, und jedesmal mußte ich lächeln, weil ich wußte, daß ich Lisburn ein Schnippchen geschlagen und einem Mann das Leben gelassen hatte.

KAPITEL 15

Zwei Wochen später blickten Don und ich in Belfast dem Tod ins Gesicht. Es war eine Ironie des Schicksals, daß wir dem Tod so nahe kommen sollten, nachdem wir gerade beschlossen hatten, auf den Straßen von Belfast keine Katholiken mehr umzubringen.

Don hatte von Lisburn erfahren, daß die drei Informanten, Yvonne, Mick und John, wieder Kontakt aufgenommen hatten und daß sie wußten, wo wir noch einen der IRA-Männer aufspüren konnten, die für Folter und Tod des jungen Willy Best verantwortlich waren.

In diesem Fall mußte man uns nicht zweimal bitten. Lisburn hatte vereinbart, daß wir Mick und John in einer Kneipe an der Crumlin Road, drei Meilen vom Stadtzentrum entfernt, treffen sollten.

Wir waren nur mit unseren 9-mm-Brownings bewaffnet, die wir immer trugen, wenn wir die Kaserne verließen, denn wir hatten keinen Grund zu der Annahme, daß es zu einer Schießerei kommen könnte. An einem verhangenen Septemberabend gegen neun Uhr, kurz vor Einbruch der Dunkelheit, erreichten wir die Kneipe. Als wir auf den

Parkplatz fuhren, bemerkte ich, daß in der Nähe des Hauses ein rostiger, weißer Vauxhall-Viva-Lieferwagen parkte, der Fahrer saß hinter dem Steuer. Ich beachtete ihn nicht weiter. JR parkte in etwa zehn Meter Entfernung.

Als Don und ich auf der dem Lieferwagen zugewandten Seite aus dem Auto stiegen, kamen plötzlich zwei Männer hinter dem Vauxhall hervor. Sie rissen ihre Pistolen hoch und wollten auf uns schießen.

»SAS-Abschaum«, hörte ich einen der Männer schreien. Wir wußten, daß uns nur Sekunden blieben, um zu reagieren und sie zu erschießen, bevor sie uns umbrachten. Mit ihrem Ruf hatten sie uns nicht nur ihre Absichten klargemacht, sondern uns einen weiteren Sekundenbruchteil zur Reaktion geschenkt. Mit Sicherheit kannten sie uns und wollten uns ermorden. In dem Moment gab's nur eine Alternative: die oder wir.

Don und ich waren lebende Schießscheiben, und es war unmöglich, Deckung zu finden, bevor die Schüsse losgingen. Automatisch rissen Don und ich gleichzeitig unsere »Millies« aus den Schulterhalftern, warteten darauf, das Geräusch der Schüsse zu hören, von denen wir wußten, daß sie töten sollten. Noch ehe ich meine Waffe in der Hand hatte, hörte ich die ersten Schüsse. Ich spürte nichts und erkannte, daß wir eine Chance hatten. Alle diese Gedanken schossen mir innerhalb einer Sekunde durch den Kopf.

Ich hörte zwei weitere Schüsse, sah aber, daß sie nur von einem Mann abgegeben wurden. Während ich die Pistole hob, feuerte ich schon und erwischte den Schützen mit dem Revolver irgendwo im unteren Bereich des Körpers. Als ihn die Kugel traf, flog ihm die Waffe aus der Hand, er ging zu Boden und fiel hinter den Lieferwagen.

Ich sah zu dem anderen Mann hinüber und stellte fest, daß er Ärger mit seiner Maschinenpistole hatte. Er zog wie verrückt am Hahn, versuchte verzweifelt, die Waffe zu spannen, damit er endlich eine Salve auf uns abfeuern konnte. Aber nicht eine einzige Kugel verließ den Lauf. Don schoß ihm direkt in die Brust, und er fiel nach hinten um.

Wir machten uns nicht die Mühe, nachzusehen, was passiert war oder ob die Schützen tot waren. Wir wußten, daß da mindestens noch ein Mann war, nämlich auf dem Fahrersitz. Aber wir wußten nicht, ob noch weitere auf der Ladefläche warteten. »Weg hier«, sagte Don ohne einen Hauch von Panik in der Stimme.

JR brachte den Motor auf Touren, Don und ich sprangen ins Auto, und wir rasten in Richtung Belfast.

»Das war eine verdammt blöde Situation«, sagte Don. »Die einzigen, die wußten, daß wir kommen, sind die beiden, die wir treffen sollten, Mick und John.«

»Wissen wir eigentlich, wo die ihre Hütte haben?« fragte ich.

»Nein«, antwortete Don, »aber ich weiß, wo Yvonne wohnt, und die sollte es eigentlich wissen.«

Fünfzehn Minuten später fuhren wir vor Yvonnes Wohnung vor. JR blieb im Auto, während wir drei ins Haus gingen.

Fast geräuschlos stiegen wir die Treppe zu ihrer Wohnung im ersten Stock hinauf und klopften an die Tür. Ich stand auf der einen Seite, die »Millie« in der Hand. Es hätte ja sein können, daß ein Empfangskomitee auf uns wartete. Yvonne öffnete die Tür, gleichzeitig warf sich Don kräftig dagegen, und durch die Wucht fiel sie zu Boden. Er ging kein Risiko ein.

Don zerrte sie grob auf die Füße, packte sie im Nacken und stieß sie in die Küche.

Ich prüfte im Schlafzimmer, Wohnzimmer und im Bad, ob sonst noch jemand in der Wohnung war, während Benny draußen Wache stand.

»Na, wo sind denn deine beiden Freunde, Yvonne?« fragte Don, als sie wieder zu Atem gekommen war.

»Das weiß ich nicht«, sagte sie, »das weiß ich nicht. Was soll das alles?«

»Komm. Du kannst doch nicht erwarten, daß ich das glaube. Du bist die Chefin von diesem kleinen Informantenring. Du mußt doch wissen, wo wir sie finden.«

Mit keinem Wort erwähnte er die Tatsache, daß wir gerade eben nur knapp mit dem Leben davongekommen waren. Kein Wort über den Hinterhalt. Wir wußten nicht, was sie wußte und was nicht, und wir hatten nicht die Absicht, ihr etwas zu erzählen.

»Hör mal«, sagte Don, »wir wollen nur mit ihnen reden. Sie sollen ein bißchen für uns arbeiten, weiter nichts.«

»Bist du deswegen mit der Tür ins Haus gefallen und hast mich umgehauen?« fragte sie.

»Wir haben gedacht, sie sind vielleicht hier, das ist alles.«

Don war nicht in der Stimmung, sich verscheißern zu lassen. »Hör zu«, sagte er und zog die Pistole, »und hör ganz genau zu. Ich stell' dir die Frage nur einmal. Wo sind sie? Ich will es wissen, und zwar jetzt.«

Zitternd und den Tränen nahe, gab Yvonne uns eine Adresse, wo sie sich, wie sie glaubte, verkrochen hatten. Es war ein Haus im Wohnviertel Ballymurphy, einem streng katholischen Getto, das weitgehend von der IRA kontrolliert wurde.

»Gut. Setz dich hin.«

Don gab mir ein Zeichen, für ein kurzes Gespräch mit ihm das Zimmer zu verlassen, während Benny Yvonne bewachte. »Wenn sie sich bewegt, erschieß sie«, sagte Don zu Benny. Dann wandte er sich mir zu: »Du bleibst hier, und ich fahr' mit Benny und JR los, um die beiden Kerle zu suchen.«

Schweigend dachte er einen Moment nach. »Sie muß verschwinden. Wir können nicht riskieren, daß sie auch noch andere verpfeift. Wir kommen wieder, wenn wir uns um die beiden Männer gekümmert haben. Du weißt, was du zu tun hast. Sollten Mick und John hier auftauchen, während wir weg sind, mußt du sie kaltstellen, so gut du kannst. Sie können dich wenigstens nicht überraschen.

Vermutlich gehen sie davon aus, daß wir inzwischen tot sind. Bis später.«

Ich ging ins Zimmer zurück und sah Yvonne. Sie wirkte entspannter, aber nicht gerade glücklich. Sie sah schrecklich aus – ihr Haar war durcheinander, und sie trug alte

Jeans und eine Strickjacke. Sie bot an, eine Tasse Kaffee zu machen. »Die kann ich jetzt gebrauchen«, sagte sie immer noch zitternd.

Wie sie da mir gegenüber auf dem Sofa saß, fragte ich mich, wie ich sie umbringen sollte. Eine Weile starrte sie in ihren Kaffeebecher, als hätte sie mich und alles, was in den letzten zehn Minuten passiert war, vergessen. Was sie wohl dachte? Plötzlich sah ich Tränen über ihr Gesicht laufen, aber ich sagte nichts. Ihre Schultern begannen zu zittern, und sie schluchzte unkontrollierbar. Der Kaffee schwappte über den Becherrand, und sie stellte ihn auf den Boden.

»Du bringst mich um, nicht?« fragte sie, das Gesicht von Tränen und Anspannung entstellt.

»Warum sagst du das?«

»Weil du es tun mußt«, murmelte sie unter Tränen. »Es ist ja auch vernünftig. . . Ich weiß, warum ihr die beiden haben wollt. . . Ihr seid fertig mit ihnen. . . Sie könnten dir und deinen Kumpels Ärger machen. . .«

»Was meinst du damit?« fragte ich und ließ sie nicht aus den Augen.

»Sie haben versucht, euch umzubringen, stimmt's?« Aber das klang nicht wie eine richtige Frage. Mit diesen wenigen Worten hatte Yvonne zugegeben, daß sie von dem Hinterhalt wußte, der uns fast das Leben gekostet hätte. »Deswegen habt ihr sie hier gesucht.«

Ich schwieg. Yvonne beruhigte sich und fuhr fort mit ihrer Geschichte. »Sie haben mir gesagt, daß sie euch erledigen wollen. Euch alle. Ich sollte mitmachen, aber ich hab' mich geweigert. Ich wollte damit nichts zu tun haben.«

Ich war nicht sicher, ob sie die Wahrheit sagte. Ich wußte, daß sie mehr Verstand als Mick und John hatte, aber meiner Meinung nach erzählte sie das alles, um ihre eigene Haut zu retten. Ich sah sie an, wie sie dasaß, wehrlos und voller Angst.

Dann verlor sie die Fassung. Tränen stiegen ihr in die Augen, und sie begann wieder zu schluchzen. »Ich wußte doch nicht, was ich machen sollte«, weinte sie. »Wenn ich euch gewarnt hätte, wäre ich dran gewesen, das weißt du. Bitte, bitte, glaub mir. Ich schwöre, daß ich mit dem Hinterhalt nichts zu tun hatte, und ich hab' auch Lisburn nicht gesagt, daß wir euch treffen wollen. Es war ihre Idee, ehrlich.«

Sie sah mich an, ihr Blick beschwor mich, ihr zu glauben, flehte um Gnade. Ich war total verunsichert. Ich hatte noch nie eine Frau umgebracht, und ich wollte jetzt auch nicht mehr damit anfangen, und doch sagte mir mein Verstand, daß sie von dem Hinterhalt gewußt hatte. Sie war genauso schuldig wie die beiden anderen. Wenn die starben, mußte sie auch dran glauben.

Ich griff nach meiner »Millie«, behielt sie in der Hand, richtete sie aber absichtlich nicht auf Yvonne. »Hör zu«, sagte ich, »Wir werden deine beiden Kumpel mit Sicherheit finden. Und wenn wir sie nicht finden, erwischt die IRA sie. Du weißt ja, daß die IRA sie nicht einfach umbringt. Erst einmal versucht sie ein paar Tage lang herauszukriegen, welche Informationen ihr uns gegeben habt. Und du mußt wissen, wie die IRA Verräter ausfragt. Bevor sie Verräter umbringt, prügelt sie sie windelweich.«

»Ich weiß, ich weiß«, schluchzte sie und zitterte vor Angst am ganzen Körper.

Ich sah sie an. Sie wirkte so bemitleidenswert, so verletzlich. Ich wollte sie nicht töten. Ich hatte die Nase voll davon, wehrlose Menschen zu ermorden, und vor mir saß eine Frau. Ich wußte, daß ich eine Frau nicht umbringen konnte, nicht einfach so, ganz kaltblütig. Ich wußte, daß ich sie nicht hinrichten konnte wie all die anderen. Ohne eigentlich genau zu wissen, was ich da sagte, machte ich ihr einen Vorschlag: »Du hast eine Chance und nur diese eine. Wenn du dich in den Süden verpißt und dich nie wieder in Belfast blicken läßt, dann kannst du vielleicht deine Haut retten. Wenn du wieder auftauchst, kriegen wir dich.«

Sie kroch durch das Zimmer und umklammerte zitternd und schluchzend meine Knie. Sie versuchte zu sprechen, war aber kaum zu verstehen. »Ich geh', ich geh'«, stammelte sie.

Ich wollte nicht, daß sie sich mir gegenüber so verhielt. Ich wollte nur, daß sie ging schnell. »Du hast zwei Minuten, um deine Klamotten zu packen und abzuhauen. Ich weiß nicht, was passiert, wenn die anderen zurückkommen und dich hier finden. Zwei Minuten.«

Yvonne stand auf und ging ins Schlafzimmer. Ich beobachtete sie, hielt es aber nicht für nötig, ihr zu folgen. Sie schloß die Tür halb, und diese Bewegung brachte mich wieder zu Verstand. Plötzlich wurde mir bewußt, was für ein dummer Idiot ich geworden war. Ich hatte mich von meinen Gefühlen leiten lassen, hatte Mitleid mit dieser Verräterin, weil sie eine Frau war, wie meine Mutter, meine Schwestern. »Was machst du da eigentlich?« fragte ich mich, sprang auf und rannte hinter ihr her ins Schlafzimmer. Bestimmt hatte sie eine Waffe. Ich hatte das Bild schon vor Augen: Sie stand da, die Waffe auf die Tür gerichtet, und wartete nur darauf, daß ich hereinkam. Und dann würde sie mich erledigen.

Als ich die Tür aufstieß, die »Millie« in der Hand, sah ich, daß Yvonne mir den Rücken zugewandt hatte und in einer Reisetasche auf dem Bett herumwühlte. Ich bildete mir ein, daß sie ihre Pistole suchte.

»Weg da! Weg da!« brüllte ich, und sie drehte sich erschrocken um. Ich schaute auf ihre Hände. Sie waren leer. Keine Pistole.

Ich ging zur Reisetasche und durchsuchte sie auf eine Waffe, aber da war keine. Wie dumm von mir, dachte ich. Ich war grundlos in Panik verfallen. Und doch gab es einen Grund, einen guten Grund. Riskierte ich mein Leben und das anderer Menschen, wenn ich sie lebend aus der Wohnung ließ?

Ich dachte an all die armen Kerle, die ich hingerichtet hatte, und plötzlich war mir klar, daß ich mich nicht nur so verhielt, weil Yvonne eine Frau war, sondern auch, weil ich die Nase voll hatte, Scham und Ekel vor dem empfand, was ich im vergangenen Jahr getan hatte. Ich konnte sie nicht umbringen. Dazu hatte ich nicht mehr die Nerven.

Sie hatte mir den Rücken zugewandt, beugte sich über

das Bett, und ich sah zu, wie sie ein paar Sachen in die Tasche stopfte. Ich hatte die Pistole noch in der Hand. Es wäre so einfach: zielen, feuern. Im Bruchteil von Sekunden wäre es vorbei. Eigentlich sollte ich es tun.

Ich konnte nicht. Ich fing an zu zittern und dachte an das erste Mal, damals vor dem Zeitungsladen, als ich auch gezittert hatte und nicht wußte, ob ich den Mumm und das Selbstvertrauen hatte, auf die beiden Männer zu schießen. An diesen Moment erinnerte ich mich noch, als sei es gestern gewesen. »Du kannst nichts mitnehmen«, sagte ich ganz ruhig. »Geh, hau sofort ab, bevor ich es mir anders überlege.«

Sie guckte mich an, unsicher, ob ich auch meinte, was ich sagte. Ich schaute in ihre roten, verschwollenen Augen und wußte genau, daß ich sie nicht töten könnte, auch wenn mein Verstand etwas anderes sagte.

»Ich gehe«, sagte sie, »ich danke Gott, daß er dich geschickt hat, ich danke Gott.«

Sie ging die Treppe hinunter und wischte sich die Tränen aus den Augen. Ich war hinter ihr, sah, wie sie durch die Tür verschwand, nach links abbog und dann die Straße hinunterging. Zweimal drehte sie sich noch um und guckte, ob ich ihr gefolgt war.

Ich schloß die Tür und ging wieder nach oben in ihre Wohnung, um auf die anderen zu warten. Hatte ich mich richtig verhalten? Oder war ich dumm und sentimental gewesen, nur weil sie eine Frau war? Ich wußte genau, einen Mann hätte ich in dieser Situation umgebracht.

In dieser Stunde, in der ich auf die anderen wartete, wurde mir klar, daß meine militärische Karriere beendet war. Ich hatte mehr gewollt, als ich leisten konnte. Ich war am Ende meiner Kräfte und wußte mir nicht mehr zu helfen. Ich sah auf meine zitternden Hände. Je mehr ich mich bemühte, sie ruhig zu halten, desto heftiger zitterten sie.

Etwa eine Stunde später sah ich die Scheinwerfer eines Autos und stieß einen Seufzer der Erleichterung aus, als es draußen hielt und ich Don im Licht der Straßenlaterne auf dem Beifahrersitz erkannte.

Ich rannte die Treppe hinunter, nahm jeweils zwei Stufen auf einmal und wollte nur noch weg von diesem Gestank des Todes, der die ganze Wohnung zu erfüllen schien, weg von dem Gefühl, daß mein Leben in Belfast sich nur um Tod und Morden gedreht hatte, nur um die Hinrichtung von Menschen, die sich nicht wehren konnten. Als ich die Autotür zuknallte und wir losfuhren, sagte ich nur: »Sie ist weg. Von der hören wir nichts mehr.«

Ich war froh, daß die anderen keine weiteren Fragen stellten.

»Habt ihr sie gefunden?« fragte ich später.

»Ja«, sagte Don. »Wir sind mit ihnen in den Wald gefahren. Die machen auch keinen Ärger mehr.«

Als wir wieder in unserer Unterkunft in Long Kesh waren, machten wir uns einen Kaffee und setzten uns zusammen. Uns allen war klar, daß wir verdammtes Glück gehabt hatten, mit dem Leben davongekommen zu sein. Ich sah in die Gesichter meiner Kameraden, sie wirkten leer, ohne jedes Gefühl, ohne jede Regung. Wie ich hatten sie das Morden satt, das konnte ich in ihren Augen lesen.

Ich unterbrach die Stille. »Das war's für mich. Ich bringe keinen mehr um. Es ist mir scheißegal, was Lisburn befiehlt. Ich mach' Schluß.«

Benny schaute zu Boden und nickte zustimmend. JR sah Don und mich an und sprach kein Wort. Don atmete tief durch und sagte dann ganz ruhig: »Ich hätte nie gedacht, daß ich das hier je sagen würde, aber es ist mir jetzt egal. Wenn Lisburn was anordnet, sag' ich einfach ja, aber für mich ist es auch vorbei. Nein, ich hätte wirklich nie gedacht, daß ich so was mal sagen würde.«

Ich lag die ganze Nacht wach, versuchte auch gar nicht zu schlafen, sondern starrte in die Dunkelheit und dachte an all die grausamen Dinge, die ich in der Vergangenheit tun mußte. Ich versuchte, es nur über den Verstand zu erklären, versuchte mir einzureden, daß ich mit der Beseitigung der Schützen unschuldigen Menschen das Leben gerettet hatte. Dann kehrten meine Gedanken zurück zu den jungen Männern, die wir auf den Straßen von Belfast erschossen hatten. Wir hatten nicht einmal gewußt, ob sie unschuldige Opfer oder schlimmste Verbrecher waren.

Das brachte mich noch mehr zum Nachdenken. Vielleicht hatten die hohen Tiere beim Geheimdienst alles vermasselt. Vielleicht waren die jungen Männer, die uns an der Grenze übergeben wurden, unschuldig gewesen. Ich hatte nur denen da oben und ihren Worten geglaubt und Befehle ausgeführt.

Hundertmal fragte ich mich in dieser Nacht, warum ich diesen Befehlen gehorcht hatte, statt mich vor diesen Mistkerlen aufzubauen und zu fragen, in wessen Namen diese Exekutionen befohlen wurden, nach welchem Recht diese Männer einfach abgeknallt und in einen Graben geworfen werden durften, warum Profis vom SAS für diese Drecksarbeit benutzt wurden.

Ich wußte, daß wir Krieg mit der IRA führten, ich kannte diesen dummen Spruch, daß in der Liebe und im Krieg alles gerechtfertigt ist, aber wenn man die IRA so bekämpfte, Menschen gefangennahm und heimlich exekutierte, begab man sich auf die niedrigste Ebene.

Dreimal schlief ich ein, und dreimal wachte ich zitternd und schwitzend auf, unfähig, meinen bösen Träumen zu entkommen. Als der Morgen anbrach, wollte ich nur noch raus aus Belfast, weg von der Armee und zurück zu einem Leben, in dem ich wieder einigermaßen zu Verstand kam. Ob es Maria für mich wohl noch geben würde? Oder hatte ich mich so sehr verändert, daß sie eine Beziehung zu mir nicht mehr ertrug?

An dem Morgen wollte keiner von uns aufstehen. Ich wußte nicht, wie meine Kameraden durch die Nacht gekommen waren, aber wir sahen alle aus wie tot, als wir uns mühsam rasierten und wuschen und wie Automaten und ohne innere Beteiligung das Alltägliche erledigten.

Nachdem ich ein bißchen gegessen und ein paar Tassen Tee getrunken hatte, kündigte ich an: »Ich werde mich bis zum Umfallen besaufen. Wer kommt mit?«

»Hast verdammt recht«, meinte Benny. Benny stand von seinem Bett auf, und Don sagte: »Los, gehen wir. Nichts wie raus aus dieser versifften Bude.«

Die nächsten drei Wochen waren ein einziges Trinkgelage: saufen, Züge durch die Kneipen, noch mehr saufen. Doch je mehr ich in mich hineinschüttete, desto weiter stieg der Bedarf, denn mein Kopf war voller grausamer Szenen, in denen ich fast ein Jahr lang mitgespielt hatte, und ich verfiel in dumpfes Brüten.

Ich hatte den REME-Major, der in Sydenham Docks für die Werkstatt zuständig war, angerufen und um ein Gespräch gebeten. Als ich zu ihm kam, nannte ich ihm Namen, Dienstgrad und Nummer und erklärte ihm, daß ich die Option, die Armee nach sechs Jahren im Oktober zu verlassen, wahrnehmen wolle.

Er versuchte mich zu überreden, noch drei Jahre weiterzumachen. Er redete eine halbe Stunde auf mich ein, erzählte mir, was für ein wunderbares Leben so einer wie ich, ein Mitglied der Elitetruppe SAS, doch führen könnte. Er sprach von den Orten, an die man mich nach Ende des Krieges in Irland vermutlich abkommandieren würde, zum Dienst in der Sonne.

Ich hörte zu und schaute ihn nur an, denn der arme Mann hatte keine Ahnung von den Einsätzen, die hinter mir lagen. Zufrieden mit seinem Verkaufsgespräch, fragte der Major: »Also, was meinen Sie?« In seiner Stimme lag Selbstsicherheit. »Konnte ich Sie dazu überreden, Ihre Meinung zu ändern?«

»Ich glaube nicht, Sir«, antwortete ich ruhig. »Ich glaube es wirklich nicht.«

»Hören Sie«, fuhr er fort, »ich meine, Sie begehen einen schweren Fehler. Es ist so bedauerlich für die Armee, einen verdienten Soldaten zu verlieren, der bewiesen hat, wie fähig er ist. Die Berichte über Sie sind ausgezeichnet.« Nach einer Pause redete er weiter: »Es gibt eine weitere Option. Wenn Sie jetzt gehen und sich in sechs Monaten zur Rückkehr entschließen, dann brauchen Sie die Grundausbildung nicht noch einmal zu machen. Aber das wissen

Sie sicher. Denken Sie noch mal nach und übereilen Sie nichts.«

»Danke, Sir.«

»Viel Glück, Bruce.«

»Danke, Sir«, wiederholte ich.

»Sie werden von REME noch hören«, sagte er.

Ich unterschrieb das Stück Papier, auf dem stand, daß ich die Option wahrnahm, und verließ das Büro. Als ich die Stufen hinunterging, ergriff mich ein Gefühl von Freude und Freiheit. Ich holte tief Luft. Es war, als würde ich das Gefängnis verlassen, ich war ein freier Mann.

Wenn wir während der letzten beiden Wochen nicht tranken, um zu vergessen, ging ich allein zur Vogelbeobachtung. An der Küste Nordirlands lebten viele Arten, Vögel, die ich in London ein ganzes Leben lang nicht sehen würde. Sechs Stunden hockte ich mit meinem Fernglas auf irgendeinem Felsen und beobachtete sie, dachte darüber nach, was geschehen war und was passieren würde, nachdem ich die Armee verlassen haben würde.

Eines Nachmittags gab es innerhalb von einer Stunde einen Wetterumschwung, strahlendem Sonnenschein folgten dicke Wolken, und schwerer Regen schlug mir ins Gesicht wie spitze Nadeln. Ich zog den Kopf ein und marschierte auf der Suche nach Schutz schnell die Küstenstraße entlang.

Plötzlich hörte ich einen Schrei und schaute über die Mauer. Die Wellen der Irischen See rollten heran, krachten gegen die Buhnen, die Molen, die die Erosion verhindern und die Wellen brechen sollten.

Auf einer der Buhnen standen drei kleine Mädchen. Sie schrien und waren wie versteinert, als die Wellen rund um ihre Beine krachend herankamen. Aus Angst bewegten sie sich nicht, denn die Buhne war von grünen Algen überzogen und sehr, sehr rutschig.

Sie entdeckten mich. »Hilfe! Hilfe!« Der Wind und die tosenden Wellen übertönten ihre Schreie fast.

Ich sprang über die Mauer und landete auf der Betonbahn, die zum Wasser führte. Eine innere Stimme sagte mir, daß ich sie einfach retten mußte. Ich kletterte auf die Buhne und tastete mich vorsichtig Schritt für Schritt über den rutschigen Beton. Gleichzeitig rief ich den Mädchen zu, sie sollten stehenbleiben und sich nicht bewegen. Der Regen schlug mir ins Gesicht, und die heranrollenden Wellen schlugen an meine Knie.

Als ich die Mädchen erreichte, waren sie von Regen, Gischt und Wellen bis auf die Haut durchnäßt. Ich erkannte, daß ich sie nur retten konnte, wenn ich sie alle drei auf einmal mitnahm. Wenn ich eine oder zwei zurückließ, bestand die Gefahr, daß sie von der Buhne gespült wurden.

Ich forderte die Älteste, die etwa zwölf Jahre alt war, auf, die Arme um meinen Hals zu legen und sich festzuhalten. Dann nahm ich die beiden anderen und klemmte mir eine unter jeden Arm. Sie waren etwa acht und neun Jahre alt.

Ich sah nach oben, in der Hoffnung, jemanden zu entdecken, der helfen konnte. Wenn ich den Halt verlor, so fürchtete ich, würden wir alle in die Wellen stürzen. Und was dann passieren würde, wußte nur Gott allein. Auf dem Fußweg auf der anderen Seite der Mauer ging ein Paar, aber die beiden guckten uns nur an und gingen weiter, erkannten unsere Notlage nicht.

»Festhalten! Festhalten!« sagte ich immer wieder zu den Mädchen, während ich mich seitwärts über die nicht einmal einen halben Meter breite Buhne schob. Ich mußte einfach Sieger bleiben, irgendwie mußte ich es schaffen. Mir war klar, daß ich unmöglich alle drei retten konnte, wenn wir ins Meer gespült würden.

Ich weiß nicht, wie lange es dauerte, vielleicht nur ein paar Minuten, aber es kam mir wie eine Ewigkeit vor. Ich spürte, wie sich die Mädchen verzweifelt festklammerten, die Kleine an meinem Hals strangulierte mich fast, die beiden anderen weinten und schrien bei jeder nahenden Welle vor Angst.

Mit jedem Schritt, mit dem wir uns der Rettung näherten, wurden die Mädchen unter meinen Armen schwerer, und ich überlegte sogar einmal kurz, ob ich eine Sekunde absetzen sollte, um mich auszuruhen. Aber das Risiko durfte ich nicht eingehen. Wenn etwas passierte, würde ich es mir nie verzeihen, sie losgelassen zu haben.

Wir erreichten den Beton, ich legte die Mädchen hin und forderte sie mit Nachdruck auf, auf allen vieren zur sicheren Mauer zu kriechen. Dort hob ich dann eine nach der anderen hinüber.

»Danke«, sagte die Älteste. Die beiden anderen waren zu versteinert, um auch nur ein Wort herauszubringen.

»Jetzt aber schnell nach Hause«, sagte ich, und sie liefen davon.

Eine Stunde später kehrte ich klatschnaß in die Unterkunft zurück. »Wo zum Teufel bist du gewesen?« wollte Don wissen. »Warst du schwimmen?«

»So ähnlich«, antworte ich, mehr erzählte ich nicht.

Während meiner Abwesenheit hatten die Kameraden erfahren, daß ihr Dienst in Nordirland beendet sei. Nach zwei Wochen Urlaub würden sie nach Hereford zurückkehren.

Am Tag unserer Abreise, am Samstag, dem 7. Oktober, berichtete die »Irish Times« über eine Rede, die Ivan Cooper, ein Parlamentsmitglied für Mid-'Derry am Abend zuvor gehalten hatte. Darin hatte Cooper festgestellt, es sei die Pflicht von Nordirland-Staatssekretär William Whitelaw, »das Ausmaß und die genaue Art der Aktivitäten in Nordirland zu erklären, die die Britische Armee durch Männer in Zivil, insbesondere durch den SAS, veranlaßt hatte«.

Cooper hatte gesagt: »Zahlreiche Menschen im Norden sehen jetzt einen Zusammenhang zwischen vielen Morden in Belfast und der Abteilung der Britischen Armee, die keine Uniform trägt, also dem SAS.

Es ist die reine Heuchelei, wenn die britische Regierung die Öffentlichkeit zur Zusammenarbeit aufruft, um die Verantwortlichen für die Morde auf beiden Seiten dingfest zu machen, während gleichzeitig ihre eigene Truppen in diese Geheimaktivitäten verwickelt sind.«

Weder die britische Regierung noch das Büro des Staatssekretärs in Nordirland gaben eine Antwort.

Die Zeitung ging von Hand zu Hand, jeder von uns las langsam und sorgfältig, aber keiner sagte etwas zu dem Bericht. Es gab auch nichts zu sagen. Wir kannten die Wahrheit besser als jeder andere.

Ich las die Worte und merkte, wie sehr mir meine Arbeit der letzten zwölf Monate zuwider war. Der Zorn auf diejenigen, die diese Politik entwickelt, ihre Zustimmung gegeben, die Entführungen geplant und die Hinrichtungen befohlen hatten, kam erst später.

In diesem Augenblick haßte ich mich selbst, weil ich so lange mitgemacht hatte, haßte mich, weil ich nicht den Mut gefunden hatte, die Hinrichtungen zu verweigern. Wir alle waren begeisterte, loyale, professionelle Soldaten gewesen, die das harte SAS-Training durchgestanden und damit ihr ehrgeiziges Ziel erreicht hatten, und wir hatten nur Stolz empfunden, als wir Abzeichen und Uniformmütze des SAS bekamen. Nach zwölf Monaten war bei uns ausschließlich Haß übriggeblieben, Haß auf die Arbeit, die Armee und die Scheißkerle in Lisburn, die fernab von allem in ihrem Hauptquartier blieben, uns aber befahlen, verabscheuungswürdige, feige Taten auszuführen und rund vierzig Menschen zu töten, davon über zwanzig mit einem einzigen Schuß in den Hinterkopf.

Ich fühlte mich demoralisiert, niedergeschlagen und krank. Ich wollte jetzt nur noch aus diesem verdammten Belfast heraus. Niemand hatte mir gesagt, ich solle meine Ausrüstung abgeben, und ich hatte nicht die Absicht, irgend jemanden zu fragen. Das konnte warten, meinetwegen für alle Ewigkeit. Ich wollte nur noch Nordirland entkommen und dem ganzen Dreck, durch den ich gewatet war.

Ich informierte Maria telefonisch über meine Pläne. »Ruf mich an, wenn du weißt, wann du in London ankommst«, sagte sie, »ich hol' dich ab.«

»Wunderbar«, sagte ich und hoffte darauf, daß sie mich vor dem Trauma retten konnte, unter dem ich zu leiden begann. »Das wäre toll.«

Bevor sie auflegte, sagte Maria: »Ich liebe dich.«

Am Liverpool Dock nahmen wir vier Abschied voneinander. Als ich den anderen die Hände schüttelte, hoffte ich, sie nie wiederzusehen, denn dann würden alle Erinnerungen zurückkehren, die ich nun vergessen mußte. Wir waren immer noch verkatert vom Saufgelage des Abends zuvor. Wir waren betrunken und rührselig gewesen, traurig und zornig und den Tränen der Verzweiflung sehr nahe. Wir sahen einander nie wieder.

Während der Fahrt nach London saß ich da, trank Kaffee und schaute aus dem Fenster. Ich stellte mir eine Zukunft vor, die ich, wie ich hoffte, mit Maria teilen würde. Ich hatte noch keine Idee, was ich machen würde. Ich hatte ein paar Ersparnisse und wußte, daß ich irgendwann irgendwo einen Job finden würde. Die Karriere, der ich einst mein Leben widmen wollte, war für immer beendet. Ich war 24.

Als ich den Zug mit meiner Ausrüstung und meiner Reisetasche verließ, entdeckte ich Maria sofort. Sie stand allein am Ende des Bahnsteigs und wartete auf mich. Sie sah so glücklich aus, strahlte über das ganze Gesicht, und ihre Augen glänzten dunkel und fragend. Ich ließ mein Gepäck fallen und nahm sie in die Arme. Ich hatte nicht das Bedürfnis, sie zu küssen. Ich wollte sie einfach nur festhalten.

EPILOG

Maria und ich heirateten, und wir bekamen zwei wunderbare Kinder. Aber ich war unfähig, mit meinen Erinnerungen an Nordirland fertigzuwerden.

Alles, was mir von meiner SAS-Karriere blieb, waren die Abzeichen und die Verdienstmedaille, die fast jeder Soldat, Feldwebel und Offizier für den Dienst in der Provinz bekommt.

Ich versuchte, mich in verschiedenen Jobs zu halten, und versagte. Mein Leben und jeder wache Augenblick waren beherrscht von Erinnerungen an meine grauenhafte Karriere beim SAS.

Der Alkohol bestimmte mein Leben. Nur wenn ich mich um den Verstand trank, konnte ich die Szenen vergessen, die ich anscheinend nie aus dem Kopf bekam: Bilder von Exekutionen und Morden an unschuldigen Menschen.

Zwölf Jahre lang schaffte Maria es, meine schwere Trinkerei zu ertragen. Sie wußte, warum ich trank, obwohl ich ihr nie erzählte, was ich in Nordirland tatsächlich gemacht hatte. Ich fand es nicht fair, sie darum zu bitten, meine Scham und meine Schuld zu teilen.

Doch es ging mir immer schlechter, und ich wußte, daß ich am Rand eines Nervenzusammenbruchs stand. Ich hatte Angst, ich würde sie oder, was noch schlimmer wäre, die Kinder schlagen.

An diesem Punkt verließ sie mich, und ich war froh darüber. Ich wollte sie nicht verlieren, aber zu ihrer und der Kinder Sicherheit war eine Trennung besser. Die Scheidung folgte.

Irgendwann, Jahre später, hörte ich mit der Trinkerei auf, aber ich bekam die Erinnerungen und die Alpträume, die immer schlimmer statt besser wurden, nicht unter Kontrolle. Ich sagte meinem Arzt, daß ich Angst hätte, jemanden umzubringen, wenn er mir nicht helfen würde.

Auf seinen Rat hin ging ich in ein Reha-Zentrum für Alkoholiker und Medikamentenabhängige. Dort blieb ich 18 Monate stationär, war ständig in Therapie. Zum erstenmal war ich in der Lage, über meine Erlebnisse in Nordirland zu sprechen. Zum erstenmal war ich in der Lage, mich der Wahrheit zu stellen.

Es hatte zwanzig Jahre gedauert.

NACHWORT
SOMMER 1996

Als dieses Buch im Dezember 1995 erschien, erwartete ich, daß die britische Regierung einen dieser beiden Schritte einleiten würde: Man würde die Gräber öffnen, mich des Mordes anklagen und dann behaupten, ich hätte zu einer Gruppe von fahnenflüchtigen Soldaten gehört, die IRA-Verdächtige ohne jeglichen offiziellen Befehl getötet hatten. Oder aber die Regierung würde mein Geständnis als unwesentlich abtun.

Daher war ich nicht überrascht, als ein Sprecher des Verteidigungsministeriums erklärte: »Wenn die Behauptungen in diesem Buch wahr sind, wäre es erstaunlich, daß die Fakten nicht schon eher ans Licht gekommen sind.

Britische Streitkräfte bewegen sich im Rahmen des Gesetzes, und jedes Mitglied kann für sein Handeln vor dem Gesetz zur Verantwortung gezogen werden.«

Abgeordnete sowohl der Konservativen als auch der Labour Partei stellten im Unterhaus Fragen. Der Labour-Abgeordnete Ken Livingstone schrieb an den Premierminister und verlangte, die Angelegenheit vordringlich zu behandeln. Später schrieb Mr. Livingstone noch einmal:

Lieber John,

der Autor von »The Nemesis File« hat dem Chef der nordirischen Polizei schriftlich angeboten, den Behörden zu zeigen, wo die Toten begraben sind, vorausgesetzt, er wird während seines Besuches polizeilich beschützt. Wenn seine Behauptungen stimmen, bekommen die Angehörigen die Gelegenheit, ihre Lieben zu begraben, und die nordirische Polizei kann die Hintermänner dieser Erschießungen fassen. Ich hoffe, Sie können dafür sorgen, daß sich die nordirische Polizei kooperativ zeigt.

Tage später antwortete der Nordirland-Minister, der Sehr Ehrenwerte Sir John Wheeler, Mr. Livingstone im Namen des Premierministers: »Die Abteilung Schwerverbrechen der nordirischen Polizei geht den Behauptungen nach, die in diesem Buch aufgestellt werden.«

Drei Monate später schrieb Mr. Livingstone noch einmal an den Premierminister und wollte wissen, welche Fortschritte die Nordiren bei ihren Untersuchungen machten. Und wieder antwortete Sir John Wheeler im Namen des Premierministers: Er erklärte, die nordirische Polizei ermittele bezüglich der Aussagen immer noch.

Detective Chief Inspector William Heatherington von der nordirischen Polizei wurde Leiter der Untersuchungsgruppe, und er sollte seinen Bericht an ranghohe Offiziere des Nordirland-Büros und des Verteidigungsministeriums in London weiterleiten.

Begleitet von Detective Constable Billy Kerrigan flog er im Dezember 1995 nach London, um meinen Verleger zu befragen.

Später erklärte ein Sprecher der nordirischen Polizei: »Wir werden mit Fachleuten zu beiden Grabstätten fahren, es ist aber noch nicht entschieden, ob sie geöffnet werden.«

Wenige Wochen nach Erscheinen des Buchs ließen ranghohe IRA- und Geheimdienstleute die Medien wissen, daß zwanzig bekannte Opfer der republikanischen Mordschwadronen in geheimen Gräbern am Black Mountain am Stadtrand von Belfast lagen. Angehörige, die vermuteten, ihre Lieben seien ermordet worden, sahen in dem Waffenstillstand eine neue Chance, ihre Toten zu finden. Die Angehörigen betonten, es ginge ihnen um die Wahrheit, nicht um Rache für die Morde, von denen viele in den 70er Jahren geschehen waren, als die loyalistischen und republikanischen Mördertruppen in Belfast aktiv waren. Helen McKendry, deren Mutter Jean McConville im Dezember 1972 aus ihrem Haus im Westen von Belfast entführt worden war, sagte: »Ich will nichts weiter, als meine Mutter in Würde begraben.«

Drei Monate nachdem die nordirische Polizei angefangen hatte, den Vorwürfen in meinem Buch nachzugehen, verließ Detective Chief Inspector Heatherington die Streitkräfte, und Detective Inspector Bill McCleren übernahm seine Aufgabe. Viele Leute, die die Situation in Nordirland in den 70er Jahren genau kannten, nahmen Kontakt zu mir auf. Der vielleicht wichtigste Mann war Captain Fred Holroyd. Nach der Spezialausbildung für den Geheimdienst in der Joint Services School of Intelligence in Ashford, Kent, war er mit dem MI 6 als Offizier im militärischen Geheimdienst in die Provinz Nordirland geschickt worden.

Schon nach wenigen Wochen war Captain Holroyd klar, daß alle damals in Nordirland operierenden Geheimdienste, einschließlich MI 5 und MI 6, militärischer Geheimdienst und nordirische Polizei, in ungesetzliche Aktivitäten vom Rufmord bis zum tatsächlichen Mord verwickelt waren.

»Schon einen Monat nach meiner Ankunft in Nordirland«, erzählte mir Captain Holroyd, »wurde ich von einem Armeekollegen eingewiesen. Er arbeitete mit dem MI 6 an der damals bevorzugten Methode zur Beseitigung von Leichen.

Er erzählte mir von einer Reihe von kleinen Seen zwischen Portadown und der Grenze, die sich hervorragend dafür eigneten, Leichen zu verstecken. Die Seen waren von einer Schicht von herabgefallenem Laub bedeckt und

hatten am Ufer einen etwa sechs Meter breiten Pflanzen-
bewuchs.

Er empfahl mir, am Rand der Uferpflanzen entlangzu-
gehen und die Leiche dann mit einem dicken Stock zwischen den Pflanzen unter Wasser zu drücken. Zwar würde
die Leiche an die Oberfläche kommen, erklärte er, aber sie
bliebe zwischen den Pflanzen versteckt, bis die Gase aus-
getreten waren. Die Fische knabberten ständig an der Leiche, und nach ein paar Wochen würden die Reste im
Schlick am Boden des Sees versinken und nie entdeckt
werden.«

Dann fügte er noch hinzu: »Ich gebe dir diesen Rat,
denn während deiner Dienstzeit hier wirst du höchstwahrscheinlich eine oder zwei Leichen loswerden müssen.«

Während seiner drei Jahre in Nordirland mußte Holroyd nördlich und südlich der Grenze operieren. Er fuhr
dreigleisig, war verantwortlich für die Weitergabe von Geheiminformationen der Staatspolizei an den örtlichen Ar-
meekommandanten im Hauptquartier der 3. Infanterie-
Brigade in Lurgon, dazu gehörte auch, daß er verdeckte
Mitarbeiter sowohl bei den Protestanten als auch bei den
Katholiken engagierte.

Zweitens arbeitete er unter dem Einsatzkommando von
Davie Johnson, Chef der Staatssicherheitspolizei innerhalb der nordirischen Polizei. Dessen Büro lag neben dem
des zweiten militärischen Kommandanten von Holroyd,
dem Chef des Militärischen Geheimdienstes (Nordirland).

Drittens war er Mitarbeiter des MI 6 unter dem Kommando von Craig Smellie, der im Hauptquartier für Nordirland in Lisburn stationiert war.

Häufig war seine Arbeit aufgeteilt, so daß ein Kommandant nicht wußte, welche Aufgaben Holroyd für die beiden
anderen erledigte.

Als Verbindungsoffizier zwischen der Staatspolizei und
dem Hauptquartier der Brigade mußte Captain Holroyd
Geheiminformationen zwischen der Polizei und dem militärischen Geheimdienst weitergeben; dabei sollte er die
Kooperationsbereitschaft und das Vertrauen beim ge-

meinsamen Vorgehen fördern. In beiden Religionsge-
meinschaften rekrutierte er Milizionäre und politische Aktivisten und baute ein Netz von Informanten auf, die dann
für die Sicherheitskräfte arbeiteten.

»Einer der katholischen Topinformanten mit dem Co-
denamen Joe war ein hochrangiges IRA-Mitglied. Ich
konnte ihn Anfang 1972 für die Mitarbeit gewinnen. Er lie-
ferte ausgezeichnete Geheiminformationen und war eine
ständig sprudelnde Nachrichtenquelle. Das führte dazu,
daß zahlreiche IRA-Waffen entdeckt und einige Operationen verraten wurden«, erzählte Captain Holroyd.

»Auf protestantischer Seite waren einige Informanten,
die ich zusammen mit der nordirischen Staatssicherheitspolizei rekrutiert hatte, später in Morde und Bombenanschläge gegen die republikanische Gemeinschaft in Nordirland und die Zivilbevölkerung im Süden verwickelt.
Zwei von ihnen waren zusammen mit anderen für den An-
schlag auf die Miami Showband verantwortlich. Am 31.
Juli 1975 hatten protestantische Milizen eine Straßensperre aufgebaut, die nur scheinbar von der Armee war.
Der Lkw der Band hielt, und die Milizionäre flogen in die
Luft, als sie hinten im Fahrzeug eine Bombe plazieren
wollten. Auch andere Leute wurden getötet oder schwer
verletzt. Die britische Regierung hat immer bestritten, daß
eine Verbindung zwischen den britischen Geheimdiensten
und diesem Unfall bestand.

In seiner zweiten Rolle als Sammler von Geheiminformationen war Captain Holroyd die meiste Zeit im Camp
an der Mahon Road in Portadown stationiert. Seine Aufgabe bestand darin, alle Geheiminformationen im
»J«-Bereich abzugleichen. Das war das Operationsgebiet
der nordirischen Polizei und reichte von Newry über den
Monaghan-District bis nach Lough Neagh. Er war auch
dafür zuständig, Geheiminformationen über das berüchtigte »Morddreieck« zu sammeln. Das war ein ländliches
Gebiet zwischen Portadown, Armagh und Dungannon, in
dem protestantische Mörderbanden loszogen und völlig
wahllos auf Katholiken schossen. Die meisten Morde ge-

schahen in den 70er Jahren. In dieser Zeit stieg die Anzahl der unschuldigen Katholiken, die kaltblütig erschossen oder bei Anschlägen in die Luft gesprengt wurden. Nach Schätzungen der Polizei wurden rund 200 Leute in dem gefürchteten Dreieck umgebracht.

Captain Holroyds dritter Aufgabenbereich betraf seine grenzüberschreitenden Aktivitäten als Offizier des MI 6. Er wirkte mit bei der Rekrutierung bezahlter Agenten und Informanten, die südlich der Grenze lebten. Sie lieferten detaillierte Informationen über den provisorischen Flügel der IRA und die International Republican Socialist Party, die später in Irish National Liberation Army, INLA, umbenannt wurde. Sie informierten über den Aufenthaltsort bekannter und gesuchter republikanischer Terroristen.

Captain Holroyd erzählte mir: »Damals, Anfang der siebziger Jahre, war mir klar, daß vom SAS bemannte und ausgebildete Einheiten Republikaner entführten, die im Norden wegen terroristischer Aktivitäten gesucht wurden. Die Gekidnappten wurden dann an der Grenze uniformierten britischen Soldaten übergeben.

Später erkannte ich, daß eine Reihe von Einheiten, ähnlich wie die von Paul Bruce, nach dieser Methode vorging. Eine mir bekannte war in Castledillon stationiert, die »4 Field Survey Troup« der königlichen Pioniere. Als diese Einheit im Februar 1988 durch den Laborabgeordneten Ken Livingstone vor dem Unterhaus zum erstenmal öffentlich genannt wurde, bestritt das Verteidigungsministerium deren Geheimtätigkeit auf ganzer Linie. Unter Druck bestätigte das Ministerium später, daß es diese Einheit zwar gegeben hatte, aber alle ihre Akten seien bei einem Brand vernichtet worden, daher könne man nicht genau sagen, welche Rolle sie gespielt hatte. Nach dieser Erklärung des Ministeriums vor dem Unterhaus trat ein Soldat dieser Einheit maskiert im britischen Fernsehen auf und gab zu, daß diese Einheit an Entführungen und Morden nördlich und südlich der Grenze beteiligt gewesen war. Das Verteidigungsministerium widersprach der Aussage dieses Soldaten nie, es wurde auch nichts gegen ihn unternommen.

Ich erhielt auch Kenntnis von einer weiteren Einheit, die, als Fernmeldetruppe getarnt, vom Flugplatz Ballykelly aus operierte und auch Entführungen und Morde beging. Ich habe das zwar der Polizei mitgeteilt, aber es gab nie eine offizielle Anfrage oder Untersuchung.

Es überraschte mich nicht, als ich erfuhr, daß im Mai 1976 acht SAS-Leute in der Republik Irland gefaßt wurden, die mit Privatautos herumfuhren und eine merkwürdige Waffensammlung dabeihatten.

Die Soldaten bestritten, vom SAS zu sein, der kommandierende Offizier gab an, daß sie zum dritten Fallschirmjäger-Regiment gehörten. Da er einige Jahre zuvor einer meiner Offiziere im Royal Corps of Transport gewesen war, hatte ich, wie viele andere auch, meine Zweifel.

Der stahlverstärkte »Totschläger«-Handschuh und das Sykes-Fairburn-Armeemesser, die dieser Aufgreiftrupp bei sich hatte, verrieten erfahrenen Militärbeobachtern und cleveren Journalisten die skandalöse Wahrheit.

Am 5. Mai 1976 wurden zwei SAS-Soldaten in Zivil und in einem gelben Triumph 2000 bei einer gemeinsamen Straßensperre von Polizei und Irischer Armee festgenommen. Sie hatten eine 9-mm-Browning und eine selbstladende Maschinenpistole Sterling 9 mm bei sich. Im Auto fand man einen Kfz-Schein des Militärs. Beide Männer leugneten, vom SAS zu sein, behaupteten, sie hätten die Karte falsch gelesen, dennoch wurden sie zur Polizei gebracht.

Sechs weitere Soldaten in zwei Autos, einem weißen Hillman Avenger und einem Vauxhall Victor, beide mit Kfz-Scheinen der Armee, wurden später an diesem Abend nach einem bewaffneten Aufeinandertreffen unter Waffen von der Irischen Armee festgenommen. Zwei dieser Männer trugen Tarnkleidung und hatten geschwärzte Gesichter. Sie hatten zwei 9-mm-Brownings, drei Sterling-Maschinenpistolen, eine halbautomatische Schrotflinte (Remington), einen stahlverstärkten »Totschläger«-Lederhandschuh und ein Armeemesser bei sich. Sie wurden gegen je 5000 Pfund Kaution freigelassen.

Im Januar 1977 besuchte der Nordirland-Staatssekretär Mr. Roy Mason Dublin, um den Fall zu diskutieren.

Am 7. Mai wurden sie alle zu 100 Pfund Strafe verurteilt, weil sie ohne Waffenschein Feuerwaffen in die Republik Irland gebracht hatten. Die Waffen wurden den britischen Behörden zurückgegeben.

Am 13. Mai berichtete Dr. Garret Fitzgerald vor dem Parlament der Irischen Republik von 304 Grenzverletzungen durch britische Soldaten seit 1973.«

Holroyd fuhr fort: »Eine unter der Abkürzung MRF bekannte Einheit war in Belfast im Einsatz. Niemand hat je die korrekte Bezeichnung herausgefunden. Manche nennen sie Mobile Reaction Force (Mobiler Reaktionstrupp), andere wiederum Military Reconnaissance Force (Militärischer Aufklärungs-Trupp). Wie auch immer, bestätigt wurde, daß einige ihrer Mitglieder, alle aktive Offiziere oder Soldaten, zwischen 1971 und 1973 in Nordirland beteiligt waren, als Zivilpersonen mit nichtmilitärischen Waffen erschossen wurden. Kein Mitglied der bewaffneten Streitkräfte wurde je vor Gericht gestellt, sondern aus der Provinz versetzt, bevor rechtliche Schritte eingeleitet werden konnten.«

1976 trat Captain Fred Holroyd, damals beim Royal Corps of Transport, von seinem Offiziersposten in den Streitkräften Ihrer Majestät zurück, weil das Verteidigungsministerium in einem Fall eine ordentliche Untersuchung verweigerte. Holroyd hatte den Vorwurf erhoben, daß Jahon Francis Green, ein Republikaner aus der Gegend von Lurgan, von einem Mördertrupp umgebracht worden sei. Bei diesem Trupp war auch Captain Robert Meirac, Träger der Tapferkeitsmedaille, gewesen. Er gehörte zur Grenadiergarde, die mit dem SAS in Nordirland zusammenarbeitete. Es kam nie zu einer Untersuchung.

Weil man ihn nach seinen Vorwürfen gesetzwidrig behandelt hatte, verlangte Holroyd Wiedergutmachung. Sie wurde ihm nie gewährt. 1978 trat er in die Armee Rhodesiens ein, wurde zum Major befördert, und als der Krieg 1980 beendet war, ernannte Präsident Mugabe ihn zum

Kommandanten der Schule für die Streitkräfte, in der die Soldaten von Ian Smith und die Guerillakämpfer der Armee von Simbabwe geformt wurden.

Nach seiner Rückkehr nach Großbritannien konzentrierte sich Holroyd auf das militärische Engagement der Briten in Nordirland seit Ausbruch der Unruhen 1969. Captain Fred Holroyd brachte durch seine hartnäckigen Nachforschungen viele Schandtaten ans Licht, die in diesen Jahren von britischen Streitkräften, der nordirischen Polizei, der IRA und paramilitärischen Milizen begangen wurden.

Nach der Lektüre des Manuskripts von »The Nemesis File« sagte Captain Holroyd: »Es erinnerte mich stark an die Wirklichkeit während meiner Jahre in Nordirland. Es schien mir, daß hier ein Mann das bestätigte, was ich auf der Grundlage meiner eigenen Nachforschungen und denen anderer schon viele Jahre wußte. Jetzt lag die Bestätigung eines SAS-Soldaten vor, der bereit war, an die Öffentlichkeit zu gehen, der Welt zu gestehen, daß er Mitglied einer SAS-Einheit war, die für die Hinrichtung von IRA-Verdächtigen verantwortlich zeichnete.

In all den Jahren habe ich mit zahlreichen ehemaligen SAS-Soldaten gesprochen, die solche Morde nicht nur bestätigten, sondern mich mit Nachdruck aufforderten, weiterzumachen und solche Taten an die Öffentlichkeit zu bringen. Aber nicht einer wollte zugeben, an den Exekutionen beteiligt gewesen zu sein – bis Paul Bruce sein Buch schrieb.

Ich grüße Paul Bruce. Seine Entscheidung, die brutale Wahrheit zu enthüllen, ist die Tat eines wahrhaft mutigen Mannes.«

VERZEICHNIS DER BILDTAFELN

1 Trauernde Katholiken tragen Kreuze durch 'Derry, nachdem 13 Menschen am Blutsonntag im Januar 1972 getötet worden waren.

KARTENKENNUNG 534160
2 Die erste Grabstätte neben der Blackskull Road zwischen Dromore und Lurgan. Während der ersten sieben Monate ihres Einsatzes warf die SAS-Einheit die meisten Leichen in tiefe Gräben am Rande des Waldes. Der Platz ist mit einem Kreuz gekennzeichnet.

KARTENKENNUNG 925182
3 Die zweite Grabstätte tief im Tardree Forest, wo die übrigen Opfer in einem extra ausgehobenen Graben beerdigt wurden. Das Kreuz kennzeichnet das Grab.

4 Der Platz am White Hill. Hier parkte die SAS-Einheit das Auto und ließ die Opfer dann die paar hundert Meter bis zum Exekutionsort am Waldrand zu Fuß gehen.

5 Villawood Road, Greenan, die Straße, über die Paul Bruce und seine drei SAS-Kollegen fuhren, wenn sie ihre Opfer zur Exekution brachten.

6 Autor Paul Bruce deutet auf den Nadelwald abseits der Villawood Road, wo die Leichen begraben wurden.

7 Autor Paul Bruce vor einer Reihe junger Nadelbäume, die angepflanzt wurden, nachdem seine SAS-Einheit hier die toten IRA-Verdächtigen abgelegt hatte.

8 Die Abzweigung von der Straße Lurgan–Dromore. Der Pfeil zeigt nach Blackskull und in den Wald, in dem die IRA-Verdächtigen abgelegt wurden.

9 Autor Paul Bruce zeigt auf einen Punkt an der Grenze zur Republik, einen der Treffpunkte, an denen IRA-Leute zur Exekution übergeben wurden.

10 Ein gut gesicherter Grenzübergang der Britischen Armee, wo uniformierte britische Soldaten Dienst tun.

11 Eine britische Armee-Patrouille, Belfast 1971. Die Gasmasken schützten vor dem CS-Gas, mit dem die Soldaten Demonstranten auseinandertrieben.

12 Belfast 1971. Soldaten versuchen, Bürgerrechtsdemonstranten aufzuhalten.

13 Autor Paul Bruce im Alter von zehn Jahren.

14 Brigadier Frank Kitson, Träger des Militärverdienstkreuzes, 1970–1972 Kommandant des 39. Infanterie-Regiments. Ein anerkannter Experte für Gegenrevolte. Wegen seines rücksichtslosen Vorgehens gegen IRA-Schützen stand er auch noch ganz oben auf der Abschußliste der IRA, als er Ulster längst verlassen hatte.

15 General Sir Harry Tuzo wurde 1971 kommandierender Offizier im Generalsrang und Leiter der Einsätze in Nordirland.

16 William Whitelaw wurde 1972 zum Staatssekretär für Nordirland ernannt, nachdem die britische Regierung das nordirische Parlament suspendiert und damit 50 Jahre Unionistenherrschaft in der Provinz beendet hatte. Er übernahm den Befehl in allen Sicherheitsfragen.

17 Jack Lynch, 1966–1973 Taoiseach (Regierungschef in Irland). Er konnte Großbritannien nicht überzeugen, UN-Truppen an die Grenze zu Nordirland zu holen.

18 Edward Heath, 1970–1974 britischer Premierminister. Er fürchtete, die Nordirlandkrise würde sich zu einem richtigen Bürgerkrieg entwickeln.

19 Eine Demonstration in Belfast zu Beginn der Unruhen 1970.

20 Ein einsamer britischer Soldat sieht hilflos zu, wie katholische Randalierer einen Doppeldecker entführen und in Brand stecken.

21 Tausende von Protestanten marschieren 1972 durch Belfast und feiern die Schlacht an der Boyne aus dem Jahr 1690.

22 Eine Bombe explodiert im Zentrum von Belfast und tötet und verletzt Arbeiter und Passanten.

23 Abstand halten in Belfast 1972. Demonstranten stehen britischen Soldaten gegenüber.

24 30. Januar 1972, der Blutsonntag. Bei einem friedlichen katholischen Marsch in Londonderry eröffnen Soldaten des Fallschirmjäger-Regiments das Feuer. 13 unschuldige Menschen wurden erschossen.

25 Die Überreste des Hauptquartiers der Fallschirmjäger in Aldershot. Als Antwort auf den Blutsonntag hatte die IRA einen Bombenanschlag verübt.

26 Bewaffnete Kapuzenmänner der IRA stehen in Londonderry Wache.

27 Das Hauptquartier des 39. Infanterie-Regiments in Lisburn, 1971.

28 Opfer von IRA-Bomben in Belfast, 1972.